Memoria histórica para adolescentes

Dictadura y derechos humanos en Argentina

Fabián Pico

> Pico, Fabián
> Memoria histórica para adolescentes : dictadura y derechos humanos en Argentina - 1a ed. - Rosario : Homo Sapiens Ediciones, 2006.
> 252 p. ; 24x17 cm. (Educación)
>
> ISBN 950-808-493-6
>
> 1. Derechos Humanos-Educación. I. Título
> CDD 323.07

© 2006 · Homo Sapiens Ediciones
Sarmiento 825 (s2000CMM) Rosario · Santa Fe · Argentina
Telefax: 54 0341 4406892 / 4253852
E-mail: editorial@homosapiens.com.ar
Página web: www.homosapiens.com.ar

Queda hecho el depósito que establece la ley 11.723
Prohibida su reproducción total o parcial

ISBN-10: 950-808-493-6
ISBN-13: 978-950-808-493-4

Diseño editorial: Adrián F. Gastelú – Ariel Frusin
Diseño de tapa: Lucas Mililli

Esta tirada de 2000 ejemplares se terminó de imprimir en agosto de 2006
en **Talleres Gráficos de imprenta Editorial Amalevi**
Mendoza 1851/53 • 2000 Rosario • Santa Fe • Argentina

Prólogo

Hace apenas unos meses, mi hijo Federico, que tiene casi 18 años, tuvo que preparar un trabajo especial de investigación para el colegio, a propósito del 30 aniversario del Golpe de Estado de 1976.

Con todo gusto y más tratándose de un tema tan cercano a mis vivencias, me aboqué a la fascinante tarea de educar bajando línea.

Esta no era una experiencia nueva en mi vida ya que había sido docente de un colegio secundario privado del barrio porteño de Palermo durante los años 94/95.

Tanto en aquella oportunidad, como en esta con mi hijo, viví situaciones de desilusión y desesperanza.

La pena me vino por el lado de entender que nuestros jóvenes, los adolescentes, están ante la posibilidad de vivir un hecho dramático y terrible sin igual en nuestra historia, pero sin registrar la magnitud del paralelismo entre sus vidas y lo sucedido, que aún hoy tiene ramificaciones y consecuencias.

Pero en mi caso el dilema era aún mayor. Estoy jodido, me dije al reparar en que mi hijo tiene, hasta donde alcanza mi análisis de mi propio proceder, un padre comprometido con los derechos humanos, sensible a una problemática horrorosa como fue la de los desaparecidos y capaz de transmitirlo por mi condición de periodista. Aunque a veces las cosas no son como uno las imagina. Así como mi hija Amparo a los ocho años me dice que no todo el mundo tiene que pensar como yo ni tener los mismos hábitos, refiriéndose a su reclamo de tomar líquido cuando quiere y no al final de la comida, como acostumbro yo, Federico tiene otras prioridades, otras preocupaciones y otras valoraciones de las cosas.

Entonces me puse a pensar qué grado de responsabilidad tenía yo sobre su alto grado de desinformación y más, si mi hijo, que dispone de toda la información sobre los desaparecidos y me ha acompañado a docenas de marchas de la Resistencia, no sabe nada, qué queda para otros chicos que no disponen de esa información.

Por todo esto me propuse escribir un libro que intente contar la historia reciente desde muchos ángulos, con información precisa de dominio público y en el marco de un formato de ágil lectura para evitar el fácil aburrimiento de los chicos a la hora de leer. La tarea fue renovadora para mí ya que refresqué muchos conceptos conocidos pero agazapados en la memoria y conocí en detalle algunos otros que sirven para completar el rompecabezas que fue la Argentina por aquellos años.

Los desaparecidos, el terrorismo de Estado, la economía, los exiliados, los torturados, los hijos nacidos en cautiverio, los robados, las abuelas de Plaza de Mayo, la CONADEP, la democracia, Menem y un sinfín de pedacitos de historia, todos juntos en función de un solo ideal: memoria.

Buscar la verdad incansablemente, asistir al pedido de justicia permanente y no olvidar porque será así únicamente como evitaremos que nos vuelva a pasar lo mismo.

FABIÁN PICO

Terrorismo de Estado en Argentina

'60 y '70. El comienzo de todo

Los años que van desde mediados de la década del '50 a mediados de la del '70, aproximadamente, fueron años muy convulsionados en el mundo entero. Durante ese período se registraron cambios y movimientos revolucionarios en distintas dimensiones de la experiencia social: en la política, en el arte, en la cultura, en las relaciones internacionales, etcétera. Más allá de sus particularidades o características específicas, estos movimientos tenían en común su rebeldía frente al autoritarismo y al poder (político, económico, social), su cuestionamiento ante lo establecido. La palabra "liberación" parece ser una clave, un común denominador de lo que estaba pasando en distintas partes del planeta: muchos países dependientes enarbolaban las banderas de la "liberación nacional"; grupos de mujeres levantaban la de la "liberación femenina"; en gran parte de Occidente nuevas camadas de jóvenes proponían y practicaban la "liberación sexual"; surgían y se consolidaban movimientos políticos de izquierda que, cuestionando las diferencias de clases en la sociedad, sostendrían proyectos políticos de "liberación social". Este clima de ideas estaba acompañado por acontecimientos de orden internacional que marcaron la época.

Desde el fin de la Segunda Guerra Mundial (1945), Asia y África fueron escenario de un proceso acelerado de construcción de nuevas naciones. En efecto, en uno y otro continente un gran número de colonias logró –tras largas y cruentas luchas– su emancipación de las grandes potencias europeas (Argelia, Ghana, Congo, Camerún, República Centroafricana, entre otras en África, e India, Indonesia, Filipinas, Camboya y Vietnam, entre otras en Asia).

El caso de Vietnam resulta sumamente significativo: tras derrotar a las tropas francesas en la guerra de independencia (1946-1954), el país había quedado dividido en Norte (independiente) y Sur (sucesión de dictadores alineados con Francia primero y EE.UU. después). A partir de 1957, apoyadas por el Estado vietnamita del Norte, las fuerzas guerrilleras del sur –llamadas Vietcong–

comenzaron una nueva lucha por la liberación del sur y la unificación con el norte. El éxito de las acciones del Vietcong fue la razón de la intervención masiva de los EE.UU. en la región a partir de 1963.

La guerra de Vietnam duraría más de diez años (culminaría definitivamente en 1975 con la derrota del eje Sur-EE.UU., el retiro de las tropas norteamericanas y la unificación de Vietnam) y tendría importantes repercusiones. Por un lado, generó fuertes rechazos y oposiciones en el mundo entero a la política exterior de los EE.UU., incluso dentro mismo de ese país; por otro lado, la experiencia vietnamita constituyó, para los movimientos revolucionarios del Tercer Mundo –que habían seguido la gesta de Vietnam con suma atención–, un "ejemplo", una lección: tras derrotar a la fuerza bélica más poderosa del planeta, el pueblo vietnamita demostraba que ningún poder es invencible. Más importante aún: el poder norteamericano –"el imperialismo", en clave de época– no era invencible.

En Europa Oriental, varios países del llamado bloque socialista (Hungría, Yugoslavia, Checoslovaquia) se rebelaban de alguna manera –ya fuera a través de cambios en las políticas de gobierno, o por medio de rebeliones nacionales y populares– contra el poder que ejercía la URSS sobre ellos y en oposición al modelo político-económico que desde Moscú se les imponía imitar. El ejemplo más emblemático de estos movimientos fue la llamada "Primavera de Praga", en 1968.

Otro proceso orientado hacia la construcción de un modelo socialista de características distintas a la del soviético ocurría en China, con la llamada "Revolución Cultural" liderada por Mao Tse Tung, dirigente máximo del Partido Comunista Chino.

Estos nuevos socialismos, estos nuevos proyectos que, sin abandonar la idea de la socialización de las riquezas, ensayaban sus propias modalidades (distintas a la del modelo soviético –cuestionado por aquellos años– y más atentas a las particularidades socioeconómicas y culturales de cada país), constituyeron ejemplos atractivos para gran parte de los movimientos revolucionarios de todo el mundo.

En el caso de América Latina, estos movimientos reconocían diversas tradiciones políticas e ideológicas; encontraban, sin embargo, un común denominador: su postura "antiimperialista", es decir, su oposición al poder que sobre la región ejercían los Estados Unidos. Muchos de estos movimientos planteaban, además, un cambio radical del sistema socioeconómico. Y esto porque el capitalismo dependiente que caracterizaba a la mayoría de los países latinoamericanos había demostrado ser fuente de desigualdades económicas, injusticias sociales y escaso y desigual desarrollo productivo. En oposición, el socialismo aparecía, en este contexto, como un modelo justo, equitativo, atento a las dignidades humanas.

Es indudable que la Revolución Cubana (1959) constituyó un impulso de envergadura para estos movimientos. En la pequeña isla, tras algunos años de guerrilla rural, las tropas lideradas por los jóvenes comandantes Fidel Castro y Ernesto "Che" Guevara, entre otros, habían logrado derrotar al ejército de la dictadura de Batista, tomar el poder y, al poco tiempo, declarar el carácter socialista de esa revolución. Todo esto a escasos kilómetros del "imperio". Pronto, Cuba se convertiría en el centro de las miradas de los jóvenes revolucionarios latinoamericanos que veían en el socialismo un orden social justo, anhelado y, a partir de entonces, posible en estas latitudes.

Mientras tanto, en el resto de Latinoamérica los recurrentes golpes de Estado y las diversas prácticas autoritarias y represivas de las clases dominantes venían a confirmar que éstas no estaban dispuestas a ceder sus privilegios económicos y políticos. De ahí que la "lucha armada" se erigiera, también siguiendo el ejemplo cubano, como un camino no sólo viable para la toma del poder sino, también, necesario.

En este contexto, la muerte del "Che" Guevara en Bolivia, en octubre de 1967, dio origen al símbolo más fuerte de quienes luchaban de una u otra manera por "la liberación". Su imagen representaba, para millones de jóvenes en distintas partes del planeta, los valores que parecían sintetizar a esa generación que intentaba cambiar el mundo: el compromiso revolucionario, el sacrificio, la entrega por un ideal, el heroísmo, la solidaridad, la lucha contra el individualismo. Éstos y otros eran, en definitiva, los atributos que tendría "el hombre nuevo", ese ser humano al cual el "Che" se refería, que se iría construyendo a la par de los avances revolucionarios. El "hombre nuevo" sería, entonces, el hombre del futuro; porque los revolucionarios de las décadas del '60 y del '70 no dudaban en confiar que la historia se encaminaba, veloz e indefectiblemente, hacia una sociedad igualitaria, justa, socialista. Como alentaba la mítica oratoria del líder de la Revolución Cubana: "Las ruedas de la historia han echado a andar y ya nada podrá detenerlas". Esta historia sólo necesitaba de la acción de los hombres para acelerar su paso.

Si tuviéramos que sintetizar estos años diríamos que fueron tiempos irreverentes, rebeldes; tiempos que proponían lo nuevo, que festejaban el cambio. Tiempos de revoluciones, de compromisos y protagonismos. Tiempos en los que, desde diversos espacios y prácticas, se impugnaba gran parte de los valores sobre los que durante mucho tiempo se había erigido Occidente. Fueron tiempos de jóvenes y de urgencias, tiempos en lo que todo parecía posible, tiempos de utopías.

Jóvenes, dictaduras y democracias débiles

El derrocamiento de gobiernos constitucionales y la consecuente instalación de dictaduras fue una de las características distintivas de gran parte de la historia política argentina del siglo XX. Entre 1930 y 1976, las fuerzas armadas encabezaron seis golpes de Estado y sólo dos gobiernos constitucionales lograron culminar su mandato: el del Gral. Agustín P. Justo (1932-1938), de origen fraudulento, y el primer gobierno del Gral. Juan D. Perón (1946-1952).

Los golpes de Estado no fueron, sin embargo, la única fuente de autoritarismo y los gobiernos dictatoriales no fueron los únicos regímenes que suprimieron o avasallaron derechos que la Constitución garantizaba.

Durante la década de 1930, el fraude electoral fue una práctica corriente y sistemática de las elites políticas; los dos primeros gobiernos peronistas sostuvieron modalidades autoritarias y prácticas represivas para con sus opositores; los gobiernos que sucedieron al derrocamiento del Gral. Juan D. Perón en 1955 asumieron el poder o bien por medio de las armas o bien a través de actos electorales en los que la identidad política mayoritaria de la población –el peronismo– estaba proscripta. Es en este último caso que suele hablarse de democracias restringidas.

Además, la anulación formal del Estado de derecho, la represión de huelgas y movilizaciones, la prepotencia y el abuso de la autoridad, la tortura a prisioneros, etc., fueron prácticas tristemente comunes en la historia argentina. De modo que el ejercicio de la violencia material y la actividad política estuvieron estrecha y manifiestamente vinculadas en la historia de nuestro país, desde mucho tiempo antes de la consolidación del Estado nacional a fines del siglo XIX.

En esta tradición, las restricciones y actividades represivas y la alternancia entre democracias restringidas y dictaduras militares contribuyeron a consolidar una cultura política a lo largo del siglo XX caracterizada, entre otras cosas, por el descrédito, el escepticismo y hasta el desprecio hacia las instituciones y los principios de la democracia parlamentaria. En este contexto, no es extraño, entonces, que los jóvenes que se incorporaron a la vida pública entre mediados de la década del '50 y mediados de la del '70 hayan conocido y aprendido una versión de la política signada por la violencia institucional, la intolerancia y la lógica amigo-enemigo, en la que la conflictividad política era pensada en términos de un enfrentamiento violento, con escaso espacio para la negociación.

De los innumerables avatares de la historia política argentina del siglo XX, nos interesa destacar aquí dos acontecimientos que habrían de tener una incidencia fundamental en las características y modalidades de la movilización de masas de fines de la década del '60 y comienzos de la del '70: el derrocamiento del Gral. Juan D. Perón en 1955 por un lado, y el golpe de Estado encabezado por el Gral. Juan C. Onganía en 1966, por otro.

Si bien la vida política argentina estuvo atravesada por la conflictividad con relación al peronismo, desde la propia constitución de este movimiento en 1945, el derrocamiento del segundo gobierno peronista y la ferocidad de las actividades represivas que lo acompañaron (los bombardeos a Plaza de

Mayo en 1955, los fusilamientos de José León Suárez en 1956, las vejaciones al cadáver de Evita, la proscripción política del Partido Peronista) provocaron un profundo malestar social que con el tiempo no haría más que agravarse. Efectivamente, la proscripción del movimiento y el exilio del líder dejaron sin posibilidad de representación institucional y pública a la identidad política más extendida del país. De ahí que tanto los gobiernos impuestos por la fuerza como los electos que sucedieron al derrocamiento del Gral. Juan D. Perón carecieran de consenso y hayan sido considerados como ilegítimos por importantes sectores de la población.

El golpe de Estado encabezado por Onganía marca, en este mismo contexto, otro punto de inflexión importante en la atmósfera política de fines de los años '60. La creciente actividad represiva de la nueva dictadura (la intervención a las universidades y sindicatos, la violenta represión en movilizaciones y huelgas, la disolución de los partidos políticos y la confiscación de sus bienes; es decir, el cierre de los canales institucionales de actividad política, expresión, protesta, etc.) venía a confirmar, a los diversos grupos de jóvenes que por entonces observaban con atención y admiración el proceso revolucionario cubano, que la apelación a la "lucha armada" se volvía cada vez más necesaria y urgente a la hora de cambiar un orden, que hacía de la violencia estatal y de la represión herramientas privilegiadas de dominación.

Más aún cuando el nuevo gobierno no había establecido plazos temporales para el retorno a las elecciones y había puesto en marcha un plan económico que tenía al desarrollo y a la modernización del gran capital industrial como eje y norte de su política. Este plan implicaba, por su lógica de acumulación, una distribución del ingreso regresiva, es decir, adversa a los sectores populares y favorable a los grupos con altos niveles de concentración económica.

El descontento popular frente a este orden de cosas fue creciendo a la par de la capacidad de organización y movilización de los distintos sectores de la sociedad civil: obreros industriales, trabajadores y estudiantes. Esta movilización social encontró su punto culminante en el Cordobazo (1969), cuando una huelga general convocada por los sindicatos locales y a la que se sumaron los estudiantes universitarios terminó en un gran estallido popular, violentamente reprimido, que forzó la renuncia del entonces ministro de Economía y Trabajo (Krieger Vasena) y debilitó notablemente la figura de Onganía. El Cordobazo marcó el inicio de un período de intensificación de la conflictividad política y la movilización de masas, período que encontraría un nuevo punto de inflexión con el retorno al orden constitucional en 1973.

Fue en aquel escenario cuando, al calor de la movilización popular y como parte de ella, surgió en el país un conjunto de organizaciones políticas revolucionarias –algunas de ellas guerrilleras–, de tradiciones políticas diversas, que en términos más generales se planteaban la toma del poder para la construcción de un orden económico-social distinto y, en el corto plazo, el derrocamiento de la dictadura de los generales Onganía, Levingston y Lanusse. Fueron los jóvenes las figuras protagónicas de estas organizaciones.

El Cordobazo

La historia del Cordobazo es la historia de un alzamiento popular en la ciudad de Córdoba, en 1969. Allí, la clase trabajadora, los estudiantes y las clases medias confluyeron en una enorme movilización insurreccional que estuvo precedida por una serie de movilizaciones en distintos puntos del país y que fueron expresiones de la resistencia creciente que opusieron importantes sectores sociales a la política global de la dictadura instaurada por Onganía en 1966.

"La política económica de Krieger Vasena perjudicó a muchos sectores. Los comerciantes pequeños y medianos, los empresarios regionales, los propietarios rurales y los asalariados urbanos formaron parte de un vasto espectro social que vio deteriorarse sus posiciones (...)

A la insatisfacción de esos grupos económicos, se sumó en 1969 una oposición civil generalizada al autoritarismo del régimen de Onganía (...) Los ideólogos de la "Revolución Argentina" habían previsto la insatisfacción causada por el plan económico y por la dislocación de las instituciones sociales y políticas tradicionales. En consecuencia, prometieron que una vez reconstruida con éxito, aunque no sin sacrificio, la economía durante el período que llamaron "el tiempo económico", esos sectores sociales y políticos tendrían mayor participación (...) Esos calmos pronósticos (...) se harían trizas en mayo de 1969, al combinarse el descontento gremial y las tensiones de la sociedad civil en una ola de desobediencia social generalizada. Esta erupción tuvo por escenarios las principales ciudades del interior, particularmente Córdoba (...)

Las dos CGT proclamaron para el 30 de mayo una huelga general de 24 horas en protesta contra la represión oficial y la política económica. Fue, en más de dos años, el primer signo de movilización sindical organizada a escala nacional.

En Córdoba, estos hechos provocaron un eco particularmente intenso. A la inquietud estudiantil, de indudable importancia (...), se agregaron la presencia de un gobernador particularmente impopular impuesto por el gobierno nacional y un movimiento sindical local ya movilizado por específicas razones propias. Desde principios de 1969, el gremialismo de Córdoba estaba en campaña por la abolición de los "descuentos zonales", que permitía a los empleadores cordobeses pagar salarios inferiores en un 11 por ciento a los pagados en Buenos Aires por el mismo trabajo. En mayo, las autoridades nacionales abolieron también el sábado inglés, práctica por la cual los obreros trabajaban el sábado medio día que cobraban como día entero (...) Movilizadas las bases y en vista del creciente descontento popular contra las autoridades locales, los sindicatos cordobeses proclamaron una huelga general de 48 horas que debía iniciarse el 29 de mayo, es decir la víspera de la proyectada huelga nacional.

En la mañana del 29, se produjeron choques entre los estudiantes y la policía (...) Al intervenir en las refriegas los obreros en huelga (...) los choques se propagaron a toda la zona céntrica y empezaron a surgir barricadas. A mediodía, una columna de más de 4000 obreros (...) llegó al centro, aislaron a la fuerza policial y la obligaron a retirarse. A las 13, los obreros y estudiantes ya controlaban un área de 150 manzanas en el centro de la ciudad. Por la tarde, el ejército inició la operación en esa zona y al caer la noche los manifestantes se habían retirado a los suburbios, donde atacaron comisarías (...) El Cordobazo terminó el sábado 31, con un saldo de unas 300 personas detenidas por los militares, tal vez alrededor de 30 muertos y no menos de 500 heridos.

En términos generales, el Cordobazo significó el principio del final de la Revolución Argentina. Ante todo, y más inmediatamente, destrozó la imagen de invencibilidad del régimen y puso fin a la desmoralizadora apatía y a la sensación de impotencia cívica inculcadas por tres años de "paz" impuesta por los militares (...). Los altos oficiales de las fuerzas armadas empezaron a considerar cada vez más excesivo el costo social que se pagaba, en términos de oposición engendrada, por llevar a la práctica las políticas de Onganía. Krieger Vasena y todo el gabinete renunciaron casi al instante de los acontecimientos. El Cordobazo demostró también la desavenencia que separaba a grandes sectores de la sociedad argentina y un Estado cada vez más aislado, arrogante y carente de legitimidad (...)

Para las fuerzas armadas lo más inquietante tal vez fueron la impredictibilidad, la ferocidad y la índole descontrolada de la conmoción. Si bien los hechos ocurrieron formalmente en el marco de los llamamientos lanzados por los sindicalistas y los partidos políticos opositores, la movilización misma desbordó los canales normales de la protesta y la oposición. La experiencia de los años siguientes demostraría con más contundencia aún las dificultades que suponía canalizar e institucionalizar esa protesta".[1]

Breve cronología de gobiernos argentinos: 1930 a 1983

1930-1932: El 6 de septiembre de 1930, el Gral. José Félix Uriburu encabezó un golpe de Estado que derrocó al gobierno constitucional de

---

1. Daniel James, *Resistencia e Integración. El peronismo y la clase trabajadora argentina 1946-1976*, Buenos Aires, Sudamericana, 1990, pp. 294-296.

Hipólito Yrigoyen, histórico líder del radicalismo. En 1931 se realizaron elecciones en la provincia de Buenos Aires. En ellas, los radicales yrigoyenistas triunfaron. El gobierno anuló las elecciones y proscribió al radicalismo. En adelante, para evitar un nuevo triunfo del yrigoyenismo, los conservadores y sus aliados impusieron la práctica sistemática del fraude electoral –al que denominaron "fraude patriótico"– que caracterizaría a toda la década.

1932-1938: El fraudulento triunfo electoral recayó sobre el Gral. Agustín P. Justo, candidato de la *Concordancia* (alianza entre conservadores, radicales antipersonalistas y el partido socialista independiente), quien asumió la presidencia el 2 de febrero de 1932. Seis años más tarde, el Gral. Agustín P. Justo culminó su mandato y se realizaron nuevas elecciones, también sustentadas en el fraude.

1938-1943: Luego de las elecciones asumió la presidencia Roberto Ortiz, candidato de la *Concordancia*. Roberto Ortiz provenía del radicalismo antipersonalista y su compañero de fórmula, Ramón Castillo, era un representante de los grupos conservadores más tradicionales. En 1940, Ortiz enfermó y asumió la presidencia Castillo. Entretanto, la recurrencia del fraude electoral generó fuertes disidencias en importantes sectores de la población. También participaban de ella sectores de las fuerzas armadas que proponían, además, un cambio de la política económica y en el rol estratégico del Estado. El 4 de junio de 1943, un grupo de oficiales y coroneles del Ejército, denominado "GOU" (Grupo de Oficiales Unidos), de manifiestas simpatías por el fascismo, lideró un nuevo golpe de Estado que desalojó a Castillo del poder.

1943-1946: El presidente designado por los militares, Arturo Rawson, se vio obligado a renunciar por conflictos internos del grupo golpista y el 6 de junio asumió como presidente del gobierno provisional el Gral. Pedro Ramírez. Los conflictos político-ideológicos dentro de las fuerzas armadas fueron agudizándose, desencadenando, en febrero de 1944, la destitución del Gral. Pedro Ramírez. Asumió la presidencia, entonces, el Gral. Edelmiro Farrell. Entretanto, el coronel Juan D. Perón había sido designado director del Departamento Nacional de Trabajo. Desde allí estableció fuertes vínculos con el sindicalismo y el movimiento obrero, ocupando un lugar cada vez más relevante en el gobierno. El 8 de octubre de 1945, los militares opuestos a Perón forzaron su renuncia a todos sus cargos, el 12 de octubre quedó detenido, y el 17, una movilización masiva de trabajadores exigió su libertad. Para ese entonces, presionado por la oposición, Farrell había convocado a "elecciones completamente libres". Éstas se realizaron a comienzos de 1946.

1946-1955: El 24 de febrero de 1946, la fórmula Perón-Quijano, del recién conformado Partido Laborista, triunfó con un 52% de los votos y Perón asumió por primera vez la Presidencia de la Nación. Seis años más tarde, al culminar su mandato, se realizaron nuevas elecciones en las que las mujeres votaron por primera vez y Perón fue reelecto. El segundo gobierno peronista estuvo signado por la crisis económica y la polarización político-social entre el peronismo y el antiperonismo. El 16 de septiembre de 1955, las fuerzas armadas lideraron un nuevo golpe de Estado autodenominado "Revolución Libertadora".

1955-1958: El Gral. Eduardo Lonardi fue designado presidente y el Alte. Isaac Rojas, vicepresidente. Lonardi era partidario de sostener acuerdos con algunos sectores del gobierno depuesto. En noviembre de 1955 fue forzado a renunciar y reemplazado por el Gral. Pedro Eugenio Aramburu. El peronismo fue proscripto y esto significó, principalmente, la exclusión del Partido Peronista de futuras elecciones, la prohibición de nombrar públicamente a Perón y a Evita, de esgrimir símbolos peronistas, etcétera. Las elecciones generales fueron convocadas para 1958, pero la proscripción del peronismo habría de durar hasta 1972.

1958-1962: Las elecciones de 1958 le dieron el triunfo a Arturo Frondizi, candidato de la Unión Cívica Radical Intransigente, proclive a las negociaciones con el peronismo. Si bien al comienzo de su mandato Frondizi contaba con el respaldo del movimiento proscripto, de los gremios y de importantes sectores de la izquierda, pronto, ante las consecuencias de la política económica implementada, lo fue perdiendo. La protesta social resultó violentamente reprimida por el Plan CONINTES. En las elecciones legislativas de marzo de 1960 el "voto en blanco peronista" representó el 25% de los sufragios, mientras que el partido de Frondizi, la UCRI, obtuvo el 20%. En las elecciones provinciales de marzo de 1962, Frondizi permitió la presentación de candidatos peronistas. El triunfo de éstos en varias provincias –especialmente en la de Buenos Aires– provocó un hondo malestar en las fuerzas armadas y Frondizi decretó la intervención de esta provincia (y la de otras donde también había triunfado el peronismo) y la anulación de los comicios. No obstante, preocupadas por el pasado "acuerdista" del gobierno y por su postura abstencionista ante el "caso cubano" (postura que asumió la Argentina en la reunión de cancilleres de la Organización de Estados Americanos realizada en 1962, en la que se decidió la exclusión de Cuba del sistema interamericano), el 29 de marzo las fuerzas armadas anunciaron que el gobierno había sido depuesto.

1962-1963: Tras el golpe militar, en tanto el vicepresidente, Alejandro Gómez, había renunciado, asumió la presidencia provisional de la Nación

–hasta las elecciones del año siguiente– José María Guido, presidente del Senado. Su gobierno estuvo totalmente subordinado al poder de las fuerzas armadas.

1963-1966: Las elecciones nacionales del 7 de julio de 1963 le dieron el triunfo a Arturo Humberto Illia, candidato de la Unión Cívica Radical del Pueblo. En esa oportunidad, el peronismo llamó a votar en blanco. Así, el candidato ganador obtuvo el 25% de los votos emitidos, en tanto el voto en blanco (19%) constituyó la segunda fuerza. Esto significaba que el nuevo gobierno iniciaba su gestión con una importante falta de representatividad. Las fuertes oposiciones que la política económica llevada adelante provocó en los sectores vinculados al capital extranjero y el "plan de lucha" que, en un contexto de alza de precios y despidos, llevó adelante la CGT, profundizaron la gravedad de los conflictos político-económicos y el delicado equilibrio institucional comenzó a resquebrajarse. Finalmente, el 28 de junio de 1966, las fuerzas armadas, apoyadas por importantes sectores –entre los que se encontraban tanto el sindicalismo, como el capital extranjero y una gran cantidad de medios de comunicación–, derrocaron al gobierno constitucional de Illia.

1966-1973: La dictadura instaurada el 28 de junio de 1966 se autodenominó "Revolución Argentina". Ese mismo día, el Gral. Juan C. Onganía asumió la presidencia de la Nación. La política económica llevada adelante por la nueva dictadura favorecía, fundamentalmente, al capital extranjero y a los sectores a él asociados. El gran malestar que esta política generaba en los sectores medios y populares y la fuerte oposición ante su creciente autoritarismo provocaron una movilización política y social sin precedentes que culminaría expulsando a los militares del poder –y cuyo acontecimiento más emblemático fue el Cordobazo–. Un año después de este estallido popular, Onganía fue reemplazado por el Gral. Roberto M. Levingston, quien a su vez fue reemplazado, en marzo de 1971, por el Gral. Alejandro A. Lanusse. La persistencia de la movilización social obligó a este último dictador a pensar una salida institucional que incluyera al peronismo. En noviembre de 1972 se suprimió la proscripción del peronismo y se convocó a elecciones para marzo del año siguiente. La única limitación de la convocatoria electoral fue "la cláusula de residencia", que establecía que no podían ser candidatos quienes no estuvieran residiendo en el país con anterioridad a noviembre de 1972, o sea, el Gral. Juan D. Perón, quien desde 1955 estaba exiliado.

1973-1976: Las elecciones del 11 de marzo de 1973 le dieron el triunfo a la fórmula del peronismo Cámpora - Solano Lima. El 25 de mayo, Héctor Cámpora asumió la presidencia. El 13 de julio de ese mismo año, tras los conflictos desatados en el interior del peronismo con el regreso de Perón a la Argentina, que con el tiempo no harían más que agravarse, Cámpora y su vicepresidente renunciaron. Asumió interinamente la presidencia Raúl Lastiri, titular de la Cámara de Diputados. Entretanto, se suprimió la "cláusula de residencia" y se convocó a nuevas elecciones para septiembre. En éstas, la fórmula Perón-Perón triunfó con un 62%. Perón iniciaba así su tercera presidencia. El 1º de julio de 1974, falleció y lo sucedió su esposa y vicepresidenta María Estela Martínez de Perón, "Isabel". En un contexto de profunda crisis económica y política, el 24 de marzo de 1976 las fuerzas armadas derrocaron al gobierno de Isabel Perón e instauraron la última y más sangrienta dictadura militar de la historia argentina.

1976-1983: Entre marzo de 1976 y diciembre de 1983, el país estuvo gobernado por las fuerzas armadas. Estas implementaron una política represiva sin precedentes, sustentada en el ejercicio del terrorismo estatal. La anulación de los derechos y garantías constitucionales, la desaparición masiva y sistemática de personas, el funcionamiento de cientos de centros clandestinos de detención, tortura y exterminio, la apropiación de bebés nacidos en cautiverio o secuestrados junto a sus padres, los miles de presos políticos y exiliados; y una política económica sustentada en la desindustrialización del país y la especulación financiera, fueron, quizás, los rasgos más notorios del último régimen militar. Los dictadores que se sucedieron en este período fueron los generales Jorge Rafael Videla (1976-1981), Roberto Viola (1981), Leopoldo Fortunato Galtieri (1981-1982) y Reynaldo Bignone (1982-1983). Tras la derrota en la Guerra de Malvinas (junio de 1982), la dictadura militar atravesó un proceso de acelerado desprestigio. La presión del movimiento de derechos humanos, tanto nacional como internacional, los efectos de la política económica implementada y las exigencias de la sociedad civil, obligaron a los militares a retirarse del poder. Las elecciones fueron convocadas para el 30 de octubre de 1983. Ese día el triunfo recayó en el candidato de la Unión Cívica Radical. Raúl Alfonsín gobernó el país hasta el 8 de julio de 1989.

La revolución cultural

Los años '60 fueron escenario de importantes cambios en la cultura occidental. Estos cambios, protagonizados por los jóvenes, se tradujeron fundamentalmente en nuevas prácticas culturales en diversas dimensiones de la experiencia social: en la familia, en el arte, en la política, etc., y evidenciaban la irrupción y condensación de nuevos valores.

La expansión del rock and roll, la minifalda, el pelo largo en los varones, la llamada "liberación femenina", la aparición de las pastillas anticonceptivas y las libertades sexuales que éstas permitieron, la extensión en el uso de drogas, el hippismo, entre otros fenómenos, representan muy bien un clima de época caracterizado por el rechazo o el cuestionamiento –fundamentalmente por parte de los jóvenes de los sectores medios– de los modelos socioculturales heredados. Es en este sentido que podemos hablar del surgimiento de una generación: los jóvenes de la década del '60 construyeron y compartieron una cultura diferenciada y hasta en fuerte oposición a la de sus padres y abuelos.

Esta nueva cultura no fue compacta ni monolítica; por el contrario, reconocía manifestaciones diversas, expresiones múltiples y una variedad de símbolos que dan cuenta de una convivencia de sentidos dispares. Esta heterogeneidad podría representarse, tan sólo a modo de ejemplo, a través de tres íconos de época: el joven *hippie* pacifista oponiéndose a los modelos de consumo de la sociedad norteamericana; el joven guerrillero combatiendo las estructuras económicas y políticas en los países latinoamericanos; el joven intelectual bohemio de las ciudades europeas descartando el pensamiento "tradicional y anquilosado" impartido en los claustros universitarios. Es necesario aclarar que aquellas imágenes no correspondían a experiencias claramente diferenciadas. Lo más probable es que los valores, la estética y las prácticas encarnados en cada uno de esos íconos hayan coexistido y se hayan conjugado de manera particular en cada uno de los sujetos. Es probable, también, que las contradicciones y los contrasentidos hayan habitado muchas de estas conjugaciones.

Todas estas manifestaciones tuvieron, sin embargo, elementos comunes que caracterizaron la época: la rebeldía, la búsqueda de lo nuevo y lo creativo, el cuestionamiento de los poderes instituidos, el rechazo a la "forma de vida y la moral burguesas", la lucha contra los autoritarismos, los convencionalismos y toda forma de opresión, la certeza de que las utopías eran posibles. Se caracterizaron, en definitiva, por un espíritu contestatario, libertario y vanguardista. De ahí que las ideas de "liberación" y de "vanguardia" inundaran, de alguna manera, el lenguaje de la política, del arte, de las costumbres.

Las tradiciones ideológico-políticas también recibieron el embate de esa exigencia de renovación. En este último caso, podría decirse que el marxismo clásico y el "socialismo real" –representado por el modelo soviético– constituyeron uno de los blancos privilegiados de las críticas, dejando al descubierto que las premisas ideológicas y las prácticas políticas, de lo que ya comenzaba a nombrarse como "vieja izquierda" o "izquierda tradicional", ya no podían representar ni contener las ansias revolucionarias de la hora; y esto porque, entre otras cosas, también aquellas izquierdas habían dado lugar a los autoritarismos y dogmatismos tan cuestionados.

Rebeliones juveniles

El episodio más emblemático de este impulso cultural de los años '60 fue, sin duda, el Mayo Francés: la revuelta estudiantil universitaria (a la que se sumaron los sindicatos) que mantuvo en vilo a París y puso en jaque al gobierno del general Charles De Gaulle en mayo de 1968. Fue una revuelta política, pero también cultural. Entre tomas de facultades, barricadas, asambleas públicas, gases lacrimógenos y detenciones, los estudiantes, y en menor medida los obreros, se rebelaron frente a las distintas formas de opresión política y cultural. Los creativos *graffitis* que tiñeron las paredes parisinas y que la memoria colectiva inmortalizó y mitificó ejemplifican el tono, la amplitud, la novedad y la radicalidad político-cultural de la revuelta. Se protestó contra el autoritarismo en las universidades y en las instituciones públicas, contra la obsolescencia y vacuidad de la enseñanza impartida, contra la guerra de Vietnam y el gobierno de De Gaulle, contra la explotación del hombre por el hombre, contra las pautas culturales "burguesas", contra la desigualdad entre los géneros, contra la intelectualidad "no comprometida" con las urgencias sociales. Y, al mismo tiempo, se impugnó la legitimidad de quien hasta ese momento se había erigido como referente de los movimientos contestatarios: la izquierda tradicional.

Puede decirse que el Mayo Francés representó, en términos generales, la rebelión de una generación contra los poderes concretos de la disciplina social de un sistema y sus efectos sobre los hombres.

No fue ésta la única rebelión estudiantil de la época: Berkeley y Kent en EE.UU, Tlatelolco en México, Filosofía y Letras en Buenos Aires o el Barrio Clínicas en Córdoba, son tan sólo ejemplos de una juventud que, en distintas partes del planeta, irrumpió, protagónica, en la escena pública. Porque lo que nos interesa destacar aquí en todo caso —y de ahí la importancia del Mayo Francés como emblema de una década— es el surgimiento de la juventud en tanto actor político y social. Es la juventud constituyéndose en el sujeto colectivo que motorizaba los cambios, que hacía de la rebeldía su estandarte, que encarnaba los nuevos aires de la época y anunciaba, desafiante y segura, el advenimiento inminente de lo nuevo.

Graffitis del Mayo Francés (1968)[2]

La imaginación al poder.
El que sabe actúa, el que no, enseña.
Dios: sospecho que eres un intelectual de izquierda.

---

2. Mario Pellegrini (comp.), *La imaginación al poder. París. Mayo 1968*, Barcelona, Argonauta, 1982.

Las paredes tienen orejas. Vuestras orejas tienen paredes.
La barricada cierra la calle pero abre el camino.
Decreto el estado de felicidad permanente.
La política pasa en la calle.
Queda estrictamente prohibido prohibir (ley del 13 de mayo de 1968).
Un solo week-end no revolucionario es más sangriento que un mes de revolución permanente.
Cambiar la vida, transformar la sociedad.
Contempla tu trabajo: la nada y la tortura forman parte de él.
La novedad es revolucionaria, la verdad también.
El sueño es realidad.
Fronteras = represión.
Abraza a tu amor sin dejar tu fusil.
La acción está en la calle.
La calle vencerá.
Corre, camarada, el viejo mundo está detrás tuyo.
Acumulen rabia.
No hay pensamientos revolucionarios, hay actos revolucionarios.
Olvídense de todo lo que han aprendido, comiencen a soñar.
Yo jodo a la sociedad pero ella me lo devuelve bien.
Cuestionamiento permanente.
No hay libertad para los enemigos de la libertad.
Tenemos una izquierda prehistórica.
El deber de todo revolucionario es hacer la revolución.
Viole su Alma Mater.
La insolencia es la nueva arma revolucionaria.
El urbanismo de la Sorbona produjo las generaciones de castrados que todos conocemos.
Cuanto más hago el amor, más ganas tengo de hacer la revolución.
Cuanto más hago la revolución, más ganas tengo de hacer el amor (uno de los iracundos).
El patriotismo es un egoísmo de masa.
La poesía está en la calle.
De la crítica de la universidad de clases al cuestionamiento de la sociedad capitalista.
No se encarnicen tanto con los edificios, nuestro objetivo son las instituciones.
Si lo que ven no es extraño, la visión es falsa.
La burguesía no tiene más placer que el de degradarlos todos.
La economía está herida. ¡Que reviente!
Bajo el asfalto, la playa.
Sean realistas: pidan lo imposible.
Lo esencial no ha sido dicho.

La militancia política y social

Hacia finales de la década de 1960, en un contexto internacional convulsionado por los avances de distintos procesos revolucionarios y al calor del descontento popular frente a la dictadura instaurada por Onganía en 1966 tomó cuerpo en la Argentina un proceso de movilización de masas sin precedentes, cuyos protagonistas indiscutidos fueron el movimiento obrero y la juventud.

Este proceso contestatario expresaba, en lo inmediato, la lucha contra la dictadura y la puja por una distribución más equitativa del ingreso, es decir, más favorable a los sectores populares y las capas medias de la población. En términos generales, evidenciaba una voluntad colectiva de alterar un orden económico-social –el capitalismo dependiente–, señalado como fuente de desigualdades económicas e injusticias sociales, signado por la explotación del hombre y la dependencia del país.

El surgimiento y/o consolidación de una importante cantidad de grupos gremiales, políticos y sociales que encauzaron la militancia de un número cada vez mayor de jóvenes de distintas clases sociales fue expresión de este clima político. Algunos de ellos optaron por una militancia exclusivamente gremial: se incorporaron a las actividades de los gremios o centros de estudiantes sin ingresar a ninguna organización política. Otros tuvieron una militancia que podríamos llamar "social": desplegaron diversas actividades de solidaridad y ayuda en villas y barrios pobres. Este tipo de militancia estuvo encauzada, en importante medida, por grupos cristianos inspirados en la "teología de la liberación".

Podemos decir, sin embargo, que con el tiempo, fue el ingreso a las nuevas organizaciones políticas que surgieron en este período –fuera o dentro de las estructuras partidarias tradicionales– la opción más atractiva para quienes ansiaban "luchar contra la dictadura", "luchar contra el imperialismo" y "transformar el mundo".

El mapa que esas organizaciones conformaban resulta bastante complejo. Aunque coincidieran en la "lucha antiimperialista" y en la voluntad de construir un orden económico-social justo e igualitario (y es en este sentido que podemos hablar de su tenor revolucionario), las organizaciones encarnaban y conjugaban tradiciones ideológicas y políticas distintas: nacionalismo, peronismo, marxismo, cristianismo, etcétera.

Varios fueron los debates que atravesaron y definieron los posicionamientos políticos, tanto colectivos como individuales. Nos interesa destacar aquí tan sólo tres: 1) la relación con el peronismo y la figura de Perón; 2) el orden económico y social a construir; 3) la lucha armada como camino para lograr el cambio social.

La noche de los bastones largos

El 29 de junio de 1966, el general Onganía asumió el gobierno.

El Estatuto de la Revolución Argentina se adosó a la Constitución Nacional. Por ese Estatuto juró Onganía. Se disolvió el Congreso, se intervinieron todas las provincias y organismos del Estado y se destituyó a los miembros de la Corte Suprema. Los bienes de los partidos políticos fueron confiscados y vendidos; de este modo se confirmaba lo irreversible de la clausura de la vida política.

Los ministerios fueron reducidos a cinco. Se creó una suerte de Estado Mayor de la Presidencia, integrado por los Consejos de Seguridad, Desarrollo Económico y Ciencia y Técnica.

En general la sociedad no reaccionó, excepto la universidad.

Las universidades eran vistas como la cuna del comunismo; el lugar de propagación de doctrinas disolventes y un foco de desorden.

Las Universidades fueron intervenidas y se terminó con su autonomía académica. En la noche del 29 de julio de 1966, en la denominada "noche de los bastones largos", la policía apaleó a estudiantes y profesores de algunas Facultades de la Universidad de Buenos Aires, provocando un importante movimiento de renuncias de docentes.

La censura se extendió a las costumbres de la gente. La represión tenía que ver con el intento de erradicar el comunismo. A determinadas manifestaciones culturales se las veía como sinónimo de una expresión de la izquierda.

La dictadura militar fue muy dura. Al menor atisbo de huelga, se producían los despidos. Antes de redefinir la política económica se redujo el personal en la Administración Pública y en algunas empresas del Estado, como Ferrocarriles.

Otra medida espectacular fue el cierre de la mayoría de los ingenios azucareros de la provincia de Tucumán, que venían siendo ampliamente subsidiados.

Toda la protesta sindical fue acallada. Se sancionó una ley de arbitraje obligatorio, que condicionó la posibilidad de hacer huelga.

El Plan de lucha de 1967 encontró una acción agresiva muy fuerte; despidos masivos, retiros de personería sindical, intervenciones.

Por lo tanto la CGT decidió suspender la medida.

La designación como Ministro de Economía y Trabajo de Krieger Vasena provocó la reacción de los sindicatos.

Una fuerte devaluación del 40%, la suspensión de los convenios colectivos de trabajo, la sanción de una ley de hidrocarburos, que permitía la participacion de las empresas privadas en el negocio del petróleo y la sanción de la ley de alquileres que facilitaba los desalojos, fueron las medidas con las que comenzó su gestión el nuevo ministro.

También se suspendieron los aumentos de los salarios por el término de 2 años; después de un pequeño aumento, se congelaron tarifas públicas y de combustibles y se estableció un acuerdo de precios con las empresas líderes.

A lo largo de 1968 empezaron a notarse los primeros indicios del fin de la bonanza. Raimundo Ongaro, dirigente gráfico de orientación sindical en marzo del 68 ganó la conducción de la CGT, que a poco se dividió.

La CGT de los Argentinos, cuyo líder fue el mismo Ongaro, encabezó un movimiento de protesta que por supuesto el gobierno controló con amenazas y ofrecimientos. El grupo de Vandor, carente por entonces de espacio para su política y los llamados "participacionistas", se reunieron. Augusto Vandor fue asesinado el 30 de junio de 1969, en su oficina de la Unión Obrera Metalúrgica.

Por otro lado los empresarios rurales fueron escuchados por ciertos militares, quienes querían un desarrollo más nacional, más popular.

Esto trajo tensión entre Onganía y el Ministro de Economía.

Entonces, a mitad de año Onganía relevó a los tres Comandantes en Jefe y reemplazó a Julio Alsogaray por Alejandro Lanusse.

Por otro lado grupos que apoyaban a Krieger Vasena, pensaron en buscar una salida política a las desavenencias con Onganía.

En 1969 estalló en Córdoba un movimiento que se venía gestando entre estudiantes de Universidades de distintas provincias y un fuerte grupo sindical de Córdoba, provincia argentina, donde se concentraban las principales fábricas automotrices.

El 29 de mayo de 1969, a raíz de una huelga general, obreros y estudiantes poblaron las calles cordobesas. Se produjo un fortísimo enfrentamiento con la policía que generó aún más violencia. Finalmente, intervino el Ejército y el 31 de mayo, lentamente se reestableció el orden.

Para Onganía se había perdido su más poderosa arma: el imperio del orden de su gobierno. Comenzó por entonces una ola de movilización social. Uno de ellos fue un nuevo activismo sindical, que se manifestó en Rosario (Provincia de Santa Fe), en Córdoba, otro en Cipolletti (Provincia de Río Negro) y en la zona frutícola del Valle del río Negro, Neuquén.

Desde 1967 fueron surgiendo nuevos grupos: "Fuerzas Armadas Peronistas", "Descamisados", "Fuerzas Armadas Revolucionarias" (FAR), "Fuerzas Armadas de Liberación", y hacia 1970 aparecieron los dos movimientos que tuvieron más trascendencia: "Montoneros", surgido del seno católico, nacionalista y peronista, y el "Ejército Revolucionario del Pueblo" (ERP), vinculado al grupo trotskista del Partido Revolucionario de los Trabajadores.

En 1970 los Montoneros, secuestraron y asesinaron al Teniente General Aramburu y poco después FAR ocupó la ciudad de Garín, a pocos km de la Capital Federal.

Los Montoneros hicieron lo mismo en La Calera, Córdoba.

"Montoneros" fue la organización guerrillera que absorbió a casi todas las otras, a excepción del ERP.

Fue la que menos se sintió atada a tradiciones o lealtades políticas previas. Triunfó entre la juventud peronista, ganó espacio y fue reconocida por Perón por su formación intelectual.

No estuvieron demasiado orientados hacia el movimiento sindical, pero sí en buscar apoyo en los sectores marginales, en barrios, en villas, fundamentalmente cultivadas por los sectores de los sacerdotes tercermundistas, encabezados por el brasileño Helder Camara.

Proclamaban su preocupación por los pobres, así como la necesidad de comprometerse activamente en conseguir la reforma social y en asumir las consecuencias de ese compromiso.

En Argentina, los religiosos militantes de este movimiento iban a las zonas pobres, particularmente a los barrios de emergencia y promovían la formación de organizaciones solidarias e impulsaban reclamos y acciones de protestas que inclusive incluían huelgas de hambre.

Por 1969, Onganía al ver su autoridad resentida, la salida de los capitales extranjeros y una posibilidad de que reapareciera un brote de inflación, intentó modificaciones. Entonces reemplazó a Krieger Vasena.

Esto no alcanzó.

Los sindicalistas estaban muy fuertes, el sector rural, hasta entonces sacrificado, elevó su protesta y mantuvo un duro entredicho con los frigoríficos extranjeros.

Por otra parte Onganía estaba cada vez más aislado de las Fuerzas Armadas.

Además, el episodio de Aramburu creó ciertas dudas de la posible convivencia de Montoneros y Onganía.

Todo esto provocó un movimiento militar en junio de 1970, y depusieron a Onganía. El general Levingston fue entonces designado presidente.

La relación con el peronismo

Para quienes adherían a una ideología marxista, el peronismo representaba un problema. En tanto resultaba claro a sus ojos que ese movimiento (que incluía personalidades y posturas tanto de izquierda como de derecha) no proponía un cambio revolucionario orientado hacia el socialismo, al mismo tiempo, era a todas luces evidente que la clase obrera (principal protagonista y destinataria del cambio social) era peronista y no había demasiados signos que permitieran pensar que revocaría esa identidad. Es por esta última razón que muchos jóvenes provenientes de familias no peronistas –y hasta tradicionalmente "gorilas"– se incorporaron a las filas del peronismo.

A su vez, dentro mismo del peronismo de izquierda, la figura de Perón representaba un problema: se lo consideraba el líder indiscutido del movimiento, pero, al mismo tiempo, se sospechaba de su filiación ideológica (marcada por demasiados gestos de simpatía con la derecha) y, por tanto, de su voluntad política de asumir la dirección de un cambio revolucionario. Las tensiones entre el peronismo de izquierda y Perón adquirirían su punto más ríspido durante su tercera presidencia (1973-1974).

La lucha armada como camino para lograr el cambio social

Otro debate que atravesó este período de movilización giró en torno a cuál era el camino para acceder a la toma del poder político e impulsar el cambio social. Más precisamente, la cuestión era si se debía recurrir a la acción armada (esto es, a la actividad guerrillera) o si, siguiendo el ejemplo de la Unidad Popular en Chile, era posible lograrlo por "vía pacífica" (es decir, por vía electoral).

Algunas de las organizaciones de izquierda, tanto peronistas como no peronistas, incluyeron la actividad armada como parte de su accionar político, de ahí que reciban el nombre de organizaciones político-militares. Esta opción estuvo claramente determinada por el contexto internacional (en especial el escenario latinoamericano, convulsionado por distintos procesos y movimientos revolucionarios) y nacional en el que surgieron. (Ver "Jóvenes, dictaduras y democracias débiles".)

Otras organizaciones aceptaban la lucha armada tan sólo como estrategia potencial: reconocían la necesidad de recurrir a ella, pero consideraban que aún "no estaban dadas las condiciones".

Un debate de quizás menor envergadura se planteó acerca de las modalidades específicas que debía asumir la lucha armada: si debía concentrarse en las ciudades o en las áreas rurales, si implicaba la formación de milicias populares o ejércitos regulares, en qué momentos de la movilización de masas debía intensificarse, etcétera. Nuevamente, las experiencias revolucionarias de otras latitudes ofrecían variados y múltiples modelos.

Con el acceso del peronismo al poder en 1973, el debate en torno de la lucha armada adquiriría una nueva importancia y un dramatismo mayor.

Las organizaciones político-militares de mayor relevancia por su capacidad de movilización y/o por su incidencia en el desarrollo de los acontecimientos fueron: Montoneros, peronista, y PRT-ERP (Partido Revolucionario de los Trabajadores y su brazo armado, el Ejército Revolucionario del Pueblo), de tradición marxista.

Ser miembro de Montoneros o del PRT-ERP no implicaba, ni necesaria ni exclusivamente, ingresar a la actividad guerrillera. Ambas organizaciones desarrollaron una intensa actividad política y por ende la militancia en ellas, como en otras organizaciones, ofrecía y requería actividades distintas que variaban a lo largo del tiempo y que podían desplegarse en espacios o ámbitos diversos: colegios, universidades, fábricas, sindicatos, villas, etcétera. Algunos militantes podían tener asignadas, por ejemplo, tareas de prensa y difusión, otros, tareas más bien gremiales (tanto en centros de estudiantes como en sindicatos). Lo importante a destacar en todo caso es que estas organizaciones eran actores clave de la movilización política y social y eso implicaba un conjunto muy amplio y variado de actividades, que iban desde la propaganda hasta la acción armada. Al igual que en otras experiencias revolucionarias de otras partes del mundo, las acciones armadas en Argentina podían incluir actos muy dispares. Las más comunes fueron: la toma de fábricas, el reparto en villas y barrios pobres de alimentos "expropiados", la autodefensa en caso de represión policial o enfrentamientos en manifestaciones, el desarme de policías y el secuestro extorsivo de empresarios –que, junto con la "expropiación" de autos o el asalto a bancos, permitía recaudar dinero "para la causa"–. En menor medida, estas organizaciones dieron muerte a los considerados "enemigos políticos" y realizaron asaltos a cuarteles y guarniciones militares (asaltos que, entre 1973 y 1976, sumaron un total de siete).

La cultura de la militancia

En barrios, fábricas o universidades, en organizaciones políticas, grupos religiosos, gremios o centros de estudiantes, lo cierto es que durante este período un número cada vez mayor de jóvenes se fue incorporando al amplio mundo de la militancia político-social. Se fue conformando así, dispersa en diversas agrupaciones y espacios, de signos político-ideológicos también diversos, una suerte de "cultura de la militancia". Esta se caracterizó por ciertos tópicos o figuras clave.

Uno de ellos fue la idea del *compromiso*. Se trataba, en un sentido amplio, de "comprometerse con la realidad". Esto significaba básicamente "hacer algo" –para combatir, en definitiva, la injusticia del mundo– y su traducción más inmediata era tener algún tipo de participación o actividad social, gremial o política.

Ya dentro de los códigos más específicos de los grupos de militantes se hablaba de: "el compromiso con los pobres", "el compromiso con los compañeros", "el compromiso con la causa (la revolución)", etcétera.

La opción por las armas estuvo, en muchos casos, ligada a esta idea. Asumir la lucha armada representaba para muchos una prueba de su "nivel de compromiso".

Decidirse por una militancia que se sabía claramente riesgosa era la expresión más acabada de lo que para muchos significaba comprometerse. Hablar y pensar en "asumir el compromiso hasta las últimas consecuencias"

–y esto significaba, en definitiva, la posibilidad de morir– fue común en el mundo de la militancia. Más tarde, al recrudecerse las actividades represivas, esta última convicción se traducirá en la negativa de muchos militantes de abandonar la militancia o irse del país ante la inminencia del peligro.

La idea del *compromiso* habitó, en fin, diversas prácticas y experiencias de esa generación. Como marca o herencia de lo anterior, hasta hoy, al referirnos a los jóvenes de los '70, es común hablar de una "generación comprometida".

Otra figura importante que caracterizó a esta cultura de la militancia, y emparentada con la anterior, es la del "hombre nuevo". Encarnado para muchos en la mítica imagen del "Che" Guevara –y referenciado en San Pablo en la tradición cristiana– "el hombre nuevo" reunía los valores éticos que todo revolucionario debía tener: el sacrificio, la entrega por un ideal, el heroísmo, la solidaridad, la lucha contra el individualismo, la humildad. Si bien el "hombre nuevo", se decía, iría surgiendo a la par de los avances revolucionarios –y esto porque sólo una sociedad igualitaria podía garantizarlo– resultaba necesario construirlo emulando aquellos valores en la práctica militante de todos los días.

Un último tópico que nos interesa destacar aquí es la certeza en el triunfo de "la revolución". Los jóvenes militantes de las décadas del '60 y del '70 no dudaban en confiar que la historia se encaminaba, veloz e indefectiblemente, hacia una sociedad justa, donde la antiquísima promesa de igualdad y libertad se hiciera realidad. Los procesos emancipatorios y revolucionarios que convulsionaban otras partes del mundo ofrecían señales de confirmación de que "el momento había llegado". La historia sólo necesitaba ahora de la acción de los hombres para acelerar su paso.

Esto parecía también cierto en la Argentina donde, hacia 1973, la movilización política y social había logrado jaquear al poder dictatorial y reabrir las puertas de la voluntad popular.

Cambios en la izquierda

La mayoría de las agrupaciones marxistas que surgió en este período se constituyó en oposición a la "vieja izquierda", representada fundamentalmente por el Partido Comunista, el Partido Socialista tradicional y los intelectuales cercanos a ellos. Históricamente, estos partidos habían nucleado a quienes bregaban por el socialismo. Al igual que en otras partes del mundo, esas estructuras partidarias recibieron el embate de la crítica y la ruptura generacional. En términos generales, podríamos decir que, a los ojos de las nuevas camadas de jóvenes revolucionarios, su dogmatismo, sus propuestas y sus discursos políticos resultaban cada vez más ajenos a la realidad local y a la urgencia de los tiempos.

Es en estos años que comienza a conformarse, entonces, un espacio político y cultural amplio de fronteras difusas que recibió el nombre de *nueva izquierda*.

En principio, esta *nueva izquierda* se hizo eco –y fue, a su vez, parte– de los cuestionamientos que el modelo soviético y la política exterior de la URSS recibían en otras partes del mundo. Esto significó, además, cierta apertura o reconfiguración ideológica en la que un mayor diálogo con otras tradiciones, tanto culturales como políticas, resultó crucial. Dentro del marxismo, asumieron un mayor protagonismo los pensadores, ideólogos y líderes de procesos emancipatorios y/o revolucionarios del Tercer Mundo. Al mismo tiempo, se registró un acercamiento importante a tradiciones hasta entonces poco valoradas por el marxismo tradicional como, por ejemplo, el nacionalismo y el cristianismo. Otro aspecto crucial de la *nueva izquierda* en la Argentina fue la llamada "relectura del peronismo". En efecto, la "vieja izquierda" había asumido una posición sumamente crítica frente a Perón y el peronismo. Desde los mismos momentos de constitución de este movimiento –en el contexto internacional de posguerra–, aquella izquierda lo había caracterizado como "fascista", "neonazi", o, en el mejor de los casos, "contrario a los verdaderos intereses de la clase obrera". En las elecciones de 1946 –que llevaron a Perón por primera vez a la presidencia–, tanto el Partido Comunista como el Socialista formaron parte de una coalición de fuerzas, de la que participaron también radicales, liberales y diversas fuerzas conservadoras, llamada Unión Democrática e impulsada por el entonces embajador norteamericano en la Argentina, Spruille Braden. La actitud opositora que comunistas y socialistas sostuvieron frente al peronismo en el poder, y las prácticas autoritarias y represivas que, a su vez, el gobierno peronista mantuvo para con sus opositores, contribuyeron a un distanciamiento cada vez mayor entre izquierda y peronismo. De ahí que, al promediar los años sesenta, la izquierda en su conjunto haya atravesado intensos debates en torno de la naturaleza ideológica del peronismo y la postura política que ante él se debía adoptar. Dejando un poco al margen la figura de Perón, aquello que años atrás había sido catalogado por la "vieja izquierda" como la consecuencia de una manipulación absoluta de las masas era ahora concebido como una identidad política sólida, única capaz de movilizar al movimiento obrero y a los sectores populares; y, finalmente, era posible ahora pensar al peronismo como un movimiento potencialmente revolucionario. Era, en definitiva, el movimiento ineludible a la hora de pensar en los actores que protagonizarían la transformación social. Esta relectura del peronismo se vio favorecida, además, por la creciente importancia que dentro de ese movimiento comenzaron a adquirir intelectuales, nuevos dirigentes gremiales, grupos juveniles, etc., cuyos discursos y prácticas eran claramente solidarios con las ideas revolucionarias.

Finalmente, a diferencia del Partido Comunista o el Socialista, algunas expresiones de la *nueva izquierda* se mostraron más proclives a considerar la pertinencia y oportunidad de "la lucha armada como estrategia para la toma del poder".

La teología de la liberación y los Sacerdotes para el Tercer Mundo

También en la Iglesia católica soplaban los vientos de esta primavera. Como expresión de un movimiento sacerdotal que en distintas partes del mundo cobraba fuerte impulso, "en 1967, los obispos del Tercer Mundo (...) proclamaron su preocupación prioritaria por los pobres (...) así como la necesidad de comprometerse activamente en la reforma social y asumir las consecuencias de ese compromiso. Esta línea quedó parcialmente legitimada cuando en 1968 se reunió en Medellín, con la presencia del Papa, la Conferencia Episcopal Latinoamericana. Una 'teología de la liberación' adecuó el tradicional mensaje de la Iglesia a los conflictos de la hora, y la afirmación de que la violencia 'de abajo' era consecuencia de la violencia 'de arriba' autorizó a franquear el límite, cada vez más estrecho, entre la denuncia y la acción (...). Esta tendencia tuvo rápidamente expresión en la Argentina. Desde 1968, los sacerdotes que se reunieron en el Movimiento de Sacerdotes para el Tercer Mundo, y los laicos que los acompañaban, militaron en las zonas más pobres, particularmente las villas de emergencia. (...) Su lenguaje evangélico fue haciéndose rápidamente político"[3].

Consignas de la militancia

> *Patria o muerte, venceremos.*
> *Libres o muertos. Jamás esclavos.*
> *Hasta la victoria siempre.*
> *A vencer o morir por la Argentina.*
> *Montoneros, FAR y ERP con las armas al poder.*
> *Ni votos ni botas, fusiles y pelotas.*
> *Izquierda, izquierda, reformas a la mierda.*
> *Pueblo que escuchas ¡únete a la lucha!*
> *¡El pueblo unido, jamás será vencido!*
> *¡Alerta, alerta, alerta que camina el antiimperialismo por América Latina!*

---

3. Luis Alberto Romero, *Breve historia contemporánea de la Argentina*, Buenos Aires, FCE, 1994, pp. 245-246.

Atención, atención, atención, atención: toda la cordillera va a servir de paredón.
Luche, luche, luche, no deje de luchar por un gobierno obrero, obrero y popular.
¡Qué lindo, qué lindo, qué lindo que va a ser, patrones bajo tierra, obreros al poder!
Socialismo nacional, como manda el general.
Perón, Evita, la Patria Socialista.
Vamos a hacer la Patria Peronista, vamos a hacerla montonera y socialista.
Si Evita viviera sería montonera.
Vietnam, Corea, China tormenta se avecina.
A la Policía le quedan dos caminos: unirse con el pueblo o ser sus asesinos.

El peronismo, de la proscripción al poder

Desde el derrocamiento del segundo gobierno de Perón hasta la convocatoria a elecciones en 1972 el peronismo –identidad política mayoritaria de la población– estuvo proscripto y su líder exiliado. Durante ese período surgieron distintas agrupaciones peronistas que evidenciaban la vigencia de esa identidad a pesar de los embates represivos. Con el tiempo, el fin de la proscripción, el regreso de Perón a la Argentina y el acceso del peronismo al poder se fueron perfilando como los objetivos políticos inmediatos de estas agrupaciones.

Si la dictadura de Onganía, instaurada en 1966, constituyó el telón de fondo de una ola de movilización política y social sin precedentes, el surgimiento de Montoneros marcó un nuevo punto de inflexión. Esta organización político-militar, que se reivindicaba peronista, hizo su primera aparición pública en mayo de 1970 con el secuestro y fusilamiento de Aramburu, enemigo histórico del peronismo y principal responsable de los fusilamientos de 1956. Este acontecimiento –recibido con inmensa simpatía por amplios sectores de la población– forzaría la renuncia de Onganía y desataría una crisis en el seno del poder militar. Pero más importante aún fue la acelerada y creciente gravitación que a partir de entonces tendría Montoneros en el escenario político. Muy pronto sería esta organización la que capitalizaría en gran medida una movilización social que venía gestándose desde años atrás. En efecto, incentivada por los permanentes guiños de apoyo y complicidad que Perón les dedicaba desde su exilio en Madrid, y tras volcarse a la organización de la Juventud Peronista (JP) en barrios, universidades, villas y, en menor medida, sindicatos, Montoneros se erigió en el principal referente de las nuevas camadas de jóvenes peronistas sensibles a la injusticia social, para quienes los discursos y prácticas de las estructuras tradicionales del peronismo –encarnadas en la "burocracia sindical"– resultaban demasiado cercanas a las ideologías de derecha y manifiestamente proclives a negociar con el poder. Pero Montoneros también se convertía en polo de atracción de aquellos jóvenes de izquierda que, proviniendo de familias no peronistas y aun "gorilas", consideraban que todo movimiento u organización que se propusiera un cambio revolucionario debía incluir –necesariamente– al peronismo.

La intensidad de la protesta política y social, cuya expresión más acabada podía encontrarse en la recurrencia de los estallidos populares que siguieron al Cordobazo y en el festejo con que amplios sectores sociales acompañaban las acciones de las incipientes organizaciones guerrilleras, fue creciendo hasta imponer un clima de notoria ingobernabilidad. Así, ante una presión popular prácticamente insostenible –y que iba identificándose cada vez más con el peronismo y con Perón– la dictadura se vio obligada a organizar una salida democrática. A pesar de la voluntad de los grupos más conservadores y del propio poder militar, resultaba evidente que aquella salida debía incluir como condición sine qua non el fin de la proscripción del peronismo y el regreso de Perón al país. Así lo habían demostrado los fallidos intentos de negociar con distintos actores políticos una propuesta institucional que excluyera a Perón.

Evidencia también del poder de movilización que iba adquiriendo la Juventud Peronista fue la exitosa campaña política que ésta llevó adelante por el regreso de Perón: el *Luche y vuelve*, que culminó con la primera visita del histórico líder a la Argentina en noviembre de 1972, después de 17 años de exilio. La alegría y la movilización popular que acompañaron a esta breve visita preanunciaban el clima de fiesta que se avecinaba.

En este contexto, el Gral. Lanusse –último dictador del período– se vio obligado a convocar a elecciones. Quedaba, sin embargo, una última posibilidad para impedir la llegada de Perón al sillón presidencial. La "cláusula de residencia", negociada precipitadamente en la reglamentación del acto electoral, se orientaba en esa dirección al prohibir la candidatura de quienes no hubieran estado residiendo en la Argentina con anterioridad a agosto de 1972. La posición del peronismo fue desafiante y, si revelaba el carácter ficticio que los protagonistas le adjudicaban a la representación política, ponía también en evidencia quién ocupaba y ocuparía la centralidad del escenario político: la consigna de la campaña electoral fue *Cámpora al gobierno, Perón al poder*.

Héctor Cámpora había sido recientemente designado por el líder como su delegado personal. Contaba con el apoyo y la simpatía no sólo de la JP –que lo había apodado cariñosamente "el Tío"– sino también de sectores más amplios del espectro político y social que pugnaban por una transformación económica y social atenta a las demandas de los sectores populares y del capital industrial nacional. Finalmente, es probable que no pocos hayan pensado en el gobierno de Cámpora tan sólo como un período transicional hacia un gobierno encabezado por el propio Perón.

En las elecciones del 11 de marzo de 1973, la fórmula Cámpora - Solano Lima triunfó sin mayores sorpresas con el 50% de los votos. El 25 de mayo, Héctor Cámpora asumió la Presidencia de la Nación en un clima de intensa algarabía popular. *Se van, se van y nunca volverán* era la consigna coreada en las calles por las multitudes que, sabiendo que la movilización popular había forzado la salida de los militares del gobierno, festejaban el fin de la dictadura y, en su mayoría, el retorno del peronismo al poder después de 18 años de proscripción. Gran parte de la izquierda no peronista también se sumó a los festejos. La llegada de Cámpora al poder parecía anunciar la inminencia de un tiempo de transformación social que pondría fin a los privilegios económicos y a la dependencia del capital extranjero. La hora del cambio y de la "liberación nacional" se acercaba. La presencia del presidente chileno, Salvador Allende y del cubano, Osvaldo Dorticós –en representación de las dos experiencias socialistas del continente– reforzaban el clima del evento. Y, como constatación de su inmenso poder y del carácter popular del nuevo gobierno, esa misma noche una enorme multitud se dirigió a la cárcel de Villa Devoto imponiendo *de hecho* la liberación inmediata de todos los presos políticos, en su mayoría dirigentes sindicales y militantes de las organizaciones guerrilleras. La liberación fue acompañada, casi simultáneamente, por la firma de un indulto presidencial (días después, el Congreso aprobó una Ley de Amnistía). El 25 de mayo de 1973 fue, sin lugar a dudas, una jornada histórica.

Este clima de festejo se prolongó durante todo el gobierno de Cámpora, convirtiendo a este período en una verdadera "primavera" para importantes sectores de la población. Las expectativas de la Juventud Peronista –actor político clave de este proceso– se vieron satisfechas en gran medida puesto que el peronismo de izquierda y sus simpatizantes –nucleados alrededor de lo que se llamó *La Tendencia*– ocuparon espacios institucionales de importancia: varias bancas en el Congreso, varias gobernaciones, algunas de ellas muy importantes, como Buenos Aires, Córdoba y Mendoza; dos o tres ministerios y las universidades, que fueron la gran base de movilización de la JP. En áreas como la salud y la educación se impulsaron distintos proyectos que tenían a los sectores populares como principales beneficiarios. En términos generales, se esbozó una política económica más atenta a las demandas de los asalariados y excluidos y caracterizada por una mayor regulación estatal de las relaciones entre capital y trabajo.

La llamada "primavera camporista" habría de durar tan sólo 49 días. Tras el tan ansiado regreso definitivo de Perón a la Argentina (en junio de 1973) y el enfrentamiento entre distintos grupos del peronismo que culminó en una masacre perpetrada desde la derecha en el aeropuerto de Ezeiza –donde una masa multitudinaria encabezada por las distintas agrupaciones de la JP había ido a recibir al líder–, Cámpora renunció el 13 de julio.

Aunque no todos los actores sociales y políticos pudieran vislumbrarlo así, comenzaba el fin de esta "primavera" y el inicio de un nuevo período signado fundamentalmente por una acelerada agudización de los conflictos entre la izquierda y la derecha peronistas. En este delicado escenario, la persistencia de la actividad armada de la principal organización guerrillera no peronista –el PRT-ERP– contribuiría a la agudización de los conflictos políticos.

Las luchas internas del peronismo

Las razones más profundas de los conflictos internos del peronismo –expresados en principio en una lucha entre los distintos sectores del movimiento y más tarde en un enfrentamiento entre la derecha y la izquierda del movimiento– no resultan fáciles de dilucidar. Existen varias lecturas posibles. Por un lado, podría decirse que detrás de estas disputas existían proyectos político-económicos o modelos de país distintos. Estas diferencias podían verse en las "peleas de consignas" que protagonizaron los diferentes sectores peronistas en manifestaciones, pintadas y volantes: *Perón, Evita, la Patria Socialista* (esgrimida por Montoneros y la Juventud Peronista) vs. *Perón Evita, la Patria Peronista* (esgrimida por gran parte del sindicalismo y los grupos más tradicionales del movimiento).

Otra lectura advierte que, en realidad, esta lucha de consignas podría tratarse de una disputa por la impronta ideológica del movimiento, en tanto los proyectos político-económicos a los que distintos sectores del peronismo adscribían no eran tan dispares entre sí. En todo caso, ambos sectores parecían estar de acuerdo, en principio, en un modelo impulsado por un Estado interventor y distribucionista, poseedor y/o rector de las principales llaves de las finanzas y el comercio exterior, adverso al capital extranjero e impulsor de la industria nacional, que garantizara el crecimiento del mercado interno. Es probable también que la diferencia de origen y tradición ideológica de quienes engrosaban las filas de la izquierda peronista, principalmente de Montoneros, diera lugar a la convivencia de proyectos distintos y malentendidos dentro mismo de sus filas.

Esta última mirada ve los conflictos como simples disputas por el poder. Es evidente, en todo caso, que el enfrentamiento que poco a poco se iría exacerbando, principalmente entre Perón y Montoneros, expresaba la voluntad de éstos de ganar para su causa al propio Perón, presionado entonces a ratificar la imagen que de él habían construido y que él mismo había alentado mediante correspondencia y encuentros durante su exilio en Madrid. Esta imagen –construida durante los años de proscripción del peronismo por jóvenes que habían crecido escuchando hablar de los tiempos del '45, cuando Perón y Evita, "abanderada de los pobres", habían hecho de la bandera de *Justicia Social* una "realidad efectiva"– posicionaba al líder mucho más a la izquierda de lo que ahora éste parecía estar. Paralelamente, resultaba claro el intento de Perón de disciplinar a estas "formaciones especiales" (como él mismo las denominó en uno de sus clásicos guiños de complicidad), que habían crecido un poco en forma autónoma de su dirección y que ahora había que "encuadrar".

Se ponía de manifiesto, entonces, un efecto poco previsto de los años de ausencia del líder: la construcción y consolidación de poderes propios dentro del peronismo.

Hacia comienzos de 1974, la puja entre las distintas expresiones del peronismo parecía comenzar a resolverse hacia la derecha. Indicio de esto último fue que la *Tendencia* comenzó a perder, una a una, las posiciones alcanzadas durante el gobierno de Cámpora y lo seguiría haciendo en los meses sucesivos. En esta "derechización" del gobierno peronista –que no hacía más que exacerbar la posición de Montoneros–, las figuras de Isabel Perón, y más específicamente la de José López Rega, jugaron un rol fundamental. De ahí que, fruto de la decepción o de la sorpresa por este Perón que retornaba a la Argentina, haya surgido dentro de las filas del peronismo de izquierda, la llamada *teoría del cerco* según la cual, producto quizás de su vejez o de su delicada salud que empeoraba notoriamente, el líder se había visto rodeado, casi sin percibirlo, por siniestros personajes que manipulaban su accionar y torcían sus designios.

Un momento culminante –o al menos emblemático– del conflicto entre Montoneros y Perón fue el 1° de mayo de 1974. Ese día, en la concentración masiva en Plaza de Mayo, convocada para la conmemoración del Día Internacional del Trabajador, la columna liderada por Montoneros –en fuerte tensión con las del sindicalismo "burocrático" o "leal"–, frente a la presencia de López Rega, Isabel Perón y otros representantes de la derecha peronista en el balcón de la Casa Rosada, coreó: "*Qué pasa, general, que está lleno de gorilas el gobierno popular*"; y también, en un claro rechazo a Isabelita: "*No rompan más las bolas, Evita hay una sola*". La respuesta del líder fue inmediata: "*a través de estos veinte años, las organizaciones sindicales se han mantenido inconmovibles, y hoy resulta que algunos imberbes pretenden tener más méritos que los que lucharon durante veinte años*". Perón dejaba así en claro que no soportaría cuestionamiento ni desafío alguno a su autoridad. Al mismo tiempo, el hecho ponía de manifiesto hacia qué lado comenzaba a inclinarse definitivamente la balanza. Ya fuera porque quienes engrosaban la columna de Montoneros se sintieron echados, decepcionados o simplemente confundidos, lo cierto es que la enorme columna se retiró de la Plaza. También se retiraron muchos otros, motivados por el desconcierto, la desilusión o el enojo de un peronismo dividido, incapaz ya de ocultar las fuerzas centrífugas que culminarían imponiéndose.

Tan sólo dos meses después, el 1º de julio de 1974, el histórico líder falleció. El gobierno quedó formalmente a cargo de Isabel Perón y, en términos más reales, en manos de la ultraderecha encabezada por López Rega, fundador y líder de la Alianza Anticomunista Argentina (la Triple A).

Y mientras el peronismo enfrentaba cada vez más violentamente sus luchas intestinas, fuera de él el panorama no resultaba mucho más alentador.

La guerrilla durante el tercer gobierno peronista

El Ejército Revolucionario del Pueblo (ERP) –fundado en 1970 por el Partido Revolucionario de los Trabajadores (PRT)– había crecido, al igual que otras organizaciones político-militares, al calor de la oleada contestataria que terminó expulsando del poder a la dictadura militar del período 1966-1973. Siguiendo las experiencias revolucionarias de otros países –principalmente de Cuba y Vietnam– y entendiendo que la Argentina atravesaba un proceso revolucionario que ponía al capitalismo dependiente en una crisis terminal, había asumido la *lucha armada* como parte de la estrategia para la toma del poder y la construcción del socialismo.

Desde su fundación, el ERP se había ganado la simpatía de importantes sectores de la nueva izquierda, de intelectuales y estudiantes poco convencidos de la vocación revolucionaria del peronismo, de dirigentes gremiales y obreros industriales y rurales opositores a las burocratizadas estructuras del sindicalismo histórico (o al menos poco representados por éstas). Hacia 1973 había logrado congregar a un número nada desdeñable de militantes y simpatizantes, constituyéndose en el principal grupo armado de izquierda fuera del peronismo.

Al igual que otros grupos marxistas, el PRT-ERP no creía en las bondades de la democracia parlamentaria. Para esta organización, como para importantes corrientes del marxismo, sólo una estrategia política que incluyera la acción armada podía garantizar el acceso al poder, el cambio radical de las estructuras económico-sociales y, así, una democracia real o verdadera. La experiencia local y las extranjeras habían demostrado a lo largo de la historia que las clases dominantes –que en estas latitudes contaban con el incondicional apoyo del poder norteamericano– no estarían dispuestas a ceder sus privilegios sin mayores resistencias. De ahí, que consideraran a la democracia formal como un camino poco viable para la construcción del socialismo.

Esto último no era totalmente compartido por algunos otros sectores de izquierda que veían en la experiencia chilena un ejemplo alentador. Allí, el socialista Salvador Allende había llegado al gobierno mediante el sufragio; y, aunque la "vía chilena al socialismo" –también denominada "vía pacífica"– constituía un caso excepcional, permitía pensar, sencillamente, que un cambio revolucionario era posible sin el asalto violento al poder.

En las elecciones de marzo de 1973, el PRT-ERP –y otros grupos de la izquierda no tradicional– llamó a votar en blanco. Y en los mismos comienzos del gobierno camporista hizo pública una proclama, *"Por qué el ERP no dejará de combatir"*, en la que explicaba su decisión de no abandonar las acciones armadas. Es cierto que esta decisión encontraba parte de su fundamentación en la tradicional visión que importantes corrientes del marxismo tenían de la democracia parlamentaria, pero la decisión del PRT-ERP se asentaba, fundamentalmente, sobre la convicción de que la llegada del peronismo al poder –y la consecuente lucha interna que esto desencadenaría en el movimiento– culminaría indefectiblemente en lo que esta organización llamó la "fascistización del peronismo".

A partir de la masacre de Ezeiza y de la renuncia de Cámpora, no resultó difícil para esta organización encontrar en el desarrollo de los acontecimientos signos de confirmación de su propio pronóstico. En la misma dirección podía leerse el fracaso de la experiencia chilena: luego de un largo período de boicot, las fuerzas armadas, encabezadas por Augusto Pinochet, derrocaban, en septiembre de 1973, el gobierno de Salvador Allende mediante un sangriento golpe de Estado que contó con el activo apoyo del gobierno de los EE.UU. Se derrumbaba así, para muchos, la viabilidad de "la vía pacífica al socialismo".

Mientras tanto, pocos días antes de las elecciones que le dieran el triunfo abrumador a la fórmula Perón-Perón, el ERP asaltó sin éxito el Comando de Sanidad del Ejército en Capital Federal. Cuatro meses después, en enero del año siguiente, atacó la guarnición militar de Azul, en la provincia de Buenos Aires. Este acontecimiento trajo severas repercusiones para el ya precario equilibrio político-institucional: superponiéndose a los conflictos que asolaban al peronismo, reforzó las presiones de la derecha y del propio Perón, precipitando la renuncia del entonces gobernador de la provincia de Buenos Aires, Oscar Bidegain, figura clave dentro de la *Tendencia*, y la del bloque de ocho diputados nacionales por la JP.

Mientras la izquierda peronista perdía vertiginosamente las posiciones alcanzadas, el ERP se adentraba en un pensamiento y en una lógica de acción donde lo militar comenzaba a primar por sobre lo político. Por este proceso de militarización se encaminaría también Montoneros, más claramente cuando, tras la muerte de Perón, el gobierno quedó a merced de la ultraderecha.

La Triple A

Fue en este contexto de rápido avance de la ultraderecha que surgió la Alianza Anticomunista Argentina (Triple A), fundada y liderada por López Rega, ministro de Bienestar Social y miembro de la Policía Federal que, durante este período, fue ascendido por decreto de cabo a comisario general.

La Triple A era una banda parapolicial que hizo del asesinato político, las amenazas de muerte, la colocación de bombas y las listas negras su modus operandi. Su carta de presentación pública fue a comienzos de 1974 con un atentado a un reconocido abogado defensor de presos políticos, Hipólito Solari Yrigoyen. En el transcurso de ese año, asesinó a centenares de personas y la cifra crecería en forma vertiginosa el año siguiente. El asesinato, en mayo de 1974, del Padre Carlos Mugica (referente del Movimiento de Sacerdotes para el Tercer Mundo), en julio de ese mismo año, el de Rodolfo Ortega Peña (histórico defensor de presos políticos y referente de la *Tendencia*) y, en septiembre, el de Silvio Frondizi (intelectual y político de izquierda), fueron los crímenes más emblemáticos de la Triple A. En efecto, sus blancos predilectos estuvieron conformados por dirigentes gremiales opositores a la "burocracia sindical", abogados defensores de presos políticos, militantes de renombre o de base de distintas organizaciones, periodistas de activa participación en el debate político, activistas estudiantiles y curas tercermundistas. Y esto porque los sectores que ellos representaban, sus reivindicaciones y puntos programáticos, contaban con una gran capacidad de movilización. El accionar de la Triple A venía no sólo a desterrar del escenario político a los opositores de la derecha sino, y fundamentalmente, a sembrar el terror en el conjunto de la sociedad a través de "castigos ejemplificadores". Es por ello, y por el uso de recursos estatales, que muchos consideran este período como el momento inicial del terrorismo de Estado.

La represión ilegal ejercida desde el poder da cuenta, entonces, de la permanencia de un clima de contestación popular que se pretendía acallar. En efecto, a pesar de estos entrecruzamientos de conflictos entre distintos grupos y tendencias políticas, 1973 y 1974 son años de un importante crecimiento de las agrupaciones de izquierda en su conjunto. Son también años de intensa movilización social. Es esta movilización parte inseparable de aquellos conflictos y expresión clara de la puja distributiva.

Pacto Social

Muchos de los que apoyaron y votaron a Perón en 1973 esperaban que éste fuera capaz de controlar la movilización social y, a la vez, de disciplinar a quienes apelaban a su capacidad de presión en la disputa por la distribución del ingreso.

Con el regreso de Perón se penetraba nuevamente en el terreno de la política real, con todas sus grandezas y mezquindades. En las expectativas de variados sectores, Perón volvía a poner orden a una sociedad atravesada por las luchas sociales. Los enfrentamientos debían ser encuadrados en el espacio institucional y atenerse a las reglas de lo posible. Una mayor regulación de las relaciones entre capital y trabajo sería la función primordial del Estado. Hacia ese objetivo se orientó el Pacto Social, un programa de concertación sectorial firmado por la Confederación General Económica (CGE), en representación del empresariado nacional, y la Confederación General del Trabajo (CGT), en representación de los asalariados. La concertación intersectorial era condición indispensable para llevar a buen término la política y los objetivos económicos del Plan Gelbard. El Pacto Social, firmado en junio de 1973, estableció un congelamiento de precios de los productos de consumo masivo, un aumento salarial fijo del 20%, seguido por un congelamiento de salarios y supresión de paritarias por dos años.

Los primeros signos positivos no se hicieron esperar: se detuvo la inflación desatada en 1972, el éxito en las exportaciones se tradujo en un superávit fiscal permitiendo un importante aumento del gasto del Estado que permitió, a su vez, un incremento nada desdeñable de la actividad interna.

Sin embargo, a comienzos de 1974, el ciclo de bonanza comenzó a revertirse. La expansión del consumo provocó la reaparición de la inflación y el espectacular aumento del precio del petróleo en el mundo encareció la importación de los insumos para la industria, provocando un incremento de los costos en este sector. El Pacto Social debía justamente servir para repartir "equitativamente" los costos que la situación imponía, pero el Estado –a pesar de los esfuerzos del propio Perón, que ya había cambiado el viejo lema *Para un peronista no hay nada mejor que otro peronista* por *Para un argentino no hay nada mejor que otro argentino*– no logró hacer valer su autoridad y pronto la lucha sectorial ocupó nuevamente el centro de la escena.

Los actores que habían firmado el Pacto Social se vieron incapaces de cumplirlo. Ni la CGE ni la CGT contaban con la credibilidad necesaria para imponer a sus seguidores el cumplimiento de ese Pacto. La CGE representaba poco y mal al empresariado nacional, que encontró variadas formas de violar lo acordado: desabastecimientos de productos, mercado negro, sobreprecios; más aún cuando, ante la crisis petrolera, reaccionó tratando de trasladar el aumento de los costos a los precios. La CGT, cuyo poder de negociación había crecido durante los años de proscripción del peronismo, estaba demasiado acostumbrada a moverse con pragmatismo y autonomía de decisión. No le resultaba ahora tan sencillo mantener la tantas veces proclamada "lealtad" al líder, sobre todo porque su autoridad y legitimidad se veían claramente impugnadas por la movilización social.

En efecto, la llegada del peronismo al poder había reavivado las expectativas sociales que el Pacto no parecía satisfacer. Mientras crecían notablemente las filas de las organizaciones políticas contestatarias en universidades, barrios, escuelas y gremios, en las fábricas los trabajadores protagonizaron un incremento de sus postergadas reivindicaciones. Éstas no apuntaban exclusivamente al aumento salarial: exigían, entre otras cosas, mejores condiciones laborales, paritarias, reincorporación de los obreros cesanteados y, claramente, mayor democracia en los sindicatos. Las manifestaciones, las huelgas y las tomas de plantas fueron parte de una movilización que muy pronto, hacia comienzos de 1974, rebasaría las propias estructuras del poder sindical. Un claro ejemplo de lo anterior fue la toma de la planta de Acindar (una empresa metalúrgica) en Villa Constitución, provincia de Santa Fe, en marzo de 1974.

En este contexto, el gobierno se vio obligado una y otra vez a conceder aumentos salariales –que poco satisfacían las demandas de los trabajadores–, sin ser capaz, a su vez, de contener la espiral inflacionaria. El Pacto se fue desgastando así, ante la impotencia de las autoridades y la profundización de la crisis económica. Hacia 1975, ésta había llegado a un punto culminante y terminaría de liquidar al nunca exitoso Pacto Social. Las divisas escaseaban, la inflación estaba desatada y la ya a esta altura descontrolada puja distributiva parecía no dar tregua. Por lo demás, la bochornosa y evidente incapacidad del gobierno de Isabel Perón para imponer algún tipo de autoridad sobre los sectores de una sociedad que la observaban con espanto, desconfianza o, en el mejor de los casos, sencillamente la ignoraban, no haría más que agudizar y precipitar una crisis política, social e institucional sin precedentes.

La figura de Perón

Hacia 1973, Perón había sido identificado, por varios sectores de la población, como "el salvador de la Nación". Al respecto, el historiador Luis A. Romero escribe: "Este fenómeno, sin duda singular, de ser tantas cosas para tantos, tenía que ver con la heterogeneidad del movimiento peronista y con la decisión y habilidad de Perón para no desprenderse de ninguna de sus partes (...). Para todos, Perón expresaba un sentimiento general de tipo nacionalista y popular, de reacción contra la reciente experiencia de desnacionalización y privilegio. Para algunos –peronistas de siempre, sindicalistas y políticos– esto se encarnaba en el líder histórico, que, como en 1945, traería la antigua bonanza, distribuida por el Estado protector y municiente. Para otros –los activistas de todos los pelajes– Perón era el líder revolucionario del Tercer Mundo, que eliminaría a los traidores de su propio movimiento y conduciría a la liberación, nacional o social, potenciando las posibilidades de su pueblo. Inversamente otros, encarnando el ancestral anticomunismo del movimiento, veían en Perón a quien descabezaría con toda la energía necesaria la hidra de la subversión social, más peligrosa y digna de exterminio en tanto usurpaba las tradicionales banderas peronistas. Para otros muchos –sectores de las clases medias o altas, quizá los más recientes descubridores de sus virtudes– Perón era el pacificador, el líder descarnado de ambiciones, el 'león herbívoro' que anteponía el 'argentino' al 'peronista', capaz de encauzar los conflictos de la sociedad, realizar la reconstrucción y encaminar al país por la vía del crecimiento, hacia la 'Argentina potencia'".[4]

El avance de las fuerzas represivas

La muerte de Perón, el 1° de julio de 1974, no podía dejar de producir un vacío de poder que pronto agudizó sensiblemente la confrontación política en general y las luchas intestinas del peronismo en particular, precipitando la ruptura definitiva del ya delicado equilibrio político. La vicepresidenta y viuda del líder, María Estela Martínez de Perón, "Isabel", asumió la presidencia y esto se tradujo en un notable avance de la ultraderecha, tanto en las instituciones que conformaban el Estado como en los lineamientos generales de su política.

Dentro del peronismo, la primera ruptura con el gobierno fue protagonizada por Montoneros. Impugnando la legitimidad de Isabel, ante la acelerada pérdida de las posiciones alcanzadas por la *Tendencia* y sus aliados en el Congreso y en los gobiernos provinciales, y ante el avance represivo de la Triple A, Montoneros decidió "pasar a la clandestinidad" en septiembre de 1974. En términos prácticos, esto significaba retomar las acciones armadas como parte de su lucha por el poder. Ese mismo año, esta organización realizó uno de los secuestros más espectaculares de la historia de las organizaciones guerrilleras: el del empresario Jorge Born, que le reportó 60 millones de dólares. Distintos actos de violencia también estuvieron presentes en los conflictos gremiales y laborales con el objetivo de dirimirlos a favor de los trabajadores. Otras acciones armadas, como los atentados que causaron la muerte de los considerados "enemigos políticos" –fundamentalmente integrantes de la llamada "burocracia sindical" y miembros de las fuerzas armadas y de seguridad– fueron volviéndose cada vez más frecuentes. Montoneros se sumergía, así, en una lógica en la que lo militar primaba por sobre lo político.

Similar camino recorría el Partido Revolucionario de los Trabajadores - Ejército Revolucionario del Pueblo (PRT-ERP). Si ya desde la misma asunción de Héctor Cámpora había decidido *"no dejar de combatir"*, en los acontecimientos que sucedieron a la muerte de Perón no hacía más que confirmar

---

4. Luis Alberto Romero, *Breve historia contemporánea de la Argentina*, Buenos Aires, FCE, 1994, pp. 260-261.

definitivamente sus pronósticos de antaño: la "derechización o fascistización" del gobierno peronista. Ante ella, el asalto a cuarteles y guarniciones militares comenzaba a ser una respuesta cada vez más recurrente. Y cuando el Ejército, en septiembre de 1974, asesinó a un grupo de guerrilleros del ERP que había caído prisionero en Catamarca, el PRT-ERP mató en represalia a oficiales de alta graduación de aquella fuerza.

El clima de movilización política y social, y especialmente el alto grado de combatividad de los trabajadores industriales, parecía, en principio, confirmar los diagnósticos y alentar la línea política que tanto Montoneros como el PRT-ERP estaban llevando adelante. Más aún: una y otra organización desempeñaron roles importantes en aquella movilización, intentando –con diversa fortuna– capitalizar el clima de rebeldía social. En efecto, el auge de organización y movilización era percibido como la prueba irrefutable de una etapa prerrevolucionaria que desembocaría necesariamente en un choque directo entre las fuerzas reaccionarias y las de la revolución.

Sin embargo, y aunque en aquel clima pocos pudieran notarlo, la lógica "militarista" de las organizaciones político-militares comenzaba a enfriar las tantas simpatías de quienes hasta hacía muy poco aprobaban sus acciones. Poco a poco, estas organizaciones fueron ensimismándose en su propia lógica y comenzaron a transitar carriles diferentes, distanciándose de aquella movilización social de la que habían surgido pocos años antes.

Movilización, represión y crisis económica

En 1975, la conflictividad social y política alcanzó su punto culminante. En enero de ese mismo año, por órdenes de Isabel Perón, el Ejército tomaba en sus manos la represión del foco guerrillero que el ERP había asentado en diciembre de 1974 en el monte tucumano. Los objetivos del llamado "Operativo Independencia" se centraban en el "aniquilamiento de la subversión", y quienes estuvieron a cargo de él implementaron una escalada represiva en toda la región que incluyó el "aniquilamiento" –literalmente entendido– de los guerrilleros, la prisión, el asesinato, la tortura y la desaparición de cientos de activistas de distintos signos político-ideológicos que habían protagonizado o acompañado allí la ola de movilización social. En el transcurso de ese año, el conjunto de las fuerzas de seguridad quedó bajo "control operacional" de las fuerzas armadas y el accionar de la "guerra antisubversiva" se extendió a todo el territorio nacional.

Y mientras la Triple A multiplicaba las cifras de sus víctimas a un ritmo aterrador, Isabel Perón perdía el único aliado clave que aún conservaba dentro de las estructuras tradicionales del peronismo y que constituía un factor de poder: la "burocracia sindical".

En efecto, tras la muerte de Perón, dispuestos a ejercitar su capacidad de presión para renegociar su participación en el nuevo esquema de poder, los jefes sindicales habían mantenido su apoyo al gobierno, apoyo no del todo incondicional, pero importante aún. Parte de aquella estrategia se orientó, desde un comienzo, a "desterrar" del gobierno y del movimiento obrero organizado a los peronistas de izquierda y sus aliados. Ese objetivo encontró correspondencia en la aprobación, por parte del Congreso, de la nueva Ley de Asociaciones Profesionales, primero (sancionada antes de la muerte de Perón) y la de Seguridad, más tarde. La primera reforzó la centralización de los sindicatos, aumentó el poder de sus autoridades y prolongó sus mandatos; en tanto que la segunda castigaba con prisión a quienes no acataran la autoridad gubernamental en caso de un conflicto laboral. Se socavaba así el poder del sindicalismo combativo y opositor, y hacia fines de 1974 la protesta obrera, que había puesto en jaque a las propias estructuras del poder sindical, disminuyó notablemente. Sin embargo, la agudización de la crisis económica, la persistencia del malestar entre los asalariados y la sucesión de equívocos económicos y políticos del gobierno de Isabel Perón, poco proclive a las negociaciones con las distintas fuerzas, pronto obligaría a los jefes sindicales a asumir un nuevo posicionamiento.

José Gelbard, ministro de Economía desde la asunción de Cámpora, había sido forzado a renunciar en octubre de 1974 y su sucesor, Alfredo Gómez Morales, un "histórico" del peronismo, tuvo un desempeño tan breve como errático. Si bien la CGT oficial había logrado sobrevivir al embate de rebeldía y movilización de sus propias bases, éstas comenzaban a resurgir hacia marzo de 1975 y la "burocracia sindical" no podía, si quería conservar su capacidad de presión y negociación, hacer oídos sordos a los reclamos de aumentos salariales y convocatoria a comisiones paritarias. Ante esta presión, de la que empezaba a participar también la CGT oficial, Gómez Morales cedió, convocó a paritarias y las negociaciones dieron por resultado un aumento salarial que aceleró la espiral inflacionaria. En junio de 1975, Morales fue reemplazado por Celestino Rodrigo, del núcleo cercano a López Rega. El paquete de medidas económicas del nuevo ministro respondía fielmente a la ortodoxia liberal: liberación de precios, devaluación del peso, reducción del déficit fiscal, etcétera. En esto no diferiría demasiado de su antecesor. Lo singular del nuevo ministro, hostil a todo tipo de negociación y ajeno a la prudencia política, fue que aplicó el paquete de medidas *de golpe* (100% de devaluación del peso, aumento de tarifas de servicios públicos y combustibles de similar valor, etc.), provocando un verdadero shock económico, conocido como el Rodrigazo, que echó por tierra las negociaciones entre sindicatos y empresarios y desató un estallido masivo y espontáneo que incluyó huelgas generales, ocupaciones de fábricas y movilizaciones que duraron cerca de un mes. La CGT se sumó deliberadamente a la oleada de movilización y convocó a un paro general de 48 horas. Era la primera vez que la CGT convocaba a una huelga general contra un gobierno peronista.

Celestino Rodrigo y López Rega renunciaron a sus respectivos puestos en el gobierno. Isabel Perón intentó dar un paso atrás en la política económica, pero a esas alturas la gravedad de la crisis dejaba poco margen de acción. De allí en más, la confusa y vertiginosa sucesión de improvisados ministros de economía no hizo más que empeorar la imagen de un gobierno que parecía naufragar en sus propias impotencias. El descontrol económico, la cada vez más sangrienta actividad represiva –cedida ya completamente a las fuerzas armadas– fueron tan sólo los aspectos más visibles de una crisis política, institucional y social sin precedentes, de la que el terror y el desconcierto también formaban parte inseparable.

En diciembre de 1975, el PRT-ERP intentó tomar el cuartel militar "Domingo Viejobueno", en Monte Chingolo, provincia de Buenos Aires, en lo que sería la empresa de mayor envergadura de la guerrilla. Advertido de la conspiración guerrillera, el Ejército organizó una emboscada dentro del cuartel y el frustrado ataque dejó un saldo de más de un centenar de guerrilleros muertos y desaparecidos. Y mientras el gobierno decretaba el estado de sitio en un gesto desesperado e inútil por demostrar una autoridad con la que no contaba, en su mensaje navideño el Gral. Jorge Rafael Videla, comandante en jefe del Ejército, le enviaba un ultimátum: el gobierno debía purificarse de la inmoralidad, la corrupción, la especulación política y económica, o sería desplazado. El gobierno de Isabel Perón tenía los días contados.

Epílogo

Entre marzo de 1975 y marzo de 1976, los precios subieron el 566,3%. Ese mismo mes, según el diario *La Opinión*, se registraba un asesinato político cada cinco horas y cada tres, estallaba una bomba. En diciembre se habían contabilizado, según el mismo matutino, 62 muertes por razones políticas. En enero ascendieron a 89 y llegaron a 105 en febrero, la mayoría de ellas provocadas por bandas paramilitares que recorrían las calles blandiendo sus armas, ante la complicidad de las autoridades y la mirada a veces aterrada, a veces indiferente, de los transeúntes. Las cárceles seguían poblándose de presos políticos "a disposición del Poder Ejecutivo Nacional"; centenares de personas detenidas o secuestradas eran buscadas infructuosamente por sus familiares, anticipando así el período de la desaparición masiva; las listas negras circulaban en espacios laborales imponiendo el pánico de una sentencia de muerte; artistas, intelectuales, profesionales, algunos políticos, dirigentes y militantes iniciaban el camino del exilio. Y mientras importantes sectores de la sociedad sólo ansiaban la llegada del "orden", el núcleo del poder económico –que había sobrevivido sin mayores costos a la intensidad de la protesta social y la puja distributiva– exacerbaba el cuadro de ineficiencia y parálisis gubernamental y trabajaba decididamente junto a las fuerzas armadas en la ofensiva golpista.

Tan sólo tres años antes de todo esto, al grito de *"se van, se van y nunca volverán"*, millones de personas habían festejado en las calles la retirada de los militares del gobierno. Cuando el 24 de marzo de 1976 las fuerzas armadas encabezaron el último golpe de Estado de la historia argentina, nadie se sorprendió. Pocos vislumbraron el baño de sangre y el terror que asolarían los años venideros. Quizás por eso, muchos –resulta triste y necesario a la vez advertirlo– aquel miércoles escucharon el primer comunicado de la Junta Militar con inmenso alivio.

24 DE MARZO DE 1976:

EL GOLPE Y EL TERRORISMO DE ESTADO

El terrorismo de Estado

Entre los objetivos de la conducción militar que tomó el poder del Estado el 24 de marzo de 1976 había uno que lo diferenciaba de los golpes militares anteriores: la decisión de exterminar a una parte de la población. Para ello, las juntas militares que gobernaron hasta 1983 institucionalizaron un sistema clandestino de represión contra la oposición política (las personas que el gobierno consideraba "subversivas"), basado en el secuestro y desaparición de ciudadanos, su detención en campos de concentración, su tortura y su posterior eliminación. El "terrorismo de Estado" es la utilización del aparato estatal contra los ciudadanos, para despojarlos de todos sus derechos, incluso el de la vida. En otras palabras, es una forma de dominación política basada en el miedo, que tiene por objetivo el disciplinamiento de la sociedad.

Simultáneamente, las Juntas operaron desde el Estado una reestructuración profunda de la economía con un doble objetivo. Por un lado, buscaron ligar la economía argentina a los mercados financieros internacionales; por el otro, se atacó lo que para los militares eran las "condiciones de desarrollo de la subversión": la base industrial de la economía argentina y, con ella, la fuerza de las organizaciones de trabajadores industriales.

Los rasgos principales del proyecto económico que instauró el autodenominado Proceso de Reorganización Nacional permanecieron vigentes durante el período constitucional posterior. Y los crímenes contra la humanidad planificados y ejecutados por las fuerzas armadas y de seguridad ejercen todavía hoy una influencia palpable en la sociedad argentina.

La democracia y los derechos constitucionales fueron valores endebles en la sociedad argentina durante todo el siglo XX. Es necesario preguntarse, entonces, sobre las condiciones históricas que permitieron este salto cualitativo hacia el terrorismo estatal.

Violencia y la represión ilegal

El autoritarismo, la represión ilegal y clandestina, el mesianismo nacionalista y la intolerancia ideológica fueron fenómenos casi permanentes en la historia moderna argentina. Especialmente entre los líderes militares que tomaron el poder a través de los golpes de Estado de 1930, 1943, 1955, 1962 y 1966. Pero también por parte de los sectores civiles que los apoyaron: partidos políticos, jerarquías eclesiásticas, empresarios industriales y agrícolo-ganaderos y sectores conservadores y liberales de la opinión pública y la cultura. Incluso antes de la era de los golpes militares, durante el período democrático de 1916 a 1930, el gobierno constitucional permitió el surgimiento de grupos parapoliciales que reprimieron a huelguistas y perpetraron atentados antisemitas, y llegó a ordenar al ejército la represión sangrienta de importantes conflictos laborales durante la "Semana Trágica" de 1919 y la "Patagonia Trágica" de 1921. A partir de 1930, diferentes alianzas de militares y políticos (liberales, socialistas, conservadores, católicos integristas, filonazis, etc.) perpetraron, apoyaron y/o justificaron diferentes golpes de Estado en nombre de la Nación, de la República y/o de la democracia. Paralelamente, sucesivas generaciones de soldados recibieron en el servicio militar obligatorio una formación basada en el maltrato físico, así como las fuerzas policiales lo naturalizaron en sus prácticas habituales.

Los conflictos fundamentales de la sociedad argentina durante el siglo XX fueron dos: por un lado, cómo debían distribuirse los frutos del desarrollo entre los distintos grupos sociales; por el otro, quiénes y cómo debían gobernar la República. La violencia política constituyó un instrumento para dirimir ambos conflictos.

Durante los diez años de gobierno de Perón, entre 1946 y 1955, la legislación laboral del peronismo convirtió al trabajo asalariado en garantía de acceso a derechos familiares, de salud, vivienda y jubilación. Esa experiencia fue conservada como un tesoro perdido por la mayoría de la población luego del golpe militar que derrocó a Perón en 1955. Al mismo tiempo, el Estado peronista se propuso acallar las voces disidentes de la sociedad mediante la aplicación habitual de la censura, la proscripción del comunismo y la perpetuación de una práctica que se había extendido en las secciones de la policía dedicadas a la inteligencia y la persecución de opositores: la tortura a los detenidos políticos.

La democracia y los derechos constitucionales de la Argentina se debilitaron aún más con el golpe militar de 1955. Si bien muchos opositores reconocían la justicia social instaurada por el peronismo, la oposición a Perón se articuló sobre la "defensa de la democracia", pues a sus ojos las prácticas autoritarias convertían a su gobierno en una "tiranía". La Iglesia católica se sumó a esta posición, luego de haber apoyado al régimen peronista en sus comienzos. Es que Perón, al igual que el anterior líder popular –el radical Hipólito Yrigoyen– consideraba a la democracia electoral como un mero trámite mediante el cual se confirmaba su liderazgo "natural". Sus seguidores consideraban a los opositores más como enemigos de la Nación que como legítimos adversarios políticos: estar en contra de Perón significaba estar en contra del pueblo, y por lo tanto de la Nación Argentina. Esta concepción de la política –y los ya mencionados intentos de control sobre la prensa y la oposición sindical y política– alimentó el apoyo de amplios sectores de la clase media al golpe militar de 1955.

Las fuerzas armadas derrocaron al gobierno constitucional y pretendieron eliminar al peronismo de la política argentina, para lo cual acentuaron los rasgos violentos e ilegales de las fuerzas de seguridad del Estado. Hubo centenares de detenciones ilegales de militantes gremiales y políticos, fusilamientos de civiles y militares rebeldes e intervención de las fuerzas armadas en la represión interna. Durante los primeros años de la década de 1960, el Plan CONINTES (Conmoción Interna del Estado) y la Doctrina de la Seguridad Nacional (impulsada por las fuerzas armadas de todo el continente americano contra "la amenaza roja") se tradujeron en el incremento de las persecuciones gremiales y políticas y los tormentos a los detenidos. En ese contexto de exclusión electoral, censura y represión estatal –los militares golpistas llegaron a prohibir la simple mención del nombre Perón– los peronistas elaboraron una cultura política basada en la "resistencia".

A partir de 1955, se difundió entre los trabajadores una identidad rebelde y combativa, sustentada en la movilización y la resistencia contra los intentos autoritarios de arrebatarles sus conquistas sociales. Al mismo tiempo, entre los dirigentes sindicales (la "burocracia sindical") se había consolidado una tendencia a la negociación con los gobiernos, tanto civiles como militares, y la práctica del amedrentamiento físico contra sus opositores. Resistencia combativa e integración negociadora, solidaridad de clase y matonismo sindical, fueron las dos caras del sindicalismo peronista frente al bloque antiperonista, que se negaba a poner en práctica los derechos democráticos previstos en la Constitución Nacional.

El golpe militar de 1966, autodenominado "Revolución Argentina", profundizó los conflictos dentro de la sociedad mediante una salvaje represión, una vez más, contra la "amenaza comunista". Basándose en la Doctrina de la Seguridad Nacional, se reprimió en fábricas, universidades, teatros, villas de emergencia y barrios populares. Se intentó un férreo disciplinamiento del movimiento obrero, descargando en los sectores bajos los costos de la modernización económica y una acción cultural destinada a reafirmar el carácter cristiano de la Argentina, colocando al país bajo la tutela de la Virgen de Luján, en clara violación de la separación entre Estado y religión ordenada por la Constitución Nacional.

Fueron los jóvenes quienes se sintieron más afectados por esta política represiva. Su respuesta fue una intensa politización, que no fue exclusiva de la Argentina: en el mundo entero se estaban desarrollando procesos independentistas y revolucionarios en el llamado Tercer Mundo, la rebeldía juvenil en las sociedades desarrolladas de Europa y Norteamérica y en América Latina especialmente fenómenos como la Revolución Cubana y el surgimiento de una corriente de sacerdotes y militantes cristianos volcados hacia la "opción por los pobres" y la liberación de los pueblos oprimidos. Esta ola mundial de movilizaciones sociales y políticas y renovación ideológica, coincidió en la Argentina con el descontento obrero y la radicalización juvenil. Hacia fines de la década de 1960 comenzó un proceso de movilización de masas sin precedentes, del que formó parte un nuevo actor político: los grupos armados de la izquierda revolucionaria. Fue esta movilización de masas la que forzó la derrota de los planes económicos del régimen militar, y terminó provocando la caída de Onganía. Finalmente, la conducción militar se resignó a pactar con el propio Perón la apertura democrática de 1973.

¿Era legítima la violencia para los actores de la movilización político social? Para muchos de aquellos jóvenes, en 1973 la democracia representativa no valía tanto en sí misma, sino como antesala de una democracia social que arribaría por medios revolucionarios. Para los militantes de las guerrillas armadas y para muchos de sus simpatizantes, la violencia continuaba siendo un método legítimo de defensa del "Pueblo" contra sus enemigos. Los derechos humanos no constituían una problemática importante para las fuerzas armadas y de seguridad, que venían violándolos en la práctica desde hacía décadas.

La breve experiencia democrática de 1973 a 1976 se caracterizó por las disputas cada vez más agresivas entre los diferentes actores sociales, económicos y políticos del país. En esos años, la crisis económica mundial inauguró un período de transformaciones sociales y económicas en todo el mundo. Ese contexto, en Argentina, desbarató los intentos del gobierno peronista de contener los conflictos por la distribución del ingreso. Cuando Perón falleció, el 1º de julio de 1974, el frágil equilibrio entre los diferentes sectores políticos se desbarrancó definitivamente. La Alianza Anticomunista Argentina (AAA o Triple A) había dado inicio poco antes al terrorismo de Estado, secuestrando, torturando y asesinando a opositores políticos. Las detenciones ilegales y los tormentos físicos se multiplicaron crecientemente durante la segunda mitad de 1974 y 1975. Centenares de militantes políticos de todo signo comenzaron a poblar las cárceles y los sótanos de tortura de las dependencias policiales y a engrosar las listas de personas desaparecidas que no dejaban rastros. Muchos militantes e intelectuales se exilaron en esos años. Y en Tucumán, con el objetivo de "aniquilar a la subversión", comenzaron a funcionar los primeros centros clandestinos de detención y tortura a cargo de las fuerzas armadas.

El legado de la última dictadura militar

La peculiaridad de la última dictadura consistió en que esas prácticas ilegales, esos rasgos autoritarios y esa intolerancia política, arraigados en las instituciones estatales y en sectores militares y políticos, adquirieron el carácter de un sistema criminal planificado y masivo, caracterizado por la ausencia de toda ley y todo límite. Sobre el miedo, los jefes militares intentaron refundar la sociedad. Controlando el Estado, consolidaron aquellos rasgos autoritarios y jerárquicos que ya estaban presentes en la sociedad.

El gobierno militar fracasó en su objetivo de permanecer en la memoria colectiva como "salvador de la patria", pues hoy sus miembros son identificados, denunciados y repudiados en Argentina y en el mundo por sus crímenes contra la humanidad. Pero muchos de ellos no han sido juzgados, y los cambios estructurales que introdujeron en la sociedad sí tuvieron efectos duraderos. En primer lugar, aplastaron al movimiento social y político popular que había protagonizado la vida del país durante los años anteriores al golpe; y en segundo lugar, configuraron un país más dependiente que antes de los centros del poder económico internacional, convirtieron el endeudamiento externo en una traba estructural para el desarrollo socioeconómico, sentaron las bases para una justicia ineficiente, un Estado económicamente débil y unas fuerzas de seguridad y un sistema penitenciario que naturalizaron las prácticas violatorias de los derechos humanos. En definitiva, sentaron las bases para una sociedad desigual y excluyente.

Hoy es posible contar esta historia sobre la base del develamiento progresivo de lo ocurrido en esos años. También es posible debido a la condena social que existe sobre el terrorismo de Estado y a la constatación de que incluso en los momentos más oscuros del país existieron maneras de resistir y combatir el miedo. Y esto, a pesar de la persistencia de las leyes de impunidad y de las políticas que apelan al eslogan de la "reconciliación" por las cuales muchos de los responsables de los peores crímenes de nuestra historia permanecen libres. Los testimonios aquí transcriptos fueron producidos en un marco de elaboración de esa historia por protagonistas de aquella época y del movimiento de derechos humanos. Su objetivo es proporcionar fuentes orales para un mejor conocimiento de la historia reciente y combatir, así, con las generaciones más jóvenes el silencio y la ignorancia de estos hechos.

El Estado y el monopolio de la violencia

Los científicos sociales coinciden en que el Estado no existe naturalmente, sino que es una construcción histórica. Oscar Oszlak lo plantea de este modo: *"¿Cuándo un Estado es un Estado? Primero, cuando goza del reconocimiento externo de su soberanía –es decir, cuando otros Estados lo reconocen jurídicamente como tal–. Segundo, cuando monopoliza el uso legítimo de la violencia física dentro de su espacio territorial –es decir, cuando es la única entidad que posee títulos aceptados para aplicar la fuerza dentro de sus fronteras– Tercero, cuando consigue controlar la sociedad a través de un aparato institucional competente y profesionalizado –la burocracia, las fuerzas de seguridad, etc., con todos sus funcionarios–. Este aparato es el que asegura el ejercicio de la potestad impositiva –los ingresos del Estado– y la aplicación de las políticas públicas –infraestructura, políticas económicas, sociales, educativas, etc.– Y cuarto, cuando es capaz de una producción simbólica que refuerce los valores de la identidad nacional y la solidaridad –a través de la educación y los símbolos nacionales–[5] La existencia de un Estado depende de que se cumplan estos cuatro requisitos."*

¿Cómo surge el Estado? En la filosofía política existen distintas tradiciones que explican el origen del Estado. Para algunas, éste se basa en el consenso: el Estado sería el fruto del libre acuerdo o pacto entre individuos para poder vivir en paz bajo una ley común. Según otras, por el contrario, la sociedad se caracteriza por la existencia permanente de la violencia, la desigualdad, la explotación y la agresión entre los individuos, y por ello el Estado surgiría como una imposición para acotar esa violencia por medio de una violencia mayor, unificada y legítima, que garantizaría, paradójicamente, la paz y la libertad. El monopolio de la violencia, además de un requisito indispensable del Estado, es tal vez su característica esencial.

Max Weber, uno de los fundadores de las ciencias sociales modernas, combinó a comienzos del siglo XX las dos tradiciones (consenso y coerción) sosteniendo que lo estatal es violento por naturaleza, pues siempre hace falta la amenaza de muerte por parte de los hombres armados del Estado para limitar las múltiples violencias que atraviesan a la sociedad; pero al mismo tiempo, la violencia que ejerce el aparato estatal puede definirse como legítima porque ella se autoadjudica el derecho de aplicarse en nombre del pacto social que constituye a la sociedad misma.

Para que sea legítima, la violencia estatal no debe ser arbitraria. El ataque físico contra los individuos no puede obedecer al capricho, al azar o a la irracionalidad sino que debe apoyarse en alguna forma de necesidad o razonabilidad, debe poder argumentarse. Y en el mismo sentido, la violencia legítima debe ser pública, aplicarse a la vista de todos, porque sólo esa visibilidad permite evitar la arbitrariedad. Por eso el monopolio de la violencia se aplica como parte de un sistema jurídico, de un conjunto de reglas racionales y conocidas por todos que establece una correspondencia entre las faltas y las penas. Es decir, una violencia legal y transparente mediante la cual el Estado garantiza la vigencia de las leyes.

---

5. http://www.econ.uba.ar/www/servicios/Biblioteca/ponencias/oszlak.pdf.

El poder del Estado es mayor cuando no debe recurrir a la violencia. Según Oscar Oszlak, *"existe monopolio del ejercicio legítimo de la violencia cuando ésta pasa a ser un recurso de última instancia"*, una amenaza virtual. Cuando, por el contrario, *"otras expresiones de uso de la violencia, sostenidas en consignas políticas que también reclaman legitimidad o encarnadas en diversas formas de delincuencia, desatan cotidianamente la represión estatal"* se debilita el consenso social y, por eso, también el poder del Estado que basa su dominio en la mera imposición física. Tampoco existe monopolio de la violencia cuando una parte del territorio nacional se encuentra bajo el control de fuerzas irregulares, como una guerrilla, el narcotráfico o un movimiento contestatario del poder del Estado.

Sostiene Oszlak que hoy el monopolio estatal de la violencia está en duda a causa de las políticas privatizadoras, pues las fuerzas policiales y de seguridad han "terciarizado" el mantenimiento de la seguridad física de personas y bienes, *"con lo cual se ha producido un crecimiento inusitado de fuerzas de seguridad privadas, sobre las cuales el estado ejerce un limitado control"*. Y además, *"fuerzas irregulares (paramilitares o parapoliciales) se han hecho cargo de aspectos especializados de la represión"*. En otras palabras, el apego de la violencia legítima al sistema jurídico –y sus características de visibilidad y no arbitrariedad– se ha debilitado con la privatización de la seguridad y la existencia de fuerzas dentro del Estado que actúan sin un escrutinio sistemático. Poco a poco, esto convierte a la violencia en ilegítima. Agrega Oszlak que *"en la medida en que persistan las desigualdades sociales, se ahonde la brecha entre ricos y pobres y aumente la marginalidad y la exclusión, es probable que tanto la seguridad pública como la privada continuarán comprometiendo porciones crecientes del gasto destinado a esta necesidad básica de toda sociedad"*; de esta manera, la amenaza "virtual" de la violencia tiende a disminuir frente al ejercicio cotidiano de la coacción física.

Expectativas ante el avance militar

La crisis que sufría el país en el verano de 1976 no era una más de las tantas que varias generaciones de argentinos habían experimentado. Es cierto que eran habituales las crisis económicas y las periódicas crisis de legitimidad de los gobiernos. No era tampoco la primera vez que la violencia política ponía en suspenso el juego democrático proclamado en la Constitución, ni era inédita la disputa entre proyectos muy diferentes por parte de distintos sectores de la población. La peculiaridad del verano de 1976 es que en él se combinaron todas las crisis posibles: el descalabro económico se volvió incontrolable, la legitimidad del gobierno de Isabel Perón era prácticamente nula, la democracia como sistema político no era demasiado valorada por los principales actores y, lo que era especialmente grave, la violencia se había convertido en la norma predominante para dirimir conflictos.

Una "guerra civil larvada"

Durante 1975 llegó a su clímax lo que el historiador Tulio Halperín Donghi denominó la "guerra civil larvada" de la Argentina. La expresión alude a la creciente violencia política que sucedió al golpe militar de 1955. Desde ese momento, las fuerzas armadas y diversos grupos nacionalistas armados o directamente parapoliciales, utilizaron la violencia como instrumento para dirimir conflictos políticos y sindicales. Las persecuciones, la cárcel, los tormentos y los asesinatos se volvieron cada vez más corrientes. Esta situación hizo que se volviese natural pensar que la violencia ilegítima desde el Estado debía enfrentarse, entre otras formas, con la violencia popular o "desde abajo", sobre todo entre las bases sindicales peronistas y luego también desde grupos políticos revolucionarios peronistas y de izquierda.

La represión llevada a cabo por la Alianza Anticomunista Argentina contra la "infiltración marxista", que según ellos carcomía al peronismo y al país, aceleró el debilitamiento de las organizaciones populares. Frente a esta ofensiva, las guerrillas revolucionarias primero se replegaron ante el peligro y, luego, diseñaron una estrategia de acción basada en la preeminencia de las acciones militares sobre las políticas, línea que el Partido Revolucionario de los Trabajadores-Ejército Revolucionario del Pueblo (PRT-ERP) ya había tomado a finales de 1974 con la creación de un "foco revolucionario" en Tucumán. Pero esa estrategia tampoco fue exitosa y las organizaciones político-militares perdieron poco a poco su prestigio frente a una opinión pública anhelante de orden y seguridad.

La actitud de la opinión pública se debía, por un lado, a la sensación de caos cotidiano que venía provocando la acción de los grupos revolucionarios y, por el otro, al progresivo dominio que el periodismo conservador tenía sobre ella, debido a la persecución sufrida por los sectores del periodismo y de la cultura más cercanos a las posiciones de izquierda. Esto significaba un cambio profundo, pues buena parte de la opinión pública, algunos años antes, había justificado o apoyado la movilización social y política y a las organizaciones revolucionarias armadas que se enmarcaban en ella.

La represión se cernía sobre las organizaciones político-militares pero alcanzaba, al mismo tiempo, a un inmenso y variado conjunto de militantes políticos y sociales: intelectuales, artistas, activistas gremiales, estudiantiles, barriales y villeros. Predominaron poco a poco en la opinión pública las voces que reclamaban una intervención militar que pusiera orden en la sociedad, debido a la ideología militarista, al temor, al oportunismo o a la ausencia de alternativas claras.

El Operativo Independencia

En ese marco, tuvo lugar el primer ensayo de la represión estatal que se desataría más tarde en todo el país luego del golpe de Estado. El decreto presidencial N° 261 del 5 de febrero de 1975 (aprobado y refrendado por el gabinete de gobierno y por el Congreso, respectivamente), daba lugar al Operativo Independencia mediante el cual el Ejército pasaba a ocupar buena parte de la provincia de Tucumán con el objetivo de "aniquilar" al foco guerrillero instalado allí desde finales de 1974 por el ERP. "Aniquilar" al enemigo significa, en términos bélicos, eliminar su poder de fuego e impedir su capacidad operativa pero no eliminar físicamente al enemigo mismo. Cinco mil hombres (conscriptos, oficiales y suboficiales del Ejército y, más tarde, también de la Marina, la Fuerza Aérea y la policía) participaron en la primera "batalla" de la "guerra antisubversiva" contra un contingente de poco más de un centenar de guerrilleros. La represión en Tucumán fue un modelo de la que más tarde se aplicó a escala nacional, no solamente por esta desproporción entre militares y guerrilleros, sino también por su metodología, compartida por las tres ramas de las fuerzas armadas y por las de seguridad (policía, prefectura y gendarmería, subordinadas a ellas), consistente en la utilización de centros clandestinos de detención. En ellos se concentraba a los guerrilleros y a aquellos considerados "subversivos" (todo tipo de militante o activista que profesase ideas o acciones contrarias a "la Nación") capturados en la provincia. La represión militar de la guerrilla de acuerdo con los mecanismos legales se transformó, en el monte tucumano, en la puesta en práctica de una política que ha sido denominada "genocida" por parte de algunos investigadores, juristas y organizaciones de derechos humanos.

En la Escuelita de Famaillá y en la Jefatura de Policía de Tucumán funcionaban ya desde finales de 1974 sendos campos de concentración y para el verano de 1976 la cifra ascendió a 14 campos en diferentes lugares de la provincia. En ellos se selló el pacto de sangre y silencio de los uniformados de las tres fuerzas que participaron del trato dado a los detenidos o lo presenciaron. Paralelamente, miles de personas fueron convertidas en prisioneros "a disposición del Poder Ejecutivo Nacional", asesinadas o desaparecidas (vivas o muertas, nunca más se supo de ellas y hasta hoy se siguen encontrando restos humanos en fosas clandestinas). En todos los casos, tras su captura eran privadas de derechos jurídicos, de visión y de movimientos, para ser atormentadas salvajemente durante días, semanas o meses, hasta que las autoridades militares disponían burocráticamente alguno de los destinos señalados.

Mientras tanto, esos sectores "duros" escalaban posiciones estratégicas en la jerarquía de las fuerzas armadas, desplazando a quienes daban señales de no estar dispuestos a continuar esa línea represiva.

Al mismo tiempo, la represión clandestina se había convertido ya en Paraguay, Brasil, Chile y Uruguay en el mecanismo principal de sometimiento político, en todos los casos alimentada por el nacionalismo anticomunista de unas fuerzas armadas apoyadas por la Secretaría de Defensa y el Departamento de Estado norteamericanos. También en todos esos casos, como ahora comenzaba a suceder en Argentina, los sectores económicamente dominantes habían brindado su apoyo a un programa criminal que prometía terminar con los conflictos políticos y laborales que entorpecían sus planes de acumulación económica.

En octubre de 1975, las fuerzas armadas avanzaron todavía más dentro del gobierno mediante un Consejo de Defensa Nacional y otro de Seguridad Interior, desde los cuales se procedió a la instrumentación legal de la represión a escala nacional, extendiendo vía decretos presidenciales el Operativo Independencia a todo el país. El decreto N° 2722 del Poder Ejecutivo del 6 de octubre de 1975, dispuso textualmente *"ejecutar las operaciones militares y de seguridad que sean necesarias a efectos de aniquilar el accionar de los elementos subversivos en todo el territorio del país"*. Esto significó la absorción de hecho de la Triple A en las estructuras de la represión militar, monopolizadas ahora exclusivamente por las fuerzas armadas. El 28 de octubre de ese año se distribuyó entre las jerarquías militares un documento secreto, la "Directiva del Comandante General del Ejército N° 404/75" sobre la "lucha contra la subversión", en la que se estipulaban claramente los procedimientos a seguir. Los decretos del Poder Ejecutivo brindaban a las fuerzas armadas la cobertura legal para llevar adelante la represión con métodos que no eran legales ni constitucionales, sino clandestinos y violatorios de los derechos humanos.

Mientras tanto, la caótica situación económica era otra fuente de la crisis institucional. La época de las grandes concertaciones parecía haber muerto con Perón. Tras el shock económico de mediados de 1975, conocido como Rodrigazo, el gobierno no solamente perdió el apoyo de la poderosa CGT –pues el efecto del plan económico en los asalariados fue catastrófico–, sino que tampoco logró controlar la inflación. El empresariado prefería continuar la puja distributiva aumentando los precios –en marzo la inflación fue del 56%– antes que concertar con las autoridades económicas del gobierno un plan de estabilidad. La lucha por la distribución del ingreso entre los diferentes sectores de la sociedad no lograba ser regulada por el gobierno, con lo cual éste se volvía ilegítimo a ojos tanto de los perdedores como de los vencedores de esa lucha económica. Así, los llamados al orden económico convergieron con los rumores golpistas para terminar de desestabilizar al gobierno.

Los partidos políticos no fueron capaces de canalizar las demandas de la sociedad civil y se debatían entre diversas opciones, desde intentos de concertación para una salida electoral anticipada hasta propuestas de renuncia de la presidenta y terminación de su mandato a cargo de un jefe militar –tal como había sucedido en el vecino Uruguay–. Pero ni los principales dirigentes peronistas aceptaban entregar su gobierno a los militares, ni éstos querían cargar con los costos de un gobierno en bancarrota. El descrédito de la política y de los políticos era enorme: éstos eran vistos por algunos como responsables del "avance subversivo", por otros como símbolo de la vieja política destinada a perecer con la aceleración revolucionaria y, en general, eran considerados incapaces de articular los consensos y las soluciones necesarias para salir de la grave crisis económica e institucional. Debieron resignarse al papel, según el caso, de espectadores, colaboradores o víctimas del avance de las fuerzas armadas sobre el poder estatal. Estas contaban con el aval de los principales grupos económicos.

A principios de 1976, los jefes militares tomaron la decisión de dar el golpe cuando el desgaste del gobierno constitucional fuese irrecuperable. Mientras tanto, comenzaron a planificar minuciosamente la organización y ejecución del Proceso de Reorganización Nacional que se inició en la madrugada del 24 de marzo de 1976, cuando las fuerzas armadas tomaron el poder.

¿Qué cambiaría mediante un golpe de Estado? Cuando el gobierno constitucional declaró el estado de sitio en diciembre de 1975, la represión a las guerrillas se encontraba ya plenamente a cargo de las fuerzas armadas. El ERP estaba prácticamente derrotado y la capacidad militar de Montoneros, si bien le permitía emprender espectaculares acciones de propaganda y atentados puntuales contra las fuerzas armadas y de seguridad, era insignificante frente a un aparato estatal integrado por los 80 mil hombres del Ejército, los 30 mil de la Armada y los 18 mil de la Fuerza Aérea. Acosadas por los servicios de inteligencia, asesinados muchos de sus principales líderes, detenidos y/o desaparecidos buena parte de sus integrantes, perseguidos y mal entrenados sus hombres de relevo, la amenaza de la guerrillas al Estado podría haber sido controlada mediante el trabajo habitual de las fuerzas policiales.

El objetivo de los militares consistía en atacar el "caldo de cultivo" de la "subversión", es decir, los apoyos sociales, sindicales y territoriales, las centenares de organizaciones populares que a los ojos de las fuerzas armadas proporcionaban ideas, refugio y militantes a las organizaciones revolucionarias. La represión a este vasto conjunto duraría años y alcanzaría proporciones que entonces nadie imaginaba. Incluso el secretario de Estado norteamericano, Henry Kissinger, había garantizado el apoyo de su gobierno a una represión que violase los derechos humanos, pero intentando que ésta fuese efectiva en un corto plazo, pues una futura administración demócrata en aquel país no podría tolerar públicamente durante años la existencia de campos de concentración y crecientes listas de desaparecidos.

Los apoyos sociales al golpe de Estado

Los comandantes mantuvieron durante ese verano reuniones con diversos representantes de la sociedad. Entre ellos, los más importantes para sus planes eran algunos sectores del empresariado, necesarios para consensuar el rumbo económico que se tomaría luego del golpe, y la jerarquía de la Iglesia católica, cuyo apoyo era vital como fuente de legitimidad moral para un golpe que carecía de legitimidad constitucional.

Estos grupos de poder se habían sentido amenazados en los años previos:

- los militares, en su retirada de 1973, a merced de su enemigo más odiado, el peronismo;
- la jerarquía eclesiástica, por la adhesión de muchos de sus miembros a la causa de los pobres, en muchos casos vinculados a los sectores revolucionarios del peronismo;
- y los empresarios, por la posibilidad de que la concertación de clases impulsada por Perón cediese ante la presión popular y el fortalecimiento de las organizaciones obreras, cuyas acciones escapaban a menudo de la dirección negociadora de la "burocracia" sindical.

Esta sensación de amenaza se extendía hacia grupos más amplios de la sociedad, que veían en la juventud radicalizada un desafío generalizado a la autoridad tradicional. Esa juventud hablaba de valores tradicionales como el "pueblo" y la "patria", pero les daba un nuevo significado. Su desafío al orden era intolerable para quienes consideraban necesaria y natural la obediencia del trabajador en la fábrica, del vecino en la ciudad, del estudiante en la escuela o en la universidad, del hijo frente a sus padres, de la comunidad de creyentes a la autoridad de la Iglesia. Esas múltiples formas de autoridad social se veían amenazadas, y probablemente en esa percepción haya anidado el consentimiento generalizado hacia unas fuerzas armadas que pretendían restaurar el "orden" y la "normalidad".

El éxito de la represión ilegal en los años previos al golpe hizo ver a las jerarquías políticas, económicas, militares y eclesiásticas, que el peligro mayor probablemente había pasado, y sobre todo que era una oportunidad de recuperar la iniciativa y aplicar lo que los militares denominaban una "cirugía" sobre el "cuerpo social". El diagnóstico publicitado por los militares y sus ideólogos acerca del peligro de "desintegración" del país buscaba justificar el golpe de Estado. Todavía está en discusión cuán peligrosos para el Estado eran, en aquella coyuntura, los grupos armados revolucionarios. En todo caso, lo que se ponía en juego en ese momento para los sectores dominantes, mediante el apoyo al golpe militar, era la "estabilización" definitiva del país. Y en particular para los sectores más reaccionarios, se trataba de aplicar por fin una lección sangrienta y memorable a la sociedad.

La Doctrina de la Seguridad Nacional

La Doctrina de la Seguridad Nacional fue un cuerpo de premisas teórico-ideológicas elaboradas por Estados Unidos, en el contexto de la Guerra Fría y los movimientos emancipatorios del Tercer Mundo. Las fuerzas armadas latinoamericanas fueron entrenadas –y abrazaron– dicha doctrina. Su principal característica es la noción de un "enemigo interno". Las fuerzas armadas, originariamente concebidas para la defensa del país frente la amenaza extranjera, reorientan su accionar hacia el propio territorio nacional. El énfasis de su discurso está puesto en la "seguridad de la Nación" y el "modo de vida occidental y cristiano", supuestamente amenazado por la "infiltración marxista" y el "accionar subversivo". El objetivo que orienta el accionar de las fuerzas armadas es, en consecuencia, la represión de las actividades gremiales, sociales y políticas cuyos postulados conlleven propuestas de transformación social. La Doctrina de la Seguridad Nacional fue el fundamento del Estado terrorista.

Esta doctrina tenía muchos puntos de contacto con la ideología mesiánica, nacionalista e integrista católica profesada desde antes por la conducción militar y por buena parte de la oficialidad, formada bajo la idea de que las fuerzas armadas eran el custodio de los valores esenciales y de la integridad de la Nación, y de que todos los sacrificios imaginables eran lícitos a la hora de salvarla de las "ideologías foráneas" que amenazaban con "disolverla".

Entre 1950 y 1975, más de 600 oficiales de las fuerzas armadas argentinas –entre ellos el general Roberto Viola, quien sería presidente de la República en 1981– participaron en los cursos especializados de lucha contrainsurgente dictados en la Escuela de las Américas de Fort Gulick, en la zona del Canal de Panamá, dependiente del Comando Sur de las fuerzas armadas de los Estados Unidos. Junto con centenares de militares latinoamericanos, aprendieron allí técnicas de represión de guerrillas que violaban las garantías jurídicas básicas contenidas en las Constituciones de todos los países del continente y en los convenios y protocolos internacionales de la posguerra.

El 24 de marzo de 1976

Golpe de Estado

El 24 de marzo de 1976, los sectores organizados de la población y la ciudadanía en general esperaban casi con naturalidad la inminencia de un golpe militar, pues ésa había sido desde 1930 la "solución" a las grandes crisis. En este caso, la combinación de todas las crisis posibles –deslegitimación política, caos institucional, inflación descontrolada, pérdida del monopolio estatal de la violencia– hacía más evidente aún que la "salida militar" era la única viable.

Este golpe de Estado se distinguió de los anteriores por la extrema diversidad de diagnósticos que suscitó. Las expectativas sociales ante un cambio político nunca son unánimes, pero en este caso fueron particularmente dispares. Buena parte de la población supuso, el 24 de marzo, que por fin habría un retorno a la normalidad, mientras otros vieron el anuncio de una verdadera refundación del país. La expectativa de transformación radical de la historia argentina significaba cosas opuestas. Veamos por ejemplo dos casos. Para los jefes militares, se trataba de operar drásticamente sobre la sociedad para "extirpar el cáncer de la subversión" e integrar así definitivamente a la Argentina en el mundo "occidental, cristiano y capitalista". Mientras tanto, algunos líderes revolucionarios sostuvieron que el golpe significaba una "agudización de las contradicciones" dentro de la sociedad, lo cual conduciría a una "aceleración" del proceso revolucionario que llevaría finalmente al socialismo en el país. Para ellos, la asunción de los militares al frente del Estado terminaría con la violencia paramilitar de la Triple A y provocaría un enfrentamiento directo entre las fuerzas armadas y el pueblo, con la consecuente adhesión de éste a su "vanguardia". La dirigencia política, sindical y empresaria, por su parte, apostó del mismo modo que en golpes militares anteriores: esperar a que pase el vendaval inicial, para luego volver a esa mezcla de diálogo y confrontación que caracterizó las relaciones entre los regímenes militares y las elites políticas civiles desde 1930. Se imaginaba que mediante algunos pactos se retornaría, tarde o temprano, a una democracia en la que se respetasen las condiciones exigidas por los militares. Ninguna de esas expectativas se vio confirmada, aunque debieron pasar algunos meses para percatarse de ello.

En la mañana del 24 de marzo, la junta de comandantes anunciaba la toma del poder por cadena nacional de radio y televisión. Fundamentaba el golpe en Dios, en el Ser argentino, en la Constitución y en la democracia representativa y republicana. La expresión "junta" de comandantes remitía a las jornadas patrias de mayo de 1810. Mediante una serie de comunicados se informó a la población la suspensión de la actividad política y del Congreso, la disolución de los partidos políticos, la suspensión de los derechos laborales de asociación y petición, la intervención de los sindicatos, la destitución de la Corte Suprema de Justicia y la censura de los medios de comunicación, entre sus principales medidas. Los "Estatutos del Proceso de Reorganización Nacional" eran colocados por encima de la Constitución Nacional. Se trataba del colapso de la República.

Esa misma madrugada, mientras eran arrestados los miembros del gobierno, las fuerzas armadas aprovecharon el clima general de pasividad y aceptación para ocupar las sedes de los sindicatos, las principales dependencias estatales y las estaciones de radio y televisión, así como numerosas fábricas. En los grandes establecimientos automotrices, siderúrgicos y metalúrgicos, por ejemplo, los directivos habían elaborado previamente listas negras con los nombres de los trabajadores "peligrosos" y las entregaron a las fuerzas de ocupación para deshacerse de ellos. En algunos casos, como en la planta principal de Mercedes Benz, los militares instalaron inmediatamente, con la colaboración de la empresa, un centro de detención dentro de la planta para organizar el secuestro de obreros sospechosos de poseer vínculos con "la subversión". Esto indicaba que uno de los objetivos fundamentales del nuevo gobierno era la resolución violenta de los conflictos laborales en favor de las empresas. La represión al movimiento obrero desde el día mismo del golpe garantizaba la neutralización de un frente de conflicto –los trabajadores– y el apoyo de un sector decisivo –el empresariado–.

La junta militar estaba integrada por los comandantes en jefe del Ejército (general Jorge R. Videla), la Armada (almirante Emilio E. Massera) y la Fuerza Aérea (brigadier Orlando R. Agosti). Pocos días más tarde, tras arduas negociaciones entre los militares, Videla asumió como presidente de la República dejando su lugar en la jerarquía del Ejército al general Roberto Viola. Las fuerzas terrestres habían tenido históricamente preeminencia sobre las de mar y de aire –de allí que todos los gobiernos militares de la historia argentina estuviesen encabezados por generales–, pero durante los preparativos del golpe las tres fuerzas habían acordado que el presidente, proveniente del Ejército, debía ser un general retirado que no estuviese al mando de tropas. La asunción de Videla como presidente sin haber pasado a retiro fue una muestra de la fuerza del Ejército y, también, un indicador de los conflictos de poder que envolvían a las tres fuerzas, que no pudieron mostrarse ante la opinión pública como un frente sólido y homogéneo, sino como una coalición de intereses políticos diferentes plagada de presiones e intrigas.

La jerarquía militar se superpuso entonces con el funcionariado estatal. El gabinete de ministros, así como las secretarías de Estado y las subsecretarías, direcciones y subdirecciones, fueron integrados, en su mayoría, por militares que debían así adecuarse a un doble organigrama: como funcionarios del Estado y como miembros de las fuerzas armadas. Esto trajo rápidamente conflictos de gestión. El Congreso fue disuelto y reemplazado por una Comisión de Asesoramiento Legislativo (CAL) integrada por nueve militares, tres por cada fuerza. La junta se reservaba los poderes ejecutivo y legislativo, y por eso la CAL era meramente "asesora". La Corte Suprema de Justicia fue removida y en su lugar se designó a una serie de juristas afines al nuevo régimen. Los gobernadores de las provincias fueron también militares, así como buena parte de los intendentes, aunque muchos de ellos supieron ganarse el apoyo militar para conservar su puesto, fundamentalmente de partidos conservadores del interior, radicales y, en menor número, peronistas. Las fuerzas armadas habían sido depuradas, antes del golpe, de todos sus miembros que no apoyaban los planes y métodos de gobierno de la jerarquía militar. Del mismo modo, el día del golpe comenzó una depuración de funcionarios contrarios al régimen en todo el aparato estatal: desde directores de hospitales y de escuelas hasta jefes de policía, los que no fueron removidos debieron cuidarse de hacer explícitas sus diferencias con el nuevo gobierno. Actualmente, hay quienes ven al gobierno militar como un régimen cívico-militar, en el sentido de que fue un entramado de intereses militares y civiles. Asimismo, muchos funcionarios civiles que permanecieron en sus cargos intentaron aprovechar ese entramado para ofrecer algún tipo de resistencia, por mínima que fuera, contra los planes del gobierno. Los militares no estipularon plazos para su tarea de gobierno, sino objetivos a cumplir, explicitados en los comunicados del día del golpe. (Ver "Comunicados" en apartado "Selección de documentos".).

El *establishment* económico reaccionó positivamente ante el golpe que había contribuido a gestar, particularmente ante la designación de un civil, José A. Martínez de Hoz como ministro de economía. Perteneciente ideológica y familiarmente a los sectores económicamente más poderosos de la Argentina, Martínez de Hoz se propuso inicialmente disminuir la inflación y modificar el perfil de la estructura económica argentina, de manera de crear las condiciones para un sistema liberal, abierto a la economía mundial y orientado por el sector privado. El equipo económico explicaba en sus primeras declaraciones que lo que buscaba era terminar con el "estatismo" y el "populismo" en la economía para arribar a un sistema "moderno" y "eficiente". En esto, así como en la lucha contra la inflación, fracasaría estrepitosamente.

Pero tendría éxito en construir un modelo económico que garantizó la rentabilidad de los sectores más poderosos de la economía local y del mercado financiero internacional, y que fue capaz de resistir –represión mediante– los obstáculos que la organización de los trabajadores y los derechos sociales representaban para la acumulación económica privada.

El modelo a seguir para los grandes empresarios argentinos, y para muchos militares "liberales", eran las políticas liberales ortodoxas implementadas desde 1973 por la dictadura militar de Chile. Pero a poco de asumir el nuevo equipo económico, se vio que los intereses creados en torno al Estado durante décadas eran demasiado poderosos como para ser borrados de un plumazo por una doctrina privatizadora y liberalizadora. Las concepciones económicas desarrollistas y nacionalistas de algunos sectores de las fuerzas armadas y la política de modernización armamentística (que exigía un fuerte gasto estatal) obstaculizaban ese camino. Estas contradicciones hicieron que desde los primeros días de la dictadura, la política económica fuese el único terreno de debate dentro de las fuerzas armadas. Estas divisiones, a su vez, habilitaron al empresariado y a los medios de comunicación adictos al régimen a opinar e incidir respecto del rumbo económico, como lo prueban numerosos editoriales y notas de opinión económica de diarios como *Clarín* –más "desarrollista"– o *La Prensa* –más "liberal"–. Por otra parte, muchos sectores agrarios, industriales, exportadores o volcados al mercado interno que brindaron con entusiasmo su apoyo inicial al régimen, cayeron más tarde en la cuenta de que el modelo que se estaba implantando podía colocarlos del lado de los perdedores.

En abril de 1976, Martínez de Hoz logró aquietar el caos económico mediante dos medidas: congeló los salarios, que perdieron en tres meses un 40% de su poder adquisitivo, y comenzó una apertura del comercio exterior. Esta combinación de medidas heterodoxas y ortodoxas revela que lo que guiaba a Martínez de Hoz no era tanto una doctrina económica, sino el objetivo de reafirmar el poder de las grandes empresas locales y del sistema financiero en la economía argentina. Esto implicaba la desindustrialización y el endeudamiento del país y desplazar del centro de la escena al movimiento obrero. Esta política se reflejó en las siguientes cifras:

- entre 1975 y 1981 la producción industrial argentina cayó un 17% y en 1982, con la "crisis de la deuda" originada por el mismo gobierno, un 10% más.
- en ese lapso, cerca de 400 mil trabajadores industriales perdieron su empleo y debieron buscar otras fuentes de ingreso, en su mayoría como trabajadores por cuenta propia.
- Entre 1975 y 1983 la participación de los asalariados en la distribución del ingreso cayó de alrededor del 50% a poco más del 30%.

Las industrias que cerraban, con sus trabajadores que quedaban sin empleo, eran consideradas como "ineficientes" según la visión económica del gobierno. El clima intelectual internacional era consonante con este tipo de diagnósticos: en 1976 el premio Nobel de economía fue otorgado a Milton Friedman, el intelectual más influyente del liberalismo económico, quien propugnaba las ventajas de la liberación de los mercados en contra de la regulación estatal de la economía.

Pero la presión de los intereses estratégicos de las fuerzas armadas –y sobre todo las necesidades de las empresas contratistas del Estado– evitaron desde el comienzo privatizaciones importantes y una disminución relevante del gasto estatal. (Ver "Las políticas de privatización"). Por eso, la estrategia de Martínez de Hoz se volcó a la apertura de la economía a los créditos externos, favoreciendo el predominio del mercado financiero externo sobre la estructura económica del país. Este cambio en las relaciones del poder económico fue vehiculizado mediante la deuda externa, que desde los primeros meses de la nueva gestión creció desmesuradamente. (Ver "El endeudamiento externo").

Mientras tanto, el redoblado avance de la represión desde la misma madrugada del golpe silenció a la oposición al régimen. Esto motivó el repliegue del activismo laboral, estudiantil, barrial y religioso. Quienes conocían la peligrosidad de oponerse a los militares en el poder, optaron por el bajo perfil, a la espera de una nueva coyuntura para retomar las actividades. Pero no calculaban el alcance del sistema represivo que acababa de ponerse en marcha.

Deuda externa

El proceso de endeudamiento y especulación iniciado en 1976 no significó, como por ejemplo en Brasil, un incremento de la importación de bienes de capital que hubiera impulsado la capacidad productiva del país. La utilización perversa de esos inmensos fondos fue la causa de que más tarde la economía argentina no se haya encontrado en condiciones de enfrentar el endeudamiento externo.

En 1975 la deuda ascendía a 7800 millones de dólares; en 1983, el gobierno democrático heredó un monto más que quintuplicado: 45.000 millones de dólares. Si se realiza un cálculo per capita, esto quiere decir que si en 1975 cada habitante debía 320 dólares, en 1983 pasó a deber 1500.

Las consecuencias sociales de este fenómeno no se hicieron esperar: si en 1974 el porcentaje de habitantes bajo la línea de pobreza en el Gran Buenos Aires era de 4,4%, cuando los militares se retiraron del poder en 1983 el porcentaje llegó al 19,1%.

Desde 1982 hasta la crisis de 2001, cuando se alcanzó la cifra de 180.000 millones de dólares, el crecimiento de la deuda obedeció fundamentalmente, no al acceso a nuevos créditos externos, sino a la continua refinanciación de la deuda previa (los intereses que no se podían pagar eran capitalizados y generaban obligaciones aún mayores para el futuro). El beneficio fue (y continúa siendo) de los acreedores, tanto locales como extranjeros, mientras el Estado argentino debió desde entonces utilizar gran parte de su recaudación fiscal para pagar los intereses.

Selección de documentos

Comunicado N° 1: Se comunica a la población que, a partir de la fecha, el país se encuentra bajo el control operacional de la Junta de Comandantes Generales de las fuerzas armadas. Se recomienda a todos los habitantes el estricto acatamiento a las disposiciones y directivas que emanen de la autoridad militar, de seguridad o policial, así como extremar el cuidado en evitar acciones y actitudes individuales o de grupo que puedan exigir la intervención drástica del personal en operaciones.

Comunicado N° 3: A partir de la fecha el personal afectado a la prestación de servicios públicos esenciales queda directamente subordinado a la autoridad militar.

Comunicado N° 19: Se comunica a la población que la Junta de Comandantes Generales ha resuelto que sea reprimido con la pena de reclusión por tiempo indeterminado el que por cualquier medio difundiera, divulgare o propagara comunicados o imágenes provenientes o atribuidos a asociaciones ilícitas o personas o grupos notoriamente dedicados a actividades subversivas o de terrorismo. Será reprimido con reclusión de hasta 10 años el que por cualquier medio difundiera, divulgare o propagara noticias, comunicados o imágenes con el propósito de perturbar, perjudicar o desprestigiar la actividad de las fuerzas armadas de seguridad o policiales.

Propósito y objetivos del Proceso de Reorganización Nacional: La junta militar fija el propósito y los objetivos básicos del Proceso de Reorganización Nacional en desarrollo, algunos de los cuales se enuncian a continuación:

Propósito. Restituir los valores esenciales que sirven de fundamento a la conducción integral del Estado, enfatizando el sentido de moralidad, idoneidad y eficiencia, imprescindible para reconstruir el contenido y la imagen de la Nación, erradicar la subversión y promover el desarrollo económico de la vida nacional basado en el equilibrio y participación responsable de los distintos sectores a fin de asegurar la posterior instauración de una democracia republicana, representativa y federal, adecuada a la realidad y exigencias de solución y progreso del pueblo argentino.

Objetivos básicos
1. Concreción de una soberanía política basada en el accionar de instituciones constitucionales revitalizadas, que ubiquen permanentemente el interés nacional por encima de cualquier sectarismo, tendencia o personalismo.
2. Vigencia de los valores de la moral cristiana, de la tradición nacional y de la dignidad del ser argentino.
3. Vigencia de la seguridad nacional, erradicando la subversión y las causas que favorecen su existencia.
4. Vigencia plena del orden jurídico y social.
8. Conformación de un sistema educativo acorde con las necesidades del país, que sirva efectivamente a los objetivos de la Nación y consolide los valores y aspiraciones culturales del ser argentino.
9. Ubicación internacional en el mundo occidental y cristiano, manteniendo la capacidad de autodeterminación, y asegurando el fortalecimiento de la presencia argentina en el concierto de las naciones.

DISCURSO DE ASUNCIÓN DEL MANDO DE JORGE RAFAEL VIDELA, 30 DE MARZO DE 1976

"Para nosotros, el respeto de los derechos humanos no nace sólo del mandato de la ley y de las declaraciones internacionales sino que es la resultante de nuestra cristiana y profunda convicción acerca de la preeminente dignidad del hombre como valor fundamental y es seguramente para asegurar la debida protección de los derechos naturales del hombre que asumimos el ejercicio pleno de la autoridad; no para conculcar la libertad sino para afirmarla; no para torcer la justicia, sino para imponerla. Sólo el Estado, para el que no aceptamos el papel de mero espectador del Proceso, habrá de monopolizar el uso de la fuerza y, consecuentemente, sólo sus instituciones cumplirán las acciones vinculadas a la seguridad interna.

Utilizaremos esa fuerza cuantas veces haga falta para asegurar la plena vigencia de la paz social; con ese objetivo combatiremos, sin tregua, a la delincuencia subversiva en cualquiera de sus manifestaciones, hasta su total aniquilamiento (...)

Todas las medidas de gobierno estarán apuntadas a lograr el bienestar general a través del trabajo fecundo, con un cabal sentido de justicia social, para conformar una sociedad pujante, organizada, solidaria, preparada espiritual y culturalmente para forjar un futuro mejor (...)

Las fuerzas armadas convocan al pueblo argentino, a ejercer toda su responsabilidad en un marco de tolerancia, unión y libertad, en la lucha por un mañana de irrenunciable grandeza (...) Ha llegado la hora de la verdad. Una verdad que es en suma nuestro compromiso total con la Patria".

Documento secreto del Departamento de Estado de EE.UU., 5 de abril de 1976

"Desde el punto de vista de los Estados Unidos, el gobierno de Videla no presenta un problema inmediato. Ni los funcionarios de la embajada de los Estados Unidos ni el gobierno de los Estados Unidos han sido acusados de haber tramado o apoyado el golpe. Los tres jefes militares que constituyen la junta son funcionarios que están a favor de los Estados Unidos, anticomunistas que probablemente identifiquen a la Argentina en el plano internacional con Occidente y con los sectores moderados de países menos desarrollados en temas Norte-Sur. Es probable que los pleitos pendientes por inversiones se resuelvan en el corto plazo para que la junta cuente con mejores posibilidades de atraer inversiones y créditos del exterior.

En el campo de los derechos humanos se pueden presentar aspectos problemáticos, ya que los militares se empeñan en frenar el terrorismo. Hasta hoy, sin embargo, la junta ha observado una línea de conducta razonable y prudente, obviamente en un intento por evitar el rótulo *Made in Chile*."[6]

Declaraciones del ministro de Economía José Martínez de Hoz, enero de 1977

"Hay un dicho que generalmente se recuerda y se dice: 'Dios es criollo. Todo se arregla'. A mí no me gusta ese dicho. Yo prefiero el que dice: 'Ayúdate a ti mismo que Dios te ayudará'. Y eso es lo que tienen que hacer los argentinos. No esperarlo todo del Estado, no esperar que alguien les provea las cosas, que alguien los ayude, ellos deben aprender a luchar, y ello se aplica al costo de vida. (...). Es común, yo no ando por las calles ni por los almacenes, pero me dice la gente que

---

6. Martin Edwin Andersen, *Dossier Secreto. El mito de la "guerra sucia" en Argentina*, Sudamericana, Buenos Aires, 2000.

es común a tres cuadras o cinco de distancia, encontrar precios totalmente distintos para un mismo artículo. Entonces pregunto: el argentino ¿ha perdido la noción del supremo bien de la persona, que es la libertad? La libertad final de elegir, la libertad de decir: *no compro acá porque está más caro*. ¿Por qué? Porque le da mucho trabajo caminar tres cuadras, o cinco, o diez, o porque nos hemos deformado mentalmente después de tantos años de intervencionismo estatal, de control de precios, de aceptar mansamente lo que nos ofrecen, lo que nos imponen, y no luchar, no tener cómo conseguir aquello que necesitamos. El consumidor, la ama de casa, el hombre común, el ciudadano, tienen que aprender a luchar por sus derechos, a protestar más, pero a protestar por las cosas básicas, no por los efectos, por las causas. Y aprender a defenderse, ejerciendo la libertad, que es lo principal, la libertad del hombre, pero esa libertad del hombre la tienen que aprender a ejercer bien, porque es la fuerza más tremenda que hay, la de decidir qué hace el hombre con su vida, y ese deber el argentino lo ha olvidado."[7]

La especulación financiera

"El gobierno se abocó desde principios de 1977 a la elaboración de las nuevas normas que regirían el mercado financiero, a aplicarse hacia mediados de ese año. (...). Este fue el inicio de los fuertes movimientos especulativos que se profundizaron a lo largo del período (...)

La nueva legislación puesta en práctica por el gobierno militar, contenida en la Ley 21.526 (14/02/77) (...) autorizaba el funcionamiento de un mercado libre de dinero en el que las tasas de interés se definirían a través de la oferta y la demanda y se daban amplios incentivos para las operaciones de depósito a interés y para el establecimiento de nuevas entidades financieras (...)

Indudablemente, la reforma financiera estaba en un todo de acuerdo con el objetivo de crear una economía de libre mercado en la cual este último, a través de la libre competencia, funcionara como medio de disciplinamiento de la conducta de los actores (...) Mediante el aliento a las actividades financieras y especulativas que la reforma financiera implicaba, se consolidaron cambios estructurales en las relaciones de poder entre grupos sociales. De ningún modo condujo a la acumulación de capital ni a la generación de beneficios para el sistema productivo (...)

Hacia fines de 1978 (...) el equipo económico lanzó nuevas medidas. Se trataba esta vez de un cronograma de devaluación gradual del tipo de

---

7. Revista *Extra*, nº 139, enero de 1977.

cambio, el cual descendería gradualmente de acuerdo con una "tablita" establecida de antemano. Estas pautas cambiarias, junto con las altas tasas de interés ofrecidas, provocaron un masivo flujo de ingreso de capitales externos durante todo el año 1979 (...)

La crisis financiera, largamente anunciada, finalmente se desató en marzo de 1980, con el cierre del banco local privado más importante en ese momento (el Banco de Intercambio Regional, BIR). A ello siguió el cierre de otros grandes bancos (el Banco de los Andes, el Banco Oddone), lo que provocó pánico entre los ahorristas e inversores y una brusca suba de la demanda de divisas con fines especulativos. La ola de cierres continuó durante ese año, así como sus efectos desestabilizantes (...)"[8]

Las políticas de privatización

El ingeniero Jorge Schvarzer, especialista en la economía argentina, explica los inicios de la política de privatizaciones durante la última dictadura militar y el papel que tuvieron en esa época los grandes grupos económicos:

"Otra fuente de negocios atractivos para los grandes grupos económicos residió en el proceso de privatizaciones. Este último debe dividirse en dos etapas: la que se puede llamar "vergonzante" del período 1976-81 (caracterizada como un ensayo preliminar sometido a la firme oposición de diversos sectores externos e internos al propio aparato del estado) y la encarada de modo "enérgico" a partir de 1989. Si la primera marcó los trazos del proceso, la segunda entregó prácticamente todas las empresas públicas al sector privado.

La privatización vergonzante de las mayores empresas públicas, en el período 1976-1981, planteaba dificultades prácticas que se superponían a la escasez de antecedentes internacionales, y hasta de candidatos, para resolverla. El equipo económico recurrió entonces a dos estrategias distintas. Por un lado, intentó vender algunas empresas menores, no estratégicas, que operaban desde hacía algunos años debido a la renuencia del sector privado a manejarlas; ese proceso se frustró, en líneas generales, por el escaso interés por las mismas, pero llenó páginas enteras de los periódicos que las señalaban como expresión de la estrategia privatista. Por otro lado, el equipo se dedicó a la llamada privatización periférica, que consistía, básicamente, en la cesión de diversas actividades específicas que realizaban hasta ese momento los mayores entes estatales. Las empresas privadas que obtenían dichos contratos, actuaban como subcontratistas de la empresa correspondiente.

---

8. Extractos de "La Política Económica del Proceso de Reorganización Nacional", en *Historia General de las Relaciones Exteriores de la República Argentina*, Ministerio de Relaciones Exteriores de la República Argentina.

Ese impulso fue muy fuerte en el ámbito petrolero, donde varias empresas locales crecieron y se consolidaron como subcontratistas de YPF. La misma estrategia se aplicó en ámbitos como el telefónico, donde contribuyó al surgimiento de empresas proveedoras de equipos y servicios dependientes del ente estatal que tenía a su cargo dicha área. Ella se repitió en distinta medida en una variedad de entes y actividades.

En consecuencia, a comienzos de la década del ochenta se podía observar cierta concentración de intereses de los grandes grupos económicos (y de otros que estaban en vías de serlo) en torno de las empresas estatales. Los contratos les aseguraban la continuidad y la rentabilidad de sus operaciones. Un análisis de ese fenómeno realizado entonces permitió sugerir que esas actividades se estaban orientando alrededor de núcleos mayores como petróleo y energía, teléfonos y construcciones. La aplicación de esa política fomentó el avance de (nuevos y viejos) grupos económicos que desplegaban sus tareas en esas áreas. No parece casual que, a fines de la década del ochenta, cuando el proceso privatizador tomó un nuevo ritmo, esas actividades atrayeran el interés de esos mismos grupos, ya fogueados por varios años de experiencia en torno a las mismas.

La faceta más interesante de esa experiencia para los grupos económicos fue la comprobación de que podían hacer negocios con buena rentabilidad, en ámbitos protegidos de la competencia por las decisiones de las empresas estatales. La repetición de esa práctica hacía que su expansión se independizara, en cierta forma, del crecimiento de la economía nacional; ellos avanzaban ocupando los espacios que dejaba el Estado. Gracias a esa oportunidad, no se veían forzados a buscar vías de crecimiento mediante la creación, siempre riesgosa, de nuevas actividades productivas. Su expansión cargaba sobre el presupuesto de las empresas públicas (que poco a poco fueron entrando en situaciones deficitarias), u ocupando espacios dejados por éstas, más allá de cómo le fuera a la economía nacional".[9]

El sistema represivo ilegal

El golpe implantó un sistema planificado y masivo de secuestro, tortura, asesinato y desaparición de personas. El terrorismo de Estado es una modalidad de dominación política que abarca al conjunto de la sociedad y que hace del terror una herramienta para disciplinarla. Esta experiencia quedó grabada en la memoria colectiva de los argentinos y se convirtió en un símbolo terrible de nuestra cultura política ante el mundo. Un fenómeno tan grave

---

9. Jorge Schvarzer, "Los grandes grupos económicos argentinos: un largo proceso de retirada estratégica poco convencional", *Notas del Centro de Investigaciones Sobre el Estado y la Administración*, julio de 1997.

resulta muy difícil de explicar y requiere el análisis de facetas muy profundas de la experiencia histórica del país.

El sistema represivo fue global, en el sentido de que abarcaba prácticamente todas las esferas de la vida del país: las oficinas, los diarios y revistas, la calle, los hogares, las escuelas, cuarteles y universidades, las fábricas y dependencias estatales; estaba presente entre religiosos y comerciantes, intelectuales y futbolistas, en las peluquerías y clubes de barrio, en la radio y la televisión. El discurso oficial sobre la "guerra contra la subversión" exigía la adhesión, o al menos el silencio, de toda la población, y penalizaba mediante el terror cualquier disconformidad o disenso. El gobierno sostenía que se estaba "refundando el país", luego de un cuadro de crisis "terminal" y, por lo tanto, todos los sacrificios eran válidos para ello –libertades, derechos y garantías constitucionales incluidas–. La disciplina de las fuerzas armadas, que se consideraban a sí mismas "custodio de la Nación", debía extenderse a toda la sociedad, particularmente sobre los "subversivos", considerados culpables del desorden y el extravío de la "grandeza argentina", a quienes se reservaba un tratamiento particularmente cruel.

Los "subversivos" eran, en principio, los militantes que habían desafiado el poder armado del Estado. Pero como el objetivo militar era eliminar definitivamente a las guerrillas atacando sus bases de apoyo, la definición de "subversivos" se extendió poco a poco a toda persona cuyos actos o ideas, presentes o pasadas, tuviesen algún tipo de afinidad con la amenaza a los valores cristianos, occidentales y capitalistas que definían al "Ser argentino". La represión se abatió sobre el conjunto de ciudadanos que en los años previos habían participado en actividades sociales, políticas, culturales y/o armadas en fábricas, ingenios, universidades, escuelas, barrios y villas; es decir, sobre miles de trabajadores, estudiantes, docentes, políticos, abogados defensores de presos políticos, intelectuales, sacerdotes, artistas y, en muchos casos, sobre los familiares y amigos de todos ellos. De esta manera, el sistema represivo terminó aplicándose de manera generalizada sobre toda la sociedad.

La represión se extendió más allá de las fronteras del país. Existió una coordinación regional de la represión mediante el Plan Cóndor, un acuerdo operativo entre los servicios de inteligencia del Cono Sur sellado en Santiago de Chile en 1975. El golpe militar en Argentina fue el último en una cadena que había golpeado sucesivamente a Paraguay (1954), Brasil (1964), Bolivia (1970), Uruguay y Chile (1973). Estos países se encontraban gobernados también por dictaduras militares que basaban su política en diversos grados de terrorismo estatal. Los recelos nacionalistas entre las fuerzas armadas de estos países no entorpecieron la colaboración de sus servicios de inteligencia, que desde hacía años compartían información sobre opositores políticos que habían cruzado alguna de las fronteras de la región. Entre 1976 y 1978 esta colaboración se consolidó a través del secuestro de decenas de ciudadanos exilados en estos países por parte de fuerzas locales, o mediante la intervención de grupos de tareas de los países vecinos y el traslado de prisioneros de un país a otro. Numerosos ciudadanos argentinos fueron secuestrados en Uruguay, Brasil y Paraguay, entre otros países. Y en las listas de desaparecidos en Argentina figuran ciudadanos de todos los países de América del Sur, sobre todo chilenos, bolivianos, paraguayos y uruguayos.

Un destino posible de las personas detenidas era el encarcelamiento. Durante los años de la dictadura militar, alrededor de 11 mil personas estuvieron detenidas como "presos políticos", es decir, acusados de delitos políticos, y en su mayoría puestos "a disposición del Poder Ejecutivo Nacional" (PEN). Buena parte de los presos políticos habían sido detenidos antes del golpe, bajo el estado de sitio. Cuando las fuerzas armadas tomaron el control operacional de las cárceles en noviembre de 1975, las condiciones de detención de los presos políticos se endurecieron considerablemente, pero alcanzaron extremos concentracionarios a partir del golpe, cuando el aislamiento, las torturas y asesinatos de presos se volvieron habituales. Los detenidos eran ubicados en las cárceles de Villa Devoto y más tarde Caseros (ambas en Capital Federal), los penales de La Plata y Sierra Chica (provincia de Buenos Aires), Resistencia (Chaco), Coronda (Santa Fe) y Rawson (Chubut), en condiciones especiales que los separaban de los presos comunes. Los "delincuentes subversivos" eran trasladados a ciegas de una a otra cárcel para evitar las estrategias grupales de resistencia e impedir las visitas de los familiares, quienes a menudo no recibían ninguna información sobre su paradero. Hubo decenas de casos de desaparición de presos políticos y asesinatos en los "pabellones de la muerte" (como los de las cárceles de La Plata y Córdoba) y en "traslados", como la tristemente célebre Masacre de Margarita Belén del 13 de diciembre de 1976, en la que alrededor de una veintena de prisioneros retirados de distintos centros clandestinos y del penal de Resistencia fueron ejecutados a la vera de la ruta 11, cerca de Margarita Belén, por un grupo de represores de la policía del Chaco, el Ejército, colaboradores civiles y miembros del Poder Judicial. En numerosas ocasiones los prisioneros fueron considerados rehenes por parte de las fuerzas armadas. Esto significaba que podían ser ejecutados como represalia a ataques guerrilleros. Las comisiones de familiares de detenidos sufrieron también la persecución y en muchos casos la desaparición por sus actividades de denuncia y ayuda a los prisioneros.

La Constitución prevé el "derecho de opción", por el cual todo detenido que no esté procesado y esté a disposición del Poder Ejecutivo puede optar por salir del país. Este derecho fue aplicado mucho después del golpe, y de manera arbitraria, cuando comenzaron a aflojarse los resortes del sistema represivo. La cárcel podía ser también el destino de algunos secuestrados que fueron "blanqueados" (ver legalizar o blanquear), luego de una permanencia en un centro clandestino de detención. En este caso, los presos podían descubrir mediante el relato del recién llegado, el otro extremo, inimaginable, del terror militar.

Los centros clandestinos de detención

Los centros clandestinos de detención y tortura fueron la base del sistema represivo, constituyendo un modelo del orden y la disciplina absoluta con que los militares, desde el Estado, intentaban moldear a la sociedad. La secuencia operativa de estos centros era la planificación, el secuestro, la tortura, la detención (días, meses o años) y la eliminación (el denominado "traslado"). Los opositores eran secuestrados por los "grupos de tareas" o "patotas", integradas por militares de las tres fuerzas, miembros de la policía, prefectura y gendarmería, además de oficiales retirados y civiles, en proporción variable. Los grupos de secuestradores se organizaban de acuerdo con la distribución en zonas y subzonas militares, correspondientes a cada Cuerpo del Ejército, en que la junta dividió operativamente el territorio nacional.

Los centros eran clandestinos porque no poseían una existencia formal y pública, aunque funcionasen en muchos casos en espacios estatales como comisarías, escuelas navales, cuarteles militares, edificios policiales, escuelas y hospitales, por lo general en sótanos, altillos, o áreas y pisos enteros. Lo paradójico es que se trataba de actividades clandestinas en edificios públicos. En otros casos se trataba de casas de barrio o quintas suburbanas. Pero en todos los centros, el espacio se adaptaba siguiendo un mismo patrón, consistente en salas de confinamiento, salas de tortura, salas de inteligencia, salas de guardia y otras dependencias. La mayoría de los centros se hallaba en zonas densamente pobladas de los centros urbanos y, por lo tanto, eran numerosas las señales de su existencia para los vecinos y transeúntes. Esto representaba una angustia mayor para los detenidos –conscientes de que a veces sólo una pared y unos pocos metros lo separaban de la vida normal–, y una amenaza para quienes desde afuera percibían rumores, extraños movimientos nocturnos y gritos desgarradores. El poder multiplicador de este terror se difundió por todos los canales de la vida social del país, mientras el silencio oficial volvía más siniestras esas señales.

¿Cuántos centros clandestinos funcionaron durante la dictadura militar? ¿Cuántas personas fueron detenidas y eliminadas en ellos? Son preguntas muy difíciles de responder, por tres motivos: el carácter ilegal de la represión, la política militar de esconder los cuidadosos registros del sistema y la impunidad de la mayoría de los responsables. Esto obligó a las organizaciones de Derechos Humanos y al Estado a reconstruir pacientemente lo sucedido.

Los centros clandestinos de detención habrían sido al menos 365 en todo el país, localizados especialmente en los grandes centros urbanos. La cifra crece constantemente con nuevas denuncias y descubrimientos. El número de detenidos en cada uno de ellos fue variable: se estima que la Escuela de Mecánica de la Armada (ESMA) y Club Atlético en Capital, Campo de Mayo en el Gran Buenos Aires y La Perla en Córdoba habrían alojado cada uno a miles de detenidos, mientras otros a centenas o decenas. Algunos funcionaron sólo unos pocos meses, y otros durante todo el período de la dictadura. El período de mayor cantidad de centros clandestinos en actividad fue de 1976 a 1978.

La Comisión Nacional sobre la Desaparición de Personas (CONADEP) creada en 1984 por el gobierno constitucional que siguió a la retirada militar, recabó ese año más de 8.000 denuncias de personas desaparecidas, en su mayor parte secuestradas entre 1976 y 1978. Durante esos dos primeros años de la dictadura un funcionario de la embajada norteamericana recopiló alrededor de 13.500 denuncias. Las organizaciones de Derechos Humanos calcularon que los desaparecidos habrían llegado a ser unos 30.000, en una estimación realizada en una localidad de la provincia de Buenos Aires a partir de la relación entre la cantidad de personas desaparecidas allí y la población total. Con respecto a las cifras de la CONADEP, esas organizaciones estimaron que podría haber otros casos no denunciados, por diferentes razones: el miedo a una represalia de los militares, la posibilidad de un nuevo golpe de Estado, la necesidad de olvidar, la parálisis, el trauma, la negación, la total pérdida de confianza en las instituciones judiciales, la disconformidad con la CONADEP, la falta de medios económicos o la ignorancia de la posibilidad de emprender acciones judiciales. Los archivos de la CONADEP se han ampliado con nuevas denuncias presentadas por familiares desde la entrega del Informe hasta la actualidad (2005).

El libro *Nunca Más*, que es el informe de la CONADEP, explica el funcionamiento del sistema represivo y la diversidad de modalidades de tormento. El grupo de tareas estaba integrado por alrededor de diez personas, por lo general vestidas de civil pero presentándose como miembros de las fuerzas de seguridad. Se secuestraba a una persona en su hogar, en su lugar de trabajo o estudio o en la calle, en la mayoría de los casos delante de testigos, se la vendaba o encapuchaba, y se la introducía por lo general en el piso o en el baúl de automóviles sin patente para conducirla a un centro clandestino. Allí la persona detenida era desnudada y atormentada, a veces inmediatamente o después de varias horas de incierta espera, dependiendo de cuán valiosa fuera la información que los represores esperaban extraerle. El método principal de tortura consistía en aplicarle descargas eléctricas en las zonas más sensibles del cuerpo con una "picana", estando el detenido por lo general atado a una "parrilla" de metal del tamaño de una cama que facilitaba la circulación de la corriente eléctrica por el cuerpo.

Rodeado por sus torturadores –y a menudo también por otros detenidos–, privada de visión y movimientos, presa de un dolor inimaginable, se le exigía a la persona recién secuestrada que diese nombres de otros "subversivos". Hubo casos de complicidad de sacerdotes en centros clandestinos en el intento de obtener datos. El objetivo de la tortura era triple: quebrar la personalidad del torturado, conseguir más nombres y direcciones para alimentar la maquinaria del campo y desmantelar las organizaciones acusadas de engendrar la "subversión". En muchos casos los detenidos no soportaban el dolor y mencionaban a otras personas, que inmediatamente después eran buscadas por el grupo de secuestradores –que podían o no ser las mismas personas que se encargaban de las torturas–. Capturadas las nuevas víctimas, la información que se les extraía bajo tortura era contrastada con la extraída a las víctimas anteriores que las habían "cantado". (Ver "cantar") Si no coincidían, se practicaban nuevas sesiones de tortura a las anteriores, o sesiones conjuntas. Si la víctima resistía el dolor sin dar información, podía ser torturada durante horas y días enteros, o morir en la "parrilla". En muchos casos se les intentaba sonsacar información amenazando a familiares o amigos, o secuestrándolos y torturándolos en su presencia. Luego de los interrogatorios iniciales, la víctima era arrojada en una celda, camastro o colchoneta individual, de reducidas dimensiones, encapuchada o vendada, maniatada o engrillada, y obligada a guardar silencio y quietud absolutas hasta la decisión final acerca de su caso. La decisión podía demorar días, semanas o meses, y en ese lapso el detenido podía ser nuevamente torturado cuando se precisaba chequear nueva información, o vejado de diversas maneras de acuerdo con la arbitrariedad de sus captores.

Como hemos señalado, la tortura física no era una novedad en la Argentina. Durante dictaduras anteriores, bajo la represión ilegal de la Triple A, e incluso en comisarías y en el sistema penitenciario, los tormentos eran usuales, pero eran limitados en intensidad y duración, pues había que presentar legalmente al detenido en poco tiempo. Lo que trajo el terrorismo de Estado a partir de 1976 fue la duración ilimitada de la tortura y la ausencia de límites en la aplicación del dolor, pues el destino final no era el "blanqueamiento" en breve del detenido, sino su desaparición definitiva. Casi todos los secuestrados fueron asesinados subrepticiamente, dinamitados, arrojados al mar o ejecutados a quemarropa y arrojados a fosas comunes, y actualmente no se tiene noticia del paradero de sus restos.

Los sobrevivientes y testigos directos de este sistema represivo contaron que el mecanismo de secuestro, tortura, concentración y eliminación era administrado burocráticamente mediante fichas o legajos que contenían la información de cada víctima obtenida mediante tortura. La decisión final era tomada por el responsable del grupo: "traslado" o "liberación", es decir, el asesinato, o bien la liberación del detenido o su envío a una cárcel como preso a disposición del Poder Ejecutivo. Las coincidencias entre los centenares de testimonios al respecto evidencian que el sistema era el mismo en todos los campos y que, por lo tanto, no se trataba de operaciones aisladas o autónomas, sino planificadas y ordenadas por la jerarquía militar y ejecutadas corporativamente por las fuerzas armadas en su conjunto. También formaba parte del sistema represivo la apropiación de los hijos de los detenidos y la sustitución de su identidad por parte de los represores o de personas vinculadas a ellos. Se estima que fueron alrededor de 500 los niños secuestrados junto con sus padres, o nacidos en los centros clandestinos y apropiados ilegalmente.

Selección de documentos

RODOLFO WALSH, "CARTA ABIERTA A LA JUNTA MILITAR", 24 DE MARZO DE 1977 (fragmento)

"Quince mil desaparecidos, diez mil presos, cuatro mil muertos, decenas de miles de desterrados son la cifra desnuda de ese terror.

Colmadas las cárceles ordinarias, crearon ustedes en las principales guarniciones del país virtuales campos de concentración donde no entra ningún juez, abogado, periodista, observador internacional. El secreto militar de los procedimientos, invocado como necesidad de la investigación, convierte a la mayoría de las detenciones en secuestros que permiten la tortura sin límite y el fusilamiento sin juicio.

Más de siete mil recursos de habeas corpus han sido contestados negativamente este último año. En otros miles de casos de desaparición el recurso ni siquiera se ha presentado porque se conoce de antemano su inutilidad o porque no se encuentra abogado que ose presentarlo después que los cincuenta o sesenta que lo hacían fueron a su turno secuestrados.

De este modo han despojado ustedes a la tortura de su límite en el tiempo. Como el detenido no existe, no hay posibilidad de presentarlo al juez en diez días según manda una ley que fue respetada aún en las cumbres represivas de anteriores dictaduras.

La falta de límite en el tiempo ha sido complementada con la falta de límite en los métodos, retrocediendo a épocas en que se operó directamente sobre las articulaciones y las vísceras de las víctimas, ahora con auxiliares quirúrgicos y farmacológicos de que no dispusieron los antiguos verdugos. El potro, el torno, el despellejamiento en vida, la sierra de los inquisidores medievales reaparecen en los testimonios junto con la picana y el "submarino", el soplete de las actualizaciones contemporáneas.

Mediante sucesivas concesiones al supuesto de que el fin de exterminar a la guerrilla justifica todos los medios que usan, han llegado ustedes a la tortura absoluta, intemporal, metafísica en la medida que el fin original de obtener información se extravía en las mentes perturbadas que la administran para ceder al impulso de machacar la sustancia humana hasta quebrarla y hacerle perder la dignidad que perdió el verdugo, que ustedes mismos han perdido.

La negativa de esa junta a publicar los nombres de los prisioneros es asimismo la cobertura de una sistemática ejecución de rehenes en lugares descampados y horas de la madrugada con el pretexto de fraguados combates e imaginarias tentativas de fuga.

Extremistas que panfletean el campo, pintan acequias o se amontonan de a diez en vehículos que se incendian son los estereotipos de un libreto que no está hecho para ser creído sino para burlar la reacción internacional ante ejecuciones en regla mientras en lo interno se subraya el carácter de represalias desatadas en los mismos lugares y en fecha inmediata a las acciones guerrilleras.

Setenta fusilados tras la bomba en Seguridad Federal, 55 en respuesta a la voladura del Departamento de Policía de La Plata, 30 por el atentado en el Ministerio de Defensa, 40 en la Masacre del Año Nuevo que siguió a la muerte del coronel Castellanos, 19 tras la explosión que destruyó la comisaría de Ciudadela forman parte de 1200 ejecuciones en 300 supuestos combates donde el oponente no tuvo heridos y las fuerzas a su mando no tuvieron muertos.

Depositarios de una culpa colectiva abolida en las normas civilizadas de justicia, incapaces de influir en la política que dicta los hechos por los cuales son represaliados, muchos de esos rehenes son delegados sindicales, intelectuales, familiares de guerrilleros, opositores no armados, simples sospechosos a los que se mata para equilibrar la balanza de las bajas según la doctrina extranjera de "cuenta-cadáveres" que usaron los SS en los países ocupados y los invasores en Vietnam.

El remate de guerrilleros heridos o capturados en combates reales es asimismo una evidencia que surge de los comunicados militares que en un año atribuyeron a la guerrilla 600 muertos y sólo 10 o 15 heridos, proporción desconocida en los más encarnizados conflictos. Esta impresión es confirmada por un muestreo periodístico de circulación clandestina que revela que entre el 18 de diciembre de 1976 y el 3 de febrero de 1977, en 40 acciones reales, las fuerzas legales tuvieron 23 muertos y 40 heridos, y la guerrilla 63 muertos.

Más de cien procesados han sido igualmente abatidos en tentativas de fuga cuyo relato oficial tampoco está destinado a que alguien lo crea sino a prevenir a la guerrilla y los partidos de que aún los presos reconocidos son la reserva estratégica de las represalias de que disponen los comandantes de Cuerpo según la marcha de los combates, la conveniencia didáctica o el humor del momento.

Así ha ganado sus laureles el general Benjamín Menéndez, jefe del Tercer Cuerpo de Ejército, antes del 24 de marzo con el asesinato de Marcos Osatinsky, detenido en Córdoba, después con la muerte de Hugo Vaca Narvaja y otros cincuenta prisioneros en variadas aplicaciones de la ley de fuga ejecutadas sin piedad y narradas sin pudor.

El asesinato de Dardo Cabo, detenido en abril de 1975, fusilado el 6 de enero de 1977 con otros siete prisioneros en jurisdicción del Primer Cuerpo de Ejército que manda el general Suárez Mason, revela que estos episodios no son desbordes de algunos centuriones alucinados sino la política misma que ustedes planifican en sus estados mayores, discuten en sus reuniones de gabinete, imponen como comandantes en jefe de las 3 Armas y aprueban como miembros de la junta de gobierno. (...)

Estos hechos, que sacuden la conciencia del mundo civilizado, no son sin embargo los que mayores sufrimientos han traído al pueblo argentino ni las peores violaciones de los derechos humanos en que ustedes incurren. En la política económica de ese gobierno debe buscarse no sólo la explicación de sus crímenes sino una atrocidad mayor que castiga a millones de seres humanos con la miseria planificada.

En un año han reducido ustedes el salario real de los trabajadores al 40%, disminuido su participación en el ingreso nacional al 30%, elevado de 6 a 18 horas la jornada de labor que necesita un obrero para pagar la canasta familiar, resucitando así formas de trabajo forzado que no persisten ni en los últimos reductos coloniales.

Congelando salarios a culatazos mientras los precios suben en las puntas de las bayonetas, aboliendo toda forma de reclamación colectiva, prohibiendo asambleas y comisiones internas, alargando horarios, elevando la desocupación al récord del 9% prometiendo aumentarla con 300.000 nuevos despidos, han retrotraído las relaciones de producción a los comienzos de la era industrial, y cuando los trabajadores han querido protestar los han calificados de subversivos, secuestrando cuerpos enteros de delegados que en algunos casos aparecieron muertos, y en otros no aparecieron.

Los resultados de esa política han sido fulminantes. En este primer año de gobierno el consumo de alimentos ha disminuido el 40%, el de ropa más del 50%, el de medicinas ha desaparecido prácticamente en las capas populares. Ya hay zonas del Gran Buenos Aires donde la mortalidad infantil supera el 30%, cifra que nos iguala con Rhodesia, Dahomey o las Guayanas; enfermedades como la diarrea estival, las parasitosis y hasta la rabia en que las cifras trepan hacia marcas mundiales o las superan. Como si esas fueran metas deseadas y buscadas, han reducido ustedes el presupuesto de la salud pública a menos de un tercio de los gastos militares, suprimiendo hasta los hospitales gratuitos mientras centenares de médicos, profesionales y técnicos se suman al éxodo provocado por el terror, los bajos sueldos o la "racionalización".

Basta andar unas horas por el Gran Buenos Aires para comprobar la rapidez con que semejante política la convirtió en una villa miseria de diez millones de habitantes. Ciudades a media luz, barrios enteros sin agua porque las industrias monopólicas saquean las napas subterráneas, millares de cuadras convertidas en un solo bache porque ustedes sólo pavimentan los barrios militares y adornan la Plaza de Mayo, el río más grande del mundo contaminado en todas sus playas porque los socios del ministro Martínez de Hoz arrojan en él sus residuos industriales, y la única medida de gobierno que ustedes han tomado es prohibir a la gente que se bañe.

Tampoco en las metas abstractas de la economía, a las que suelen llamar "el país", han sido ustedes más afortunados. Un descenso del producto bruto que orilla el 3%, una deuda exterior que alcanza a 600 dólares por habitante, una inflación anual del 400%, un aumento del circulante que en sólo una semana de diciembre llegó al 9%, una baja del 13% en la inversión externa constituyen también marcas mundiales, raro fruto de la fría deliberación y la cruda inepcia.

Mientras todas las funciones creadoras y protectoras del Estado se atrofian hasta disolverse en la pura anemia, una sola crece y se vuelve autónoma. Mil ochocientos millones de dólares que equivalen a la mitad de las exportaciones argentinas presupuestados para Seguridad y Defensa en 1977, cuatro mil nuevas plazas de agentes en la Policía Federal, doce mil en la provincia de Buenos Aires con sueldos que duplican el de un obrero industrial y triplican el de un director de escuela, mientras en secreto se elevan los propios sueldos militares a partir de febrero en un 120%, prueban que no hay congelación ni desocupación en el reino de la tortura y de la muerte, único campo de la actividad argentina donde el producto crece y donde la cotización por guerrillero abatido sube más rápido que el dólar.

Dictada por el Fondo Monetario Internacional según una receta que se aplica indistintamente al Zaire o a Chile, a Uruguay o Indonesia, la política económica de esa junta sólo reconoce como beneficiarios a la vieja oligarquía ganadera, la nueva oligarquía especuladora y un grupo selecto de monopolios internacionales encabezados por la ITT, la Esso, las automotrices, la U.S. Steel, la Siemens, al que están ligados personalmente el ministro Martínez de Hoz y todos los miembros de su gabinete.

Un aumento del 722% en los precios de la producción animal en 1976 define la magnitud de la restauración oligárquica emprendida por Martínez de Hoz en consonancia con el credo de la Sociedad Rural expuesto por su presidente Celedonio Pereda: "Llena de asombro que ciertos grupos pequeños pero activos sigan insistiendo en que los alimentos deben ser baratos".

El espectáculo de una Bolsa de Comercio donde en una semana ha sido posible para algunos ganar sin trabajar el cien y el doscientos por ciento, donde hay empresas que de la noche a la mañana duplicaron su capital sin producir más que antes, la rueda loca de la especulación en dólares, letras, valores ajustables, la usura simple que ya calcula el interés por hora, son hechos bien curiosos bajo un gobierno que venía a acabar con el 'festín de los corruptos'.

Desnacionalizando bancos se ponen el ahorro y el crédito nacional en manos de la banca extranjera, indemnizando a la ITT y a la Siemens se premia a empresas que estafaron al Estado, devolviendo las bocas de expendio se aumentan las ganancias de la Shell y la Esso, rebajando los aranceles aduaneros se crean empleos en Hong Kong o Singapur y desocupación en la Argentina. Frente al conjunto de esos hechos cabe preguntarse quiénes son los apátridas de los comunicados oficiales, dónde están los mercenarios al servicio de intereses foráneos, cuál es la ideología que amenaza al ser nacional."

Terror y resistencia

El primer año de gobierno militar se caracterizó por el disciplinamiento social y el más férreo autoritarismo, contando incluso con el aval de numerosos sectores civiles. Pero el poder absoluto es un ideal, una aspiración totalitaria, que nunca se plasma completamente en la realidad. La propia maquinaria del terror era imperfecta, y sus víctimas estaban lejos de someterse totalmente a sus designios como si fuesen autómatas. Numerosas "líneas de fuga" –resistencias subjetivas o simbólicas, contradicciones o efectos no deseados por el poder– surgieron en esos primeros tiempos, y se profundizaron durante el régimen militar.

La represión fue planificada de modo centralizado y jerárquico por las cúpulas de las fuerzas armadas, pero su naturaleza clandestina y la necesidad de ejecutarla mediante múltiples grupos de inteligencia y logística generó ciertos márgenes de autonomía, arbitrariedad, desinteligencias y competencia entre los represores. En cierto modo, el faccionalismo que las fuerzas armadas pretendían destruir en la vida política argentina, acallando toda voz disidente, se reprodujo dentro de ellas. El enfrentamiento político entre sectores militares permitió el surgimiento de proyectos políticos particulares, como el del almirante Massera. En la ESMA, algunos prisioneros conservaron la vida mediante un "proyecto de recuperación" y, en lugar de reinsertarse en la sociedad "recuperados" de su condición "subversiva", lograron divulgar al mundo los crímenes aberrantes y masivos que cometía el Estado argentino, lo cual se convirtió en la principal amenaza al consenso interno y externo que la Junta pretendía consolidar. Esta no fue desde luego la nota dominante: existieron inmensos centros clandestinos como Campo de Mayo donde prácticamente no hubo sobrevivientes, pues la decisión era eliminar a todos los detenidos. Pero la ESMA ilustra uno de los límites del sistema: la imposibilidad del ocultamiento total y permanente de un exterminio masivo.

La "Noche de los lápices"

La operación conocida como la "Noche de los lápices", que se desarrolló entre agosto y octubre de 1976, implicó el secuestro y desaparición de estudiantes secundarios de la ciudad de La Plata, que habían luchado en defensa de un boleto estudiantil.

En la madrugada del 16 de septiembre de 1976, entre las 12:30 y las 5 hs. fueron secuestrados de los domicilios donde dormían los estudiantes secundarios y militantes de la UES: Claudia Falcone, María Clara Ciocchini, Claudio de Acha, Daniel Racero, Horacio Ungaro y Francisco López Muntaner. Hoy continúan desaparecidos.

Claudio de Acha, 17 años.
Fecha de Nacimiento: 21 de septiembre de 1958, en el barrio Los Plátanos, cerca de la ciudad de La Plata.
Colegio: Colegio Nacional.

María Claudia Falcone, 16 años.
Fecha de Nacimiento: 16 de agosto de 1960, en la ciudad de La Plata.
Colegio: Bellas Artes.

Horacio Ungaro, 17 años.
Fecha de Nacimiento: 12 de mayo de 1959. Vivía en Gonnet.
Colegio: Escuela Normal N° 3.

Daniel Alberto Racero, 18 años.
Fecha de Nacimiento: 28 de Julio de 1958.
Colegio: Escuela Normal N° 3.

María Clara Ciocchini, 18 años.
Fecha de Nacimiento: 21 de abril de 1958. Vivía en La Plata.

Francisco López Muntaner, 16 años.
Fecha de Nacimiento: 7 de Septiembre de 1960.
Colegio: Bellas Artes.

El 16 de septiembre de 1976, un grupo de estudiantes que entre otras cosas preparaban el festejo por el dia de la primavera fueron sorprendidos con la noticia de que la noche anterior se habían llevado a dos amigas: Claudia Falcone y María Clara Ciocchini. También habían secuestrado a Claudio de Acha, Daniel Racero, Horacio Ungaro y Francisco Muntaner. Todos compartían la militancia en la Unión de Estudiantes Secundarios (UES). Tuvieron miedo. Enseguida llamaron a sus padres. Todos fueron llevados a un centro clandestino de detencion. Con el tiempo se supo que era en Arana. Ahí se encontraron con sus dos amigas secuestradas la noche anterior. Tenían los ojos vendados, pero mientras caminaba rumbo al cuarto de tortura reconocieron los gritos de otros dos amigos y compañeros de la UES: Gustavo Calotti, que sobrevivió para contarlo, y Horacio Ungaro, uno de los tantos desaparecidos. El 21 de septiembre se sumó a ellos un estudiante de la "legión extranjera" que sería el cuarto sobreviviente: Pablo Díaz. El 23 de septiembre cargaron a todos los estudiantes, maniatados y encapuchados, en un camión. Después de un rato, la marcha se detuvo. Alguien leyó una lista: Claudia Falcone, María Clara Ciocchini, Horacio Ungaro, Francisco López Muntaner, Daniel Racero y Claudio de Acha... Los hicieron bajar y nunca más se supo de ellos. Muchos años más tarde, la que era directora del Bachillerato de Bellas Artes, Elena Makaruk, declaró que se enteró "por comentarios" que los chicos de la "Noche de los Lápices" estaban desaparecidos, pero que la institución no hizo gestiones para buscarlos porque "no se podía considerar verdad un comentario".[10]

El Movimiento de Derechos Humanos

Decenas de miles de argentinos partieron al exilio, debido a que sus vidas corrían peligro o, en algunos casos, para escapar del clima opresivo que se cernía sobre la vida cultural y social del país. En el exterior, especialmente en los países del Mediterráneo europeo y en México y los Estados Unidos, se organizaron grupos y foros de denuncia de la represión ilegal –denominados por las juntas militares como la "campaña antiargentina". En ellos, abogados, militantes políticos, sobrevivientes y familiares de desaparecidos consiguieron sentar en la agenda pública internacional las violaciones a los derechos humanos que tenían lugar en la Argentina. Entre los más importantes cabe señalar a las comisiones de solidaridad de familiares (COSOFAM, Comisión

---

10. Sobre este tema hay un libro llamado *La Noche de los Lápices*, de María Seoane y Héctor Ruiz Núñez, en base al cual se hizo el guión de la película de mismo nombre de Héctor Olivera. Se trata de estudiantes secundarios que según cuenta el film luchaban por la obtención del boleto secundario aunque hay otras fuentes que dicen que se los hubiesen llevado igual por el solo hecho de ser militantes políticos.

de Solidaridad de Familiares de Presos, Desaparecidos y Asesinados), presentes en España, Francia, Italia, Holanda, Suecia, Suiza, Alemania, Bélgica, México, Venezuela, Estados Unidos y Canadá. La Comisión Argentina de Derechos Humanos (CADHU), por su parte, logró presentar sus denuncias ante la Asamblea Nacional de Francia y las Naciones Unidas y vincular a la campaña de denuncias a comisiones internacionales de juristas y personalidades políticas de toda Europa, desde pocos meses después del golpe. También organizaban denuncias los dirigentes de Montoneros, que habían escapado en el contexto del golpe. Paralelamente, desarrollaban una estrategia militar recomponiendo sus filas entre los militantes exilados para continuar lo que llamaban la "guerra popular" contra el régimen, llevada adelante por los pocos militantes que seguían activos en Argentina. Pero ahora las urgencias eran otras, y las expectativas revolucionarias de los años anteriores cedieron paso a la defensa de los derechos humanos y a las críticas a la política económica como clave del discurso opositor al régimen.

Dentro del país, la Asamblea Permanente por los Derechos Humanos (APDH) se había creado poco antes del golpe convocando a figuras religiosas, políticas e intelectuales para la defensa de los derechos humanos. Se sumaron a esa tarea de denuncia y búsqueda de desaparecidos numerosos familiares de personas secuestradas. En septiembre de 1976, un grupo de familiares de desaparecidos y encarcelados, formó Familiares de Desaparecidos y Detenidos por Razones Políticas. Ellos, al igual que numerosas madres de personas secuestradas, desde comienzos de 1976, habían emprendido búsquedas individuales en comisarías, cárceles, hospitales, ministerios y juzgados. Con la ayuda de los pocos abogados que se atrevían a hacerlo, presentaban a la justicia un recurso de habeas corpus, que obliga a la Justicia a requerir a las diferentes dependencias estatales el paradero de una persona que dejó de ser vista en sus lugares habituales. Los jueces tramitaban este recurso, que invariablemente resultaba negativo: el Ministerio del Interior y otras dependencias estatales declaraban no tener noticia de la persona buscada. Esta experiencia infructuosa llevó a las madres a organizarse bajo una identidad primaria: su misma condición de madres. En abril de 1977, un grupo que con el tiempo fue conocido como Madres de Plaza de Mayo, se atrevió a reclamar por sus hijos frente a la Casa Rosada. Su primera líder, Azucena Villaflor, fue secuestrada en diciembre de ese año junto con otros familiares y madres de desaparecidos. Esa desaparición no frenó el impulso de las madres, sino que agrupó en torno de ellas la resistencia contra el régimen por parte de centenares y luego millares de personas a quienes el terror y la desesperación no paralizaron sino que, por el contrario, tomaron el riesgo de reclamar abiertamente al gobierno. Algunas madres que buscaban a sus nietos secuestrados o nacidos en cautiverio se organizaron en 1977 y adoptaron más tarde el nombre de Abuelas de Plaza de Mayo.

El Movimiento Ecuménico por los Derechos Humanos (MEDH) reunió a miembros de diferentes confesiones religiosas que proporcionaron contención y apoyo a la búsqueda y las denuncias de los familiares, provocando conflictos con las máximas autoridades religiosas del país, que en virtud de una mezcla de pragmatismo político y conservadurismo ideológico, mantuvieron un silencio cómplice, cuando no un apoyo abierto a los crímenes de Estado –y en el caso de muchos sacerdotes católicos mesiánicos, una participación directa en ellos–. Otras organizaciones, como el Servicio Paz y Justicia (SERPAJ) y el Centro de Estudios Legales y Sociales (CELS) también coordinaron las denuncias y búsquedas de desaparecidos, y fueron fundamentales en la difusión internacional de la lucha contra el régimen militar y, especialmente el CELS, en la búsqueda de estrategias jurídicas. Entre los grupos que desde el comienzo de la masacre articularon estrategias de búsqueda y denuncia explícitamente concientes del carácter político de la represión, se encontraba la Liga por los Derechos del Hombre, entidad creada en una época muy anterior, en 1937. En cuanto a los partidos políticos, prestaron un apoyo a estas tareas el Partido Intransigente y la Democracia Cristiana, o al menos una parte de sus militantes y dirigentes, así como las organizaciones de izquierda –por entonces clandestinas– Política Obrera y Partido Socialista de los Trabajadores. Entre los demás partidos tradicionales, algunos incorporaron la problemática de los derechos humanos a su agenda mucho más tarde, cuando la crisis del régimen ya era pronunciada.

Autoritarismo en la sociedad

En el plano laboral, pasados los momentos iniciales del terror y desarticuladas las otrora poderosas redes sindicales, un movimiento molecular de organización obrera comenzó a crecer subrepticiamente, alcanzando su pico de conflictividad hacia 1979, consistente en centenares de pequeñas medidas de fuerza en reclamo de mejoras salariales y de condiciones de trabajo en establecimientos fabriles de todo el país. Junto con la paciente recopilación de denuncias y presentación de recursos de habeas corpus por parte de familiares de desaparecidos y algunos abogados, esta conflictividad obrera mostraba a las autoridades que el orden sepulcral que intentaban imponer al país se volvía cada vez más vulnerable. Paralelamente, miles de adolescentes y jóvenes comenzaron muy lentamente a escapar a la cultura oficial mediante el crecimiento de un circuito semiclandestino, *under*, de recitales y revistas contraculturales. Estas múltiples resistencias crearon los gérmenes políticos, ideológicos y culturales de la recuperación democrática que tendría lugar algunos años más tarde.

Pero entre 1976 y 1978, las perspectivas de continuidad del Proceso de Reorganización Nacional eran alimentadas, en algunos casos, por la adhesión a su proyecto de país, pero en muchos otros por una pasividad nacida del caos anterior al golpe y del miedo a la represión. Mientras la mayoría prefería mirar para otro lado, las dirigencias de la sociedad civil adhirieron con mayor o menor entusiasmo a los objetivos de la dictadura. Para las cámaras empresarias y de comercio, las desapariciones trajeron el orden y la paz para los negocios, y la política económica volcó a su favor la distribución de las rentas en cada rama de actividad. Un poderoso grupo de empresas industriales vio incrementadas sus ganancias gracias a las políticas de promoción industrial, que subsidiaban la producción en determinadas áreas del país, a los contratos con el Estado y a la toma de créditos fáciles en el mercado financiero –origen de un fuerte endeudamiento externo para el país (ver "Las políticas de privatización")–. Mientras tanto, las empresas más pequeñas o no favorecidas por el Estado, sucumbieron progresivamente frente a la agresiva apertura comercial externa (importación), iniciándose un proceso de desindustrialización que llega hasta el presente. Para la jerarquía eclesiástica, fue una excelente oportunidad para penetrar la estructura del Estado e intensificar su presencia política y doctrinaria en la vida nacional. Esto fue importante en el ámbito educativo, donde extendió su influencia, pero también para deshacerse de los sacerdotes que habían desafiado el orden social y económico tradicional. A los políticos, intelectuales, profesores universitarios y periodistas conservadores y de derecha, la represión a los opositores les permitió constituirse en únicos interlocutores del gobierno y formadores de la opinión pública, saliendo del rincón minoritario en el que los había confinado la movilización social y política de los años anteriores.

En un nivel "microsocial", es decir, en los pequeños mundos de la vida cotidiana, el clima cultural de la dictadura alimentó el autoritarismo de todos los que se habían sentido antes amenazados por la contestación política y cultural de un movimiento predominantemente juvenil. Así, hubo casos de directores, profesores y preceptores que encontraron un marco propicio para ejercer su autoritarismo en los colegios, así como "padres de familia" que reencontraron la autoridad sobre el resto del núcleo doméstico. La policía sistematizó la práctica de exigir documentos de identidad en la vía pública, locales bailables, estadios de fútbol, etc. En los Entes de Calificación, los censores prohibían o recortaban toda edición de libros y revistas, películas, obras de teatro y programas televisivos que no se ajustasen a los ideales del régimen, esto es, toda producción cultural en la que asomase alguna crítica política o ideológica a las costumbres cristianas, a las fuerzas armadas y al orden social capitalista, llegando incluso a censurar libros como *El Principito*, de Antoine de Saint-Exupéry, o *Un elefante ocupa mucho espacio*, de Elsa Bornemann. Este último poseía, según el responsable de su censura, "una finalidad de adoctrinamiento que resulta preparatoria a la tarea de captación ideológica del accionar subversivo" (tal vez porque el relato describe una huelga de animales).

Las ciudades en sí mismas fueron también objeto de un reordenamiento autoritario. En el caso de Buenos Aires, en 1978 una ley descongeló los alquileres y decenas de miles de inquilinos de bajos ingresos debieron abandonar la ciudad. Paralelamente, la mayoría de las villas de emergencia que se habían asentado en Buenos Aires desde los años 30 fueron arrasadas con incendios, topadoras, tanques y soldados, y miles de familias fueron literalmente expulsadas de la ciudad y abandonadas en terrenos baldíos suburbanos, privadas de su hogar y de las redes de agua, electricidad y transporte. La construcción de autopistas favoreció el desplazamiento de los habitantes poseedores de automóviles, pero destruyó autoritariamente la historia y la organización de barrios enteros.

Para lograr sus objetivos, el proyecto militar se basó en la práctica de la desaparición de personas y en su efecto aterrador en la sociedad. Cada compañero que misteriosamente no volvía al colegio, cada delegado fabril que no retornaba a su lugar de trabajo, cada vecino cuya casa era arrasada en la noche y no reaparecía, cada automóvil que se paseaba sin identificación, repleto de hombres de anteojos oscuros y armas largas, indicaba cotidianamente la existencia de una monstruosa realidad paralela, mucho más atemorizante en tanto no era asumida ni reconocida por las autoridades. Los desaparecidos, como sostuvo el presidente Jorge Videla en una conferencia de prensa en 1979, "son una incógnita, no tienen entidad, no están". Frente a esta multiplicidad de señales del terror, la mayor parte de la población optó por el silencio y la negación, recluyéndose en ámbitos íntimos y privados e intentando no preguntarse ni hablar demasiado de lo que estaba sucediendo. Y ante los cuestionamientos aislados que se filtraban en la prensa y en las conversaciones diarias se sostenía, si alguien no aparecía, que "por algo será" o que "algo habrá hecho"; lo grave de esta expresión es que indicaba la aceptación de que quien no se adecuase al "orden" y a la "normalidad" desapareciese para siempre. Durante el desarrollo y los festejos del Mundial de Fútbol de junio de 1978 este clima alcanzó su máxima expresión, cuando el fervor nacionalista tiñó casi completamente la vida del país, para beneficio, fundamentalmente, del gobierno.

El terror y sus resistencias libraron miles de batallas cada uno de los días que duró el Proceso de Reorganización Nacional. Mientras la mayoría se adaptaba, numerosos artistas populares intentaban disfrazar con metáforas sus críticas a la sociedad para escapar a la censura, algunos abogados buscaban los resquicios legales del sistema para dar con los desaparecidos, los familiares de desaparecidos establecían contactos con aquellos periodistas, sacerdotes y militares que pudieran brindar alguna información y que no se resignaban al imperio del terror y de la muerte, y los estudiantes, vecinos, obreros e intelectuales que no querían o no soportaban vivir de ese modo establecían lenta y ocultamente lazos de solidaridad, fuentes de contrainformación, discusiones políticas, pequeños centros de investigación y señales de contención afectiva para resguardarse tanto de la represión como del clima de sospechas e hipocresía al que la mayoría de los argentinos se estaba acostumbrando.

Pasado, presente y futuro de una historia viva

El clima político comenzó a cambiar en 1979. Hasta entonces, el régimen parecía firmemente anclado en el consenso de buena parte de los grupos de poder, y en la resignación de las mayorías frente a la autoridad militar, sea por convencimiento, temor o la indiferencia nacida de ambos. El Mundial de Fútbol de 1978, organizado en la Argentina, constituyó el clímax del consenso social ante el régimen, con los comandantes en el estadio de River festejando junto al pueblo la primera copa obtenida por la selección argentina. Pero entre 1979 y 1981 se desarrolló por el contrario un proceso de resquebrajamiento de las bases de poder de la junta militar.

En primer lugar, crecieron las críticas a la orientación que la gestión económica de Martínez de Hoz le estaba dando al país, dado el fracaso en el combate a la inflación y en el aumento del costo de la vida para la mayoría de la población. La política económica era resistida incluso por sectores militares, que con sus críticas abrían el campo del debate económico a otros sectores de la sociedad hasta entonces acallados. Era el caso de los sindicatos y los partidos políticos, que lentamente comenzaron a ganarse un lugar en los medios de comunicación y en el debate con el gobierno a partir de la discusión económica.

En segundo lugar, y no menos importante, el movimiento de derechos humanos, en Argentina y en el mundo, atacaba lo que era el núcleo de consenso del régimen: el exterminio ilegal de opositores. Sobre este tema los sindicalistas y líderes políticos evitaban pronunciarse, porque constituía el único aspecto en el que las fuerzas armadas se encontraban sólidamente unidas: para ellas, el éxito de la "guerra antisubversiva" era tan incuestionable como los métodos empleados en ella, y quienes la ejecutaron merecían el reconocimiento de la nación. Pero la valentía de los denunciantes, la intensidad de sus denuncias y la condena de la opinión pública internacional fueron socavando lentamente la confianza de los militares en que sus crímenes contra la humanidad serían rápidamente olvidados.

La persistencia de la crisis económica y la eliminación definitiva del "enemigo interno" llevaron a los militares a intentar justificar su papel de "salvadores de la patria" en nuevos terrenos: en la guerra que casi desatan contra el vecino Chile en diciembre de 1978, y en la breve ocupación de las islas Malvinas entre abril y junio de 1982. Ambos conflictos revelaron que, con el objetivo de despertar la adhesión nacionalista, los militares no dudaban en conducir a la sociedad –a miles de jóvenes– a la guerra. Pero también revelaron que buena parte de la sociedad estaba dispuesta a adherir al nacionalismo belicista del gobierno, al que apoyó con fervor durante el conflicto de Malvinas. Pero el fracaso estruendoso en este último significó el fin del gobierno militar. Y cuando la vida democrática retornó a la Argentina, la condena social sobre los culpables de crímenes masivos y atroces no hizo sino crecer hasta nuestros días.

Para describir la herencia de aquellos primeros años del autodenominado Proceso de Reorganización Nacional es necesario considerar numerosos elementos. Además de las decenas de miles de vidas que el Estado atacó directamente (vía asesinato, desaparición, cárcel, exilio, apropiación de menores y sustitución de su identidad), el terrorismo de Estado incidió negativamente en la transmisión intergeneracional de valores y experiencias. En lugar de transmitir las esperanzas y las luchas de una generación a otra, durante esos años se instalaron hábitos vinculados al miedo y al egoísmo, ejemplificados en las frases que más se escuchaban en aquellos tiempos: "No te metás" y "Por algo será", que se refieren a alejarse de la política y de lo público en el primer caso, y a la justificación de la desaparición de personas, en el segundo. En los años de la recuperación democrática, la frase más extendida era "Yo no sabía nada", lo cual supone haberse mantenido completamente al margen de un aniquilamiento cotidiano que emitía permanentes y ubicuas señales de su existencia. La negación ("yo no sabía nada") es, desde luego, un efecto del terror, pero conlleva una actitud de no responsabilidad colectiva frente a lo sucedido. Y las justificaciones ("por algo será" y "yo no me meto") implican la aceptación de que el poder no tiene límites para actuar sobre quienes lo desafían.

En términos económicos, la mayor herencia de la dictadura es doble. Por un lado, la deuda externa, que desde entonces no cesa de crecer, condicionando la política económica y trasladando al exterior buena parte de la toma de decisiones; y por el otro, la crisis de importantes sectores industriales frente a la apertura comercial, junto con la consolidación de un grupo de empresas dominantes que cimentaron su posición mediante negocios con el Estado y que colaboraron en su desguace, en alianza con las empresas multinacionales y con los acreedores de la deuda externa, durante los años 90. Las consecuencias sociales de esta reestructuración económica son hoy más visibles que nunca: la estructura productiva del país es más dependiente del exterior y genera menos empleos que en el pasado. La pobreza y la desprotección de las mayorías es consecuencia de la desarticulación de los servicios sociales que brindaba el Estado en trabajo, salud, vivienda y educación. La formación ideológica y práctica de las fuerzas armadas y de seguridad conllevó la existencia de crímenes y torturas como modus operandi de esas fuerzas aún en democracia. El sistema judicial se encuentra también atravesado por los intereses de grupos poderosos (de las fuerzas de seguridad, económicos, políticos), surgidos en esos años, que impiden la constitución de un Poder Judicial independiente y democrático. La noción misma de Justicia debe convivir con el hecho de que la mayoría de los responsables de crímenes de lesa humanidad no han pagado sus delitos. En este marco, la ausencia de aquella transmisión intergeneracional se vuelve más grave, porque dificulta el acceso de la población a los conocimientos necesarios para enfrentar mejor estos problemas.

La experiencia política revolucionaria de los años 60 y 70 fue y es recordada de diferentes maneras. La memoria es un terreno de disputas por el sentido que le asignan a la experiencia de aquellos años diferentes actores de la sociedad. Muchos militantes políticos se volcaron al movimiento de derechos humanos entre finales de los años 70 y el presente, resignificando las garantías constitucionales y los derechos humanos como elementos clave de la lucha política. En otros casos, la exaltación de la violencia y de la lógica "amigo-enemigo" para pensar y actuar en la política siguieron siendo recuperadas acríticamente, dificultando el necesario debate actual sobre esa experiencia. El movimiento de Derechos Humanos, en sus comienzos, eludió el tema de la militancia política de la mayoría de los desaparecidos –con la excepción de Familiares de Desaparecidos y Detenidos por Razones Políticas–, porque frente a la posibilidad de encontrarlos, y frente al riesgo de la impunidad para los criminales de Estado, era esencial dirigir su estrategia jurídica hacia la denuncia del terrorismo estatal, conceptualizando a los desaparecidos en tanto ciudadanos con derecho a garantías constitucionales, y no como militantes políticos. Años más tarde, se impulsó una reflexión hacia el futuro a partir de la elaboración de una memoria sobre los compromisos ideológicos y políticos de la mayoría de los desaparecidos, que fueron la causa de que el Estado militar los considerase "enemigos de la patria". Nociones como revolución, solidaridad, igualdad, justicia social, liberación y antiimperialismo comenzaron a ser rescatadas y debatidas a la hora de recordar a los desaparecidos; y volvió así a la luz pública ya no su muerte, sino su vida.

Situación judicial de militares responsables de violaciones a los derechos humanos

De acuerdo con cifras del Centro de Estudios Legales y Sociales (CELS), hacia marzo de 2005 al menos 129 antiguos represores estaban detenidos por la Justicia (en prisión domiciliaria, bases militares, hospitales, cuarteles penitenciarios o de la Gendarmería o en el penal de Villa Devoto). Entre ellos se encuentran Jorge R. Videla, Antonio D. Bussi, Jorge "El Tigre" Acosta, Alfredo Astiz, y el sacerdote Christian Von Wernich. Otros 17 represores se encuentran prófugos, 48 han fallecido –de lo contrario hubiesen sido apresados–, 6 recibieron "falta de mérito", 6 fueron excarcelados, a 12 se les solicitó una indagatoria y 3 fueron declarados "incapaces" mentalmente.

En 1986 y 1987, cuando se sancionaron las leyes de Punto Final y Obediencia Debida, se estimaba que esas leyes beneficiaban a un total de casi 900 responsables de violaciones a los derechos humanos durante la dictadura. Desde entonces y hasta la actualidad, las estimaciones de los organismos de derechos humanos cifran en alrededor de 1300 la cantidad de personas, pertenecientes a las fuerzas armadas y de seguridad o vinculadas a ellas –civiles y religiosos–, involucradas en estos delitos.

Son numerosos los expedientes por los cuales se sigue investigando la responsabilidad de quienes participaron en violaciones a los derechos humanos. Se trata de causas sobre la ESMA y el Primer Cuerpo de Ejército, el Plan Cóndor, la "Contraofensiva" de Montoneros, y la represión en Córdoba, Corrientes, Salta, Tucumán, Santiago del Estero, Santa Fe y la ciudad de La Plata. Algunas de estas investigaciones fueron impulsadas por jueces y fiscales que declararon la inconstitucionalidad de las normas que les impedían avanzar en el juzgamiento a los acusados de violaciones a los derechos humanos durante la dictadura (la primera declaración de inconstitucionalidad de esas leyes por parte de un juez fue el 1º de marzo de 2001); otras investigaciones corresponden a casos de apropiación de menores –delito que no fue alcanzado por las leyes de impunidad– y otras se reabrieron a partir de la anulación legislativa de las leyes de Punto Final y Obediencia Debida (en agosto 2003).

¿Hubo un "genocidio" en Argentina?

La palabra genocidio aparece por primera vez en 1944 en un libro escrito por Raphael Lemkin, funcionario del gobierno norteamericano durante la Segunda Guerra Mundial, en el que se analizan las características adoptadas por los ocupantes nazis en distintos territorios de Europa. Uno de los capítulos estaba dedicado específicamente al genocidio:

"Los nuevos conceptos requieren nuevos términos. Por genocidio significamos la destrucción de una nación o de un grupo étnico. Esta nueva palabra, acuñada por el autor para denotar una vieja práctica en su desarrollo moderno, deriva de la antigua palabra griega genos (raza, tribu) y de la voz latina cide (matanza), correspondiendo así en su formación a palabras tales como tiranicidio, homicidio, infanticidio, etc. Hablando en términos generales, el genocidio no significa necesariamente la destrucción inmediata de una nación, excepto cuando se efectúa por los asesinatos en masa de todos los miembros de una nación. Más bien se propone como un plan coordinado de diversas acciones que tienen como objetivo la destrucción de las bases esenciales de la vida de grupos nacionales, con el objetivo de aniquilar a los grupos en sí mismos. Los objetivos de tal plan serían la desintegración de las instituciones políticas y sociales, la cultura, el lenguaje, los sentimientos nacionales, la religión, la existencia económica de grupos nacionales, y la destrucción de la seguridad personal, la libertad, la salud, la dignidad e incluso las vidas de los individuos que pertenecen a tales grupos. El genocidio se dirige contra el grupo nacional como entidad, y las acciones implicadas se dirigen contra individuos, no en su capacidad individual, sino como miembros del grupo nacional."[11]

El concepto fue acuñado durante la guerra y se difundió en los años inmediatamente posteriores, marcados por el espanto provocado en la opinión pública mundial por las atrocidades cometidas durante la guerra: los relatos de torturas y matanzas colectivas en toda Europa y los campos de concentración nazis conmovieron a la conciencia universal. En la Carta de la Organización de las Naciones Unidas, se establecía como propósito de esta organización fundada en 1945, "el desarrollo y estímulo del respeto a los derechos humanos y a las libertades fundamentales de todos, sin hacer distinción por motivos de raza, sexo, idioma o religión". Y en la resolución 96-I del 11 de diciembre de 1946, la Asamblea General de las Naciones Unidas estableció que "el genocidio es una negación del derecho de existencia de grupos humanos enteros, de la misma manera que el homicidio es la negación a un individuo humano del derecho a vivir (...) Muchos ejemplos de tales crímenes de genocidio han ocurrido cuando grupos raciales, religiosos o políticos, han sido destruidos parcial o totalmente".

Hacia finales de 1945 Lemkin trabajó como asesor de los fiscales en el Tribunal Internacional de Nüremberg, Alemania, que juzgó a 21 jefes nazis acusados de diversos crímenes: crímenes contra la paz, crímenes de guerra y crímenes contra la humanidad. El Tribunal consideraba "crimen contra la paz" a la agresión bélica del gobierno alemán contra otros países; "crímenes de guerra" a las violaciones a las leyes de guerra vigentes en ese momento (leyes que protegen durante una guerra a los prisioneros, a la población civil, etc.), y "crímenes contra la humanidad" al asesinato, el exterminio, la esclavitud, la deportación y otros actos inhumanos cometidos contra la población civil, antes o durante la guerra.[12] Poco después, el genocidio comenzó a ser considerado jurídicamente una de las formas que pueden asumir los crímenes contra la humanidad o los crímenes de guerra. Para ello, la Asamblea General de las Naciones Unidas estableció la "Convención para la prevención y la sanción del delito de genocidio" el 9 de diciembre

---

11. Raphael Lemkin, *Axis Rule in Occupied Europa: Laws of Occupation, Analysis of Government, Proposals for Redress (El dominio del Eje en la Europa ocupada: leyes de ocupación, análisis del gobierno, propuestas de revisión)*, Carnegie Endowment for International Peace (Dotación de Carnegie para Paz Internacional), Washington, D.C., 1944, cap. IX: "Genocide" ("Genocidio"), p. 79.
12. Alberto Luis Zuppi, *Jurisdicción universal para crímenes contra el derecho internacional*, Ad Hoc, Buenos Aires, 2002.

de 1948 (que entró en vigor el 12 de enero de 1951). Según el artículo I de la Convención, "las partes contratantes confirman que el genocidio, ya sea cometido en tiempo de paz o en tiempo de guerra, es un delito de derecho internacional que ellas se comprometen a prevenir y a sancionar". Por genocidio, se comprenden cualquiera de los actos mencionados a continuación, perpetrados con la intención de destruir, total o parcialmente, a un grupo nacional, étnico, racial o religioso, como tal: a) matanza de miembros del grupo; b) lesión grave a la integridad física o mental de los miembros del grupo; c) sometimiento intencional del grupo a condiciones de existencia que hayan de acarrear su destrucción física, total o parcial; d) medidas destinadas a impedir los nacimientos en el seno del grupo; e) traslado por fuerza de niños del grupo a otro grupo.

El artículo IV establece que las personas acusadas de genocidio –se trate de gobernantes, funcionarios o particulares– serán juzgadas por un tribunal del Estado en cuyo territorio el acto fue cometido, "o ante la corte penal internacional que sea competente respecto a aquellas de las partes contratantes que hayan reconocido su jurisdicción".

Puede decirse entonces que el concepto de genocidio acuñado en 1944 y la Convención celebrada en 1948 constituyen dos hitos fundamentales en la historia de los que hoy denominamos "derechos humanos". La historia de los crímenes masivos es tan larga como la del intento de establecer derechos humanos –y por lo tanto, universales– y una justicia internacional que los castigue. El mismo Lemkin, en el texto que citamos más arriba, señalaba que el concepto de genocidio se inventa para referirse a "una vieja práctica en su desarrollo moderno". En efecto, hay referencias desde la Antigüedad a lo que hoy denominamos "genocidio": por ejemplo, Tucídides describió un episodio de las guerras del Peloponeso, en el año 416 a.c., en el cual los atenienses, venciendo la resistencia de los habitantes de la ciudad de Melios, "hicieron matar a todos los hombres en edad militar y vendieron como esclavos a las mujeres y a los niños, poblando ellos mismos la ciudad, para lo que enviaron más tarde quinientos colonos". Desde entonces, las matanzas colectivas han sido recurrentes en la historia. Pero fue recién en el siglo XX que cobró forma una conciencia humanitaria universal plasmada en un derecho internacional.

En realidad, el genocidio es la forma extrema de una serie de políticas mediante las cuales los Estados modernos han intentado construir naciones homogéneas.[13] Los tipos más moderados de homogeneización de una población corresponden a la *integración, inmigración* o *emigración inducidas*: cuando una sociedad impulsa la integración de los inmigrantes, que se adaptan, después de una o dos generaciones, a la cultura local (por ejemplo, en la

---

13. Michael Mann, "La cara oculta de la democracia: la limpieza étnica y política como tradición moderna", en *New Left Review*, ed. en español, n°1, Akal, Madrid, febrero de 2000.

Argentina de comienzos del siglo XX), o cuando un Estado promueve la inmigración o la expulsión de ciertos grupos étnicos en particular (un ejemplo del primer caso fue la idea de Domingo F. Sarmiento de atraer inmigrantes europeos y no asiáticos o africanos; un ejemplo del segundo lo constituyen los sectores nacionalistas xenófobos de Europa que quieren impedir la inmigración asiática, latinoamericana y africana). Un segundo tipo de esta política es la *integración forzosa*, cuando un Estado obliga a un grupo dentro de su territorio a abandonar sus costumbres y su lengua y a adoptar las costumbres y la lengua oficiales, como sucedió en muchos países de América con los pueblos indígenas. Un tercer tipo de política homogeneizadora es la *emigración forzosa* o directamente la *deportación*, cuando un Estado promueve la expulsión de un grupo étnico de su territorio (como los centenares de miles de musulmanes expulsados hacia el sur durante las guerras balcánicas de 1912, o la expulsión violenta de las tribus darfurianas –zagawa, iridimi, y otras– por parte de las tribus árabes y el Estado de Sudán, en 2004). En estos casos, existe siempre algún grado de amenaza y coerción física, además de prohibiciones políticas y civiles, para obligar a los miembros del grupo discriminado a abandonar el territorio. El siguiente grado de estas políticas son las *limpiezas étnicas*, es decir, el asesinato organizado de grupos enteros, que por lo general tiene como finalidad la emigración forzosa. Desde esta última política sólo media un paso hacia el *genocidio*, que consiste en la eliminación completa de un grupo nacional, étnico, racial o religioso.

Las Convenciones de Ginebra en 1864 y La Haya en 1899 y 1907 fueron las primeras en establecer los conceptos de derecho humanitario bélico, que se intentaron aplicar en la Primera Guerra Mundial. Pero fue recién después del genocidio practicado por los nazis y sus aliados en Europa durante la Segunda Guerra Mundial (1939-1945) que se plasmó un ordenamiento jurídico internacional específicamente destinado a evitar, o en su defecto castigar, la masacre de poblaciones civiles. La citada definición de genocidio, formulada por las Naciones Unidas en 1948, es la única aceptada por los tribunales internacionales, como los que estableció el Consejo de Seguridad de la ONU luego de dos de los más terribles conflictos de finales del siglo XX: el Tribunal Penal Internacional para la Antigua Yugoslavia (1993), donde hubo masacres y "limpiezas étnicas", y el Tribunal Penal Internacional para Ruanda (1994), donde murieron cerca de 800.000 personas.

El establecimiento de la Corte Penal Internacional (CPI) en julio de 2002 es el último hito de esta historia. Cerca de cien países han ratificado o se han adherido al Estatuto de la CPI, que juzgará a los individuos que cometan genocidio, crímenes de guerra, crímenes de lesa humanidad y crímenes de agresión, cuando los tribunales nacionales no puedan o no tengan la voluntad de hacerlo. La CPI tiene jurisdicción sobre los crímenes cometidos en los territorios y por los nacionales de países que han ratificado o adherido al Estatuto de Roma. Un caso puede ser llevado ante la Corte por un

Estado Parte de la CPI, por el Consejo de Seguridad de las Naciones Unidas, o por el fiscal, en caso que haya iniciado de oficio una investigación sobre la base de información remitida por grupos de la sociedad civil, individuos o medios de comunicación. El Estatuto de la CPI toma exactamente la definición de genocidio de la Convención para la Prevención y la Sanción del Delito de Genocidio de 1948, que es considerada vinculante para todos los estados, sean o no parte de la Convención contra el Genocidio.

En la Argentina, el concepto de genocidio fue utilizado para definir la represión militar entre 1976 y 1983 junto con otro concepto: el "terrorismo de Estado". Se denomina terrorismo de Estado a un sistema criminal organizado desde las estructuras del Estado, que como tal es el poder supremo y no está sometido a control alguno. Existe una diferencia esencial entre esta clase de terrorismo y el que pueden practicar personas o grupos. El ciudadano que se ve agredido por un individuo o un grupo recurre al Estado para que éste garantice la defensa de su libertad y sus derechos. Pero si la agresión proviene de las propias fuerzas públicas, la indefensión es absoluta, pues no existen otras instancias de resguardo dentro del Estado. Por eso el terrorismo de Estado es cualitativamente superior a cualquier otro.[14]

En cuanto a la aplicación del concepto de genocidio a los crímenes cometidos durante el terrorismo de Estado en Argentina, existen opiniones diferentes. Según la socióloga Silvia Sigal, la definición de genocidio "es muy clara en cuanto a los grupos que enumera. Es una enumeración que, por razones históricas, no incluye grupos sociales ni grupos políticos".[15] Según Sigal y muchos otros especialistas, el genocidio se comete contra individuos en tanto pertenecientes a determinado grupo (por ejemplo, un individuo en tanto árabe, judío, toba o vasco) independientemente de sus características y elecciones personales (como la ideología o la clase social), y es por ello que las masacres políticas, como la ocurrida en Argentina, no deberían ser consideradas genocidio.

Desde el punto de vista contrario, hay quienes conceptualizan como genocidio a los crímenes cometidos por el terrorismo de Estado en Argentina, esgrimiendo diferentes argumentos: en algunos casos, se sostiene que hubo un genocidio tomando el aspecto religioso de la definición de genocidio, pues entre los objetivos básicos del Proceso de Reorganización Nacional dictados en marzo de 1976 por el gobierno militar, se hacía explícita referencia al objetivo de imponer un sistema social, cultural, económico y jurídico definido como "occidental y cristiano", en nombre del cual se exterminó a quienes eran considerados opositores a ese ideal. Otros sostienen que la "destrucción

---

14. Cf. Daniel Frontalini y María Cristina Caiati, *El mito de la guerra sucia*, Centro de Estudios Legales y Sociales (CELS), Buenos Aires, agosto de 1984.
15. Silvia Sigal, "La polémica sobre el genocidio", en revista *Puentes*, año 2, nº 5, octubre de 2001, pp. 62-63.

parcial" de un "grupo nacional", presente en la definición de genocidio, puede aplicarse al intento del Estado argentino de exterminar a un grupo social que poseía la nacionalidad argentina, pero que era considerado una amenaza para el resto de la Nación.[16] En este caso, para los asesinos no importaban las características personales de cada individuo perseguido, sino el mero hecho de pertenecer al grupo que se buscaba eliminar (la "subversión"). Finalmente, muchos recuperan la citada Resolución 96-I de las Naciones Unidas de 1946, que menciona explícitamente que los genocidios pueden estar originados en motivos "raciales, religiosos o políticos".

En 1996 el juez español Baltasar Garzón emprendió acciones tendientes a procesar y extraditar a España a varios militares argentinos bajo la acusación de genocidio. Frente a la posición de otros miembros de la justicia española según la cual la represión en la Argentina no constituyó un genocidio, puesto que la persecución tuvo motivaciones políticas (y no religiosas, nacionales, étnicas o raciales), los jueces de la Audiencia Nacional le dieron la razón a Garzón argumentando que las acciones de persecución y hostigamiento (contra un grupo de argentinos o residentes en Argentina) consistieron en muertes, detenciones ilegales prolongadas, sin que en muchos casos haya podido determinarse cuál fue la suerte corrida por los detenidos –repentinamente extraídos de sus casas, súbitamente expulsados de la sociedad, y para siempre–, dando así vida al concepto incierto de "desaparecidos", torturas, encierros en centros clandestinos de detención, sin respeto de los derechos que cualquier legislación reconoce a los detenidos, presos o penados en centros penitenciarios, sin que los familiares de los detenidos supiesen su paradero, sustracción de niños de detenidos para entregarlos a otras familias –el traslado por fuerza de niños del grupo perseguido a otro grupo–. En los hechos imputados (...) está presente, de modo ineludible, la idea de exterminio de un grupo de la población argentina, sin excluir a los residentes afines. Fue una acción de exterminio, que no se hizo al azar, de manera indiscriminada, sino que respondía a la voluntad de destruir a un determinado sector de la población, un grupo sumamente heterogéneo, pero diferenciado. El grupo perseguido y hostigado estaba integrado por aquellos ciudadanos que no respondían al tipo prefijado por los promotores de la represión como propio del orden nuevo a instaurar en el país. El grupo lo integraban ciudadanos contrarios al régimen, pero también ciudadanos indiferentes al régimen. La represión no pretendió cambiar la actitud del grupo en relación con el nuevo sistema político, sino que quiso destruir el grupo, mediante las detenciones, las muertes, las desapariciones, sustracción de niños de familias del grupo,

---

16. Estos argumentos están presentes en los documentos de trabajo y presentaciones judiciales del Centro de Estudios Legales y Sociales (CELS), que fueron utilizados en la elaboración del presente texto.

amedrentamiento de los miembros del grupo. Estos hechos imputados constituyen delito de genocidio.

De este modo, la Audiencia Nacional de España reinterpretó el ya citado Convenio de las Naciones Unidas de 1948:

"El sentido (...) del Convenio de 1948 de responder penalmente al genocidio (...) por considerarlo crimen horrendo de derecho internacional, requiere que los términos 'grupo nacional' no signifiquen 'grupo formado por personas que pertenecen a una misma nación', sino, simplemente, grupo humano nacional, grupo humano diferenciado, caracterizado por algo, integrado en una colectividad mayor".

Según la Audiencia, una interpretación demasiado restrictiva de genocidio como "grupo nacional" impediría aplicarlo a "acciones tan odiosas como la eliminación sistemática (...) de los enfermos de SIDA, como grupo diferenciado, o de los ancianos, también como grupo diferenciado, o de los extranjeros que residen en un país, que, pese a ser de nacionalidades distintas, pueden ser tenidos como grupo nacional en relación al país donde viven, diferenciado precisamente por no ser nacionales de ese Estado (...) En el tiempo de los hechos y en el país de los hechos se trató de destruir a un grupo diferenciado nacional, a los que no cabían en el proyecto de reorganización nacional o a quienes practicaban la persecución estimaban que no cabían. Hubo entre las víctimas extranjeros, especialmente muchos españoles. Todas las víctimas, reales o potenciales, argentinos o foráneos, integraron un grupo diferenciado en la nación, que se pretendió exterminar."[17]

Más allá de este debate sobre el genocidio, lo importante es que se da en el marco de una tendencia hacia la justicia internacional para los delitos contra la humanidad. La detención en Europa del ex dictador de Chile Augusto Pinochet en 1998, por orden del citado Baltasar Garzón, constituyó un paso fundamental en el avance de la idea de una justicia internacional aplicable a las violaciones a los derechos humanos y a los crímenes contra la humanidad.

1983: Transición democratica

Los años que van desde mediados de la década de 1970 al inicio del nuevo milenio, constituyeron en el mundo entero un período de rápidas y profundas transformaciones. Estas se manifestaron, fundamentalmente, en dos planos: el económico-social y el político-ideológico.

---

17. Auto de la Sala de lo Penal de la Audiencia Nacional confirmando la jurisdicción de España para conocer de los crímenes de genocidio y terrorismo cometidos durante la dictadura argentina. Madrid, 4 de noviembre de 1998. "QUINTO. Sobre si los hechos imputados son susceptibles de calificarse, según la Ley penal española, como genocidio".

En el plano económico, el dato de época es la constitución y consolidación de una nueva economía mundial, diferente de la que había primado desde la Segunda Guerra Mundial hasta comienzos de la década de 1970. Durante ese período, el capitalismo fordista fue expandiéndose en los países industrializados hasta que la crisis del petróleo de 1973 mostró sus límites. Este tipo de organización económica (caracterizada por la producción industrial a gran escala orientada hacia el mercado interno) había sido posible por la intensa actividad del Estado en materia de regulación y legislación social. El Estado protegía las industrias propias de la competencia extranjera, regulaba las relaciones entre capital y trabajo (es decir, intervenía como árbitro entre los intereses empresariales y los de los trabajadores) y garantizaba un amplio abanico de derechos económicos y sociales. De este modo, el Estado permitió, en la mayoría de los países industrializados, la incorporación de amplias masas al consumo. Favoreció así, al estimular la demanda de bienes y servicios, la expansión de la economía.

Al promediar la década de 1970, este modelo de crecimiento comenzaba a agotarse. Los beneficios de la inversión dejaron de corresponderse con las expectativas de los empresarios y éstos comenzaron a preferir la liquidez (es decir, el capital no invertido), la especulación financiera y la compra de acciones de diversas empresas a la inversión productiva. La contracara de esta gran liquidez en los países industrializados fue luego el gran endeudamiento externo de los países del Tercer Mundo.

Paralelamente, una verdadera revolución tecnológica asestó un duro golpe al mundo del trabajo: los bajos costos de producción que las nuevas tecnologías implicaban se tradujeron en una drástica caída de la demanda de mano de obra. El drama del desempleo resurgía así, después de 50 años, en el seno mismo de los países industrializados.

El capitalismo desarrollado sobrevivió, pero a costa de una transformación profunda con un alto costo social.

Ya a fines de los años '80 el nuevo orden económico comenzó a llamarse "economía globalizada", por las nuevas posibilidades del mundo de la comunicación. Los protagonistas de este modelo son el capital financiero especulativo sin fronteras y los grandes grupos económicos de capital transnacional o multinacional. Sin mayores restricciones a su actividad, las grandes empresas pueden radicarse en cualquier parte del mundo, producir allí a bajo costo y vender en el mercado en el que obtengan la mayor ganancia. Algo similar puede decirse del capital especulativo que, en los últimos quince años, no ha dejado de provocar corridas financieras y quiebras bancarias en cadena en distintas partes del mundo.

Esta nueva economía fue posible, en parte, debido a la expansión de un nuevo tipo de relaciones laborales. Las clases dirigentes de los países industrializados (conservadoras en el plano político), impulsaron el retiro del Estado de la regulación laboral y la legislación social, recuperando los postulados del liberalismo económico de fin de siglo XIX. El Estado desatendió en gran medida las áreas de la salud, de la educación, redujo drásticamente su actividad inversora en obras públicas y, fundamentalmente, "flexibilizó" las relaciones laborales (es decir, dejó de pautar las condiciones de trabajo). El resultado de esto último fue, sencillamente, la pérdida de garantías y derechos que los trabajadores habían logrado conquistar a lo largo del siglo XX. El objetivo fue maximizar y garantizar los beneficios de la inversión capitalista.

En el plano político-ideológico, el dato de época es el auge del llamado neoliberalismo (que combina postulados del liberalismo económico con valores conservadores desde el punto de vista político y cultural). Este auge fue favorecido, en parte, por el derrumbe del mundo socialista. En efecto, la caída del muro de Berlín en 1989, ponía de manifiesto el fracaso del así llamado "socialismo real" o "socialismo realmente existente". Si bien éste había logrado garantizar una gama de necesidades básicas de la población, los rasgos autoritarios de la burocracia política que los caracterizó y las rivalidades étnicas, religiosas y nacionales que estallaron en su seno (cuyo caso más paradigmático fue la antigua Yugoslavia) precipitaron su derrumbe.

Este contexto implicó la pérdida de fuerza y seducción de las ideologías revolucionarias; y una actitud escéptica reemplazó la voluntad de construcción de modelos económico-sociales alternativos al capitalismo.

Los portavoces del nuevo liberalismo no tardaron en tildar de utopías trasnochadas a cualquier intento de transformación social.

Es en este escenario internacional donde transcurrieron en Argentina los años que van desde el fin de la última dictadura militar (1983) hasta nuestros días (2005). Pero esta transformación, que hoy podemos ver claramente, fue percibida de manera menos transparente en aquellos años.

La retirada de los militares del gobierno estuvo acompañada por un nuevo clima de ideas y movilización social. Política y culturalmente, el dato fundamental de este período, denominado de "transición democrática", fue, precisamente, la revalorización de la democracia como sistema político. La experiencia del terrorismo estatal implementado por la última dictadura quedó marcada a fuego en la memoria colectiva de los argentinos. El desprestigio y la debilidad que habían signado al régimen democrático a lo largo de los 50 años anteriores, perdieron terreno ante una nueva voluntad colectiva: la de construir y consolidar el sistema democrático.

Las tareas que tenía por delante el nuevo gobierno electo en 1983 eran muchas y obedecían a las más variadas urgencias sociales, económicas, culturales. Pero quizás, la primordial de todas ellas se vinculaba, justamente, con la valorización del propio sistema democrático. La ausencia de una práctica real hacía necesario un nuevo aprendizaje de las reglas del juego, y también de sus valores y principios más generales. Así, la sociedad argentina parecía "refundarse" en 1983, a partir de un nuevo principio, el de la democracia, entendida ésta como valor en sí mismo.

Quizás por la histórica debilidad de los regímenes democráticos, y porque la experiencia de los sucesivos golpes de Estado estaba aún muy presente en la memoria colectiva, este período se caracterizó, también, por cierto clima de amenaza o temor de un nuevo quiebre institucional. Estos temores no eran del todo injustificados puesto que las fuerzas armadas detentaban aún un poder nada desdeñable. Así, el fantasma del golpe acompañó –y de alguna manera reforzó– la construcción del nuevo orden político.

Las organizaciones defensoras de los derechos humanos fueron los protagonistas indiscutidos del período. No sólo porque colocaron la cuestión de los desaparecidos en el centro mismo del debate, sino también –y fundamentalmente– porque impusieron a toda práctica política una dimensión ética. En el contexto de las experiencias anteriores, el sentido del compromiso y la valoración de los acuerdos básicos de la sociedad por encima de las afiliaciones partidarias, representó un dato verdaderamente original.

A diferencia del clima experimentado con el retorno democrático de 1973, había ahora un repudio total de la violencia. Gran parte de la ciudadanía depositó en la democracia la esperanza de solución de los más variados problemas heredados de la dictadura militar. En palabras de Raúl Alfonsín (electo en las elecciones generales del 30 de octubre de 1983): "con la democracia se come, se cura, se educa". Y, mientras en la década de 1970 los movimientos populares trataban de alcanzar la transformación social, la democracia en 1983 se erigía como un fin en sí mismo y buena parte de la sociedad creía que ella por sí sola podría garantizar el fin de la pobreza y la desigualdad.

Hacia fines de la década de 1980, ante la permanencia y agudización de los problemas económicos y sociales, comenzó a agotarse la euforia despertada por la clausura de la dictadura militar. Como consecuencia, al igual que en otros países de América Latina, amplios sectores sociales llegaron a la conclusión de que la democracia no solucionaba, por sí misma, aquellos problemas. Este "desencanto" de la democracia se fue intensificando en la medida en que la crisis económica y social pareció tornarse irreversible. Su rasgo predominante no fue –como lo había sido antaño– la inestabilidad política o el riesgo del quiebre democrático, sino más bien, la pérdida de la capacidad de la acción política para afectar el curso de los procesos económicos y sociales.

Más de veinte años de gobiernos constitucionales permiten insistir en la importancia y solidez del aprendizaje democrático. Sin embargo, aquellas urgencias económicas y sociales que estaban presentes en 1983 siguen vigentes.

Sin duda, entonces, el balance trae aparejada una deuda. Porque esta democracia que supo recuperar y consolidar los derechos políticos y civiles, no ha sido capaz de impedir el deterioro creciente de los derechos sociales y económicos. Este es, quizás, el desafío pendiente de nuestro sistema democrático.

Guerra de Malvinas y reapertura constitucional

Pocas frases como la pronunciada por el dictador Leopoldo F. Galtieri en abril de 1982 sintetizan la arrogancia y la complejidad del nacionalismo argentino al tiempo que evidencian la impunidad con que la junta militar actuaba seis años después del golpe de Estado del 24 de marzo de 1976: "Si quieren venir, que vengan, les presentaremos batalla".

Frente a las noticias del envío de tropas británicas a las islas Malvinas en respuesta al desembarco argentino del 2 de abril de 1982, Galtieri desafiaba así a la potencia imperial británica ante la multitud reunida en una Plaza de Mayo exultante.

Por aquellos días, ni el dictador ni los miles de argentinos que festejaban lo que creían que era un gesto patriótico vislumbraban el sentido con que la trágica guerra de Malvinas sería recordada en la historia.

En efecto, durante el período del conflicto bélico la sociedad argentina parecía reconstruirse ante la amenaza externa. El amplio entusiasmo generado por la "recuperación de las Islas Malvinas" obedecía a que este territorio, ocupado por Gran Bretaña desde 1833, constituía una antigua reivindicación para distintas corrientes políticas y sectores sociales. A lo largo de los siglos XIX y XX fueron varios los esfuerzos diplomáticos realizados por el Estado argentino para ejercer su soberanía sobre las islas. Todos ellos habían resultado estériles, y las islas se erigieron pronto en la cultura política argentina como emblema de una nacionalidad avasallada por la prepotencia imperial, un tesoro arrebatado, y destinado a reintegrarse a su legítimo suelo: el argentino.

Hacia 1982 la dictadura militar atravesaba una profunda crisis de legitimidad desde hacía ya casi tres años. Intentando postergar su resolución y ganar popularidad ante una sociedad visiblemente disconforme, utilizó el extendido sentimiento nacionalista y planeó la ocupación de las islas exigiendo el reconocimiento de la soberanía argentina.

Es probable que el gobierno militar no contara con que este acto culminaría en una aventura bélica. Después de todo, contaba –al menos ese podría haber sido el cálculo– no sólo con el apoyo de la población, sino, y más importante aún, con el del gobierno de los EEUU a quien los militares argentinos habían apoyado política y logísticamente en su empresa contrarrevolucionaria y contrainsurgente en Centroamérica. Esa expectativa se vio frustrada rápidamente y el arrebato militarista de la dictadura se transformó, muy pronto, en tragedia.

La fecha del desembarco argentino en las islas –2 de abril– no fue azarosa. Tan sólo tres días antes, aquella crisis de legitimidad había comenzado a manifestarse más abiertamente. El 30 de marzo, una gigantesca movilización convocada por la Confederación General del Trabajo (CGT) se dirigió a Plaza de Mayo en repudio a la junta militar y bajo la consigna "Pan, paz y trabajo".

Esta movilización de gran envergadura fue brutalmente reprimida y alrededor de dos mil personas fueron detenidas. Se ponía así de manifiesto el conflicto de intereses entre el movimiento obrero y los grupos que detentaban el poder económico. Las raíces de este conflicto se encontraban en los mismos objetivos que los impulsores del golpe se habían planteado: el disciplinamiento de una clase trabajadora organizada, con uno de los niveles salariales más altos del Cono Sur y celosa de sus conquistas sociales.

El frente sindical no era, sin embargo, la única fuente de conflicto del gobierno militar. El disciplinamiento social intentado a través de la represión fue la contracara de un conjunto de medidas económicas regresivas que afectaron severamente la producción, el consumo y el empleo. El modelo económico impuesto por el primer ministro de Economía del gobierno militar, José Alfredo Martínez de Hoz, estuvo caracterizado fundamentalmente por una apertura indiscriminada a la importación y una reforma financiera que favorecía la liquidez y la especulación. Muy pronto este modelo comenzó a revelar su altísimo costo social.

El capital financiero especulativo a corto plazo se desarrolló en desmedro del sector productivo. Ya para 1978 la actividad industrial, desprotegida frente a la entrada masiva de bienes importados, registró una caída del 25%, lo cual derivó en endeudamientos, reestructuraciones y despidos.

Hacia 1979 comenzaba a hacerse evidente la impotencia del gobierno frente a la inflación que afectaba especialmente a los asalariados y sectores de menores recursos. Al comenzar la nueva década el panorama era el de un Estado quebrado y endeudado, sin capacidad de construir un modelo que garantizara el crecimiento económico y la expansión. Mientras que en 1975 el endeudamiento con el exterior era de 7875 millones de dólares, en 1981 la deuda externa se había quintuplicado, alcanzando 35.671 millones de dólares.

Desde el punto de vista político, durante la presidencia del general Roberto Viola, quien asumió el cargo en marzo de 1981, se inició el llamado "diálogo político". Se trataba de comenzar las conversaciones con algunos representantes de la sociedad civil con el objetivo de pautar una salida ordenada hacia la democracia. Fue en este contexto que el 14 de julio de 1981 se conformó la Multipartidaria, una agrupación de cinco partidos políticos (Unión Cívica Radical, Partido Justicialista, Movimiento de Integración y Desarrollo, Democracia Cristiana y Partido Intransigente). La *Multipartidaria* buscaba constituirse en una fuerza capaz de negociar con el gobierno dictatorial la transición a la democracia. Entre los partidos, los de más peso eran, sin duda, la Unión Cívica Radical (UCR) y el Partido Justicialista (PJ).

Una de las cuestiones más urticantes para los gobernantes militares, así como para los grupos de poder y los civiles que los apoyaban, era el lugar que ocuparía el peronismo en la nueva etapa democrática, sobre todo a la luz de la conflictiva experiencia de los años previos al golpe de 1976.

El otro factor condicionante era la voluntad castrense de "no revisar" los métodos de la represión ilegal. Los militares buscaban, en definitiva, un acuerdo que limitara la extensión del juzgamiento y condena de los responsables de las violaciones a los derechos humanos. Esta voluntad militar encontraba eco en la teoría de los "tres niveles de responsabilidad" sustentada por el radicalismo: la de quienes dieron las órdenes, la de quienes las cumplieron y la de quienes se "excedieron". Esta teoría –inaceptable para el movimiento de derechos humanos y para amplios sectores políticos– establecía básicamente que no podían ser juzgados y condenados del mismo modo todos quienes hubieran intervenido en la implementación del terrorismo de Estado.

La pretensión de asegurar la impunidad de los crímenes cometidos encontraba, al comenzar la década de 1980, un terreno bastante adverso. Esto se debía, fundamentalmente, a la presión ejercida por la opinión pública internacional que comenzaba a hacerse eco de las denuncias que venían realizando sistemáticamente ante los organismos internacionales y la prensa las organizaciones de familiares de detenidos-desaparecidos, los organismos de derechos humanos, los antiguos militantes políticos y los sobrevivientes de centros clandestinos de detención.

En septiembre de 1979 la Comisión Interamericana de Derechos Humanos (CIDH) había realizado una visita a la Argentina. Se trataba, en rigor, de una misión de observación, a partir de las numerosas denuncias recibidas. El informe correspondiente fue aprobado en 1980 y en él se reflejaba claramente las graves violaciones a los derechos humanos. Fue por ello que la dictadura sólo permitió la publicación de sus conclusiones. Sin embargo, el Centro de Estudios Legales y Sociales (CELS) logró ingresar al país 500 ejemplares del informe completo que distribuyó clandestinamente.

Ese mismo año Adolfo Pérez Esquivel, miembro del Servicio Paz y Justicia (SERPAJ), obtuvo el premio Nobel de la Paz. Esto último significaba tanto un reconocimiento internacional a la lucha de los organismos de derechos humanos como una condena a la política represiva de la junta militar.

Mientras tanto, en el escenario local, hacia 1981 el apoyo a los reclamos del movimiento de derechos humanos era aún minoritario y de escasa presencia en los medios de comunicación. Esto se debía, en gran medida, al miedo imperante en la población y a la censura en la prensa. Sin embargo, poco a poco, las voces de denuncia e impugnación comenzaron a recibir todavía tímidas pero nuevas solidaridades y adhesiones.

Es en este contexto de crisis que la guerra de Malvinas marcó un punto de inflexión. El desembarco en las islas contó con un gran respaldo social. En parte, porque se trataba, sin duda, de una vieja reivindicación instalada en el imaginario cultural de sucesivas generaciones de argentinos; y en parte también porque los arrebatos bélicos de la dictadura militar ofrecían la posibilidad de participación en una empresa colectiva a una sociedad desmovilizada que llevaba más de cinco años replegada sobre sí misma. La población protagonizó gestos de mucha solidaridad, sobre todo con los jóvenes combatientes en las islas, los "chicos de la guerra", pero asumió el conflicto en un tono triunfalista que tuvo su primer contraste trágico el 2 de mayo de 1982. Ese día, un submarino británico torpedeó al crucero General Belgrano y murieron 323 de sus tripulantes. Comenzaba a verse así, la tragedia de la guerra. La férrea censura de prensa impidió, sin embargo, un cabal conocimiento del desarrollo de los acontecimientos bélicos, y cuando el 14 de junio de 1982 se produjo la rendición del gobernador militar argentino en las islas al mando de las tropas, general Mario Benjamín Menéndez, el estupor primero y la indignación después fueron muy profundos y de importantes consecuencias.

La guerra dejó un saldo de 648 soldados argentinos muertos y más de mil heridos. Por lo demás, a medida que los conscriptos regresaban al territorio continental, relataban malos tratos y padecimientos –productos estos últimos de la improvisación y corrupción de los mandos argentinos–. Estos relatos aumentaron la sensación de estafa e indignación contra las fuerzas armadas. La primera consecuencia de la derrota argentina en la guerra fue la renuncia de Galtieri y su reemplazo por Reynaldo Bignone. Al mismo tiempo, en el mismo mes de junio, la Armada y la Fuerza Aérea abandonaron la conducción de lo que se había autodenominado Proceso de Reorganización Nacional. Fue éste el momento de mayor debilidad del régimen desde su instauración, y, aunque en el mes de agosto la Junta Militar volvió a reunirse, el acontecimiento puso en evidencia la severa crisis institucional por la que atravesaba la dictadura.

La derrota de Malvinas y el regreso de las urnas

Al momento de asumir la presidencia el general Reynaldo Bignone, la inflación anual era superior al 200% y el país se encontraba en "emergencia nacional", según palabras del nuevo ministro de Economía, Dagnino Pastore. El gabinete designado estaba formado mayoritariamente por civiles y la presión social obligaba a la debilitada dictadura a dar paso atrás en las prácticas y los mecanismos represivos.

El período iniciado con la derrota de Malvinas se caracterizó por una importante movilización social y un tipo de participación política de características novedosas, canalizado por movimientos sociales nuevos, como los organismos de derechos humanos. Otros actores sociales, como el sindicalismo, recuperaron presencia, mientras que los partidos políticos comenzaron sus intensos preparativos para las futuras elecciones cuya fecha comenzaba a negociarse.

El renacer de la actividad social se reflejaba también en diversos campos: en el nuevo impulso de las actividades de solidaridad social que miles de jóvenes emprendieron en villas o barrios pobres, en la reorganización de los centros de estudiantes en colegios y facultades, en la reconstitución de las comisiones internas en las fábricas, entre otras. En el ámbito de la actividad cultural se destacó el fuerte impulso del teatro y del rock nacional. De alguna manera la sociedad experimentaba una ilusión compartida por la mayoría: la recuperación de la democracia.

En diciembre de 1982, unas cien mil personas confluyeron en Plaza de Mayo, en la Marcha por la Civilidad y la Democracia convocada por la Multipartidaria. Aunque esta manifestación de protesta contra la dictadura militar fue violentamente sofocada –las fuerzas represivas mataron al trabajador Dalmiro Flores e hirieron a numerosos manifestantes– se advertía ya claramente la inminente retirada de los militares del poder. Muy pocos días después, el gobierno fijó la fecha de las elecciones: 30 de octubre de 1983.

La campaña electoral quedó polarizada entre la Unión Cívica Radical (con Raúl Alfonsín y Víctor Martínez como candidatos a presidente y vicepresidente, respectivamente); y el Partido Justicialista (que llevaba a Ítalo Luder y Deolindo Bittel para los mismos cargos). El candidato radical levantaba como una bandera central de su campaña la temática de los derechos humanos, la fórmula justicialista no se pronunciaba públicamente sobre el tema y parecía apoyar el cierre de la cuestión.

Ante la inminencia de la asunción de un nuevo gobierno democrático, que presumiblemente intentaría juzgar los crímenes cometidos durante el Proceso, los militares dieron a conocer en abril de 1983 un informe denominado "Documento Final de la Junta Militar sobre la guerra contra la subversión y el terrorismo". En ese informe las fuerzas armadas ofrecían una versión justificatoria de su propio accionar. El pasado reciente se presentaba como una "guerra" de consecuencias dolorosas pero inevitables, en la que, "como en toda guerra", se habían cometido algunos "errores y excesos". Éstos habían sido determinados por la naturaleza misma de esa "guerra" en la que las condiciones las imponía "el enemigo". Había sido, en definitiva, una "guerra sucia". Este documento, advertía, además, que "quienes figuran en nóminas desaparecidos y que no se encuentran exiliados o en la clandestinidad, a los efectos jurídicos y administrativos, se consideran muertos, aún cuando no pueda precisarse hasta el momento la causa y oportunidad del eventual deceso, ni la ubicación de sus sepulturas", dando por muertos, así, a todas las personas detenidas-desaparecidas. Este esquema argumentativo sería el mismo utilizado para la Ley de Pacificación Nacional (Ley N° 22.924), comúnmente denominada ley de autoamnistía, que se promulgaría en septiembre de ese mismo año.

El "Documento Final" fue categóricamente rechazado por el movimiento de derechos humanos, por la mayor parte de los actores políticos movilizados y por importantísimos sectores de la opinión pública. Buen ejemplo de ello es la consigna acuñada en respuesta y que habría de escucharse en las más diversas movilizaciones de este despertar democrático: "No hubo errores, no hubo excesos, son todos asesinos los milicos del Proceso".

El 30 de octubre de 1983, luego de multitudinarios actos de cierre, se volvieron a realizar elecciones libres en la Argentina. Raúl Alfonsín, el candidato radical, triunfó con el 51,8% de los votos, mientras que el peronismo obtuvo el 40,1%. Era la primera vez que el peronismo era derrotado en elecciones.

Durante la campaña electoral, Alfonsín –que se había revelado como un gran orador– había cerrado cada acto recitando, junto a miles de voces que lo acompañaban, el Preámbulo de la Constitución. Así, prometía una nueva Argentina ("para nosotros, para nuestra posteridad y para todos los hombres del mundo que quieran habitar el suelo argentino") refundada sobre la democracia y la constitucionalidad. Su victoria electoral le confirió la responsabilidad de conducir la salida del país de la noche de la dictadura militar hacia esa nueva nación augurada.

De su capacidad real para hacerlo, de la voluntad ciudadana de apoyar el nuevo régimen y de la disposición de los opositores políticos para acompañarlo, así como de numerosos frentes de tormenta heredados de la dictadura militar, dependía la naciente democracia de 1983.

La pasión de los argentinos

"En abril de ese año [1982] la unanimidad de la causa Malvinas se pondría a prueba justamente debido a que quien ahora la encarnaba y la hacía súbitamente actual, era un régimen que atravesaba uno de los peores momentos de los autoritarismos (...) ¿encontraría eco popular la ocupación del archipiélago si la hacía el Proceso, precisamente ahora que era demasiado evidente su declive?

Aunque la toma de Malvinas en modo alguno puede considerarse un mero expediente improvisado por el régimen para eludir los problemas que tenía adelante, intercambiable por cualquier otra cosa, era inocultable que no sólo la decisión, sino muchos detalles del operativo, atendían a los intereses domésticos del Proceso. El objetivo de reconstruir reputación y ensamblar guerras "sucias" y "limpias" salta a la vista si se tiene en cuenta que la ocupación de las Georgias fue comandada por Alfredo Astiz, y que el general de brigada Mario Benjamín Menéndez, no sólo era un "héroe" del Operativo Independencia sino, principalmente, un portador de apellido emblemáticamente identificado con los sectores duros del ejército (...)

Cuando en la madrugada del 2 de abril la toma [de las Malvinas] se hizo pública, los diarios recogieron la adhesión explícita de casi todo el mundo (...)

La causa de las Malvinas pasó el test, el respaldo de los argentinos estaba más allá del bien y del mal de quien las recuperara. La reacción espectacularmente entusiasta se expresó tanto en el ciudadano común como en las organizaciones civiles (...)

El apoyo de los sectores dirigentes fue al mismo tiempo sincero y especulativo, y se afirmó, habida cuenta de la adhesión popular (...) En todo caso, el cálculo arrojaba la misma conclusión que todas las cabezas: si la ocupación se consolidaba, el costo de haberse mantenido al margen sería abrumador; y si terminaba mal, la unanimidad reinante diluiría el costo de haber adherido de un modo parejo.

En el marco de esa unanimidad no dejó de expresarse la diferencia..."[18]

La "recuperación" de la democracia

"La democracia fue, en primer lugar una ilusión: la tierra prometida, alcanzada sin esfuerzo por una sociedad que, muy poco antes, adhería a los términos y opciones planteados por los militares. Luego del doble sacudón de la crisis económica y la derrota militar, la democracia aparecía como la llave para superar desencuentros y frustraciones, no sólo creando una fórmula de convivencia política sino también solucionando cada uno de los problemas concretos. Varias décadas sin una práctica real hacían necesario un nuevo aprendizaje de las reglas del juego, y también de sus valores y principios más generales, incluyendo los que tenían que ver, más allá de la democracia, con la misma república..."

"Con la democracia se come, se cura, se educa"

El presidente Raúl Alfonsín asumió en medio de un clima social expectante y entusiasta. Había forjado la imagen internacional de un político comprometido con la democracia y los derechos humanos. En el plano interno su gestión afrontaba el desafío de cumplir con las expectativas más dispares y urgentes: el esclarecimiento de los crímenes cometidos por las juntas militares, el enjuiciamiento de los represores, el freno de la inflación, la reactivación económica y la normalización institucional.

Sus discursos públicos condensaban cierta voluntad refundacional de la sociedad y las líneas de su acción política evidenciaban que su principal apuesta consistía en la consolidación del nuevo régimen democrático. Sus primeras medidas e intervenciones públicas se orientaron hacia ese objetivo.

---

18. Marcos Novaro y Vicente Palermo: *La dictadura militar 1976-1983. Del golpe de Estado a la restauración democrática*, Paidós, Buenos Aires, 2003, pp. 438-440.

Ahora bien, la construcción de un estado de derecho formal y efectivo, y la reconstrucción de la confianza de la sociedad civil en las instituciones requerirían de gestos políticamente fuertes. Sin duda, la situación de las fuerzas armadas era el punto álgido de esa agenda, y Raúl Alfonsín parecía entenderlo así, al menos en los primeros dos años de gobierno.

En diciembre de 1983, el presidente envió al Congreso un proyecto para anular la llamada ley de autoamnistía que había sido promulgada en septiembre de ese mismo año por el gobierno militar saliente; ordenó el juzgamiento de las cúpulas militares y de los dirigentes de las organizaciones guerrilleras que habían actuado en la década anterior, y estableció la creación de la Comisión Nacional sobre la Desaparición de Personas (CONADEP).

Los dos años comprendidos entre diciembre de 1983 y diciembre de 1985 constituyen el período de mayores éxitos y consenso del gobierno de Alfonsín. La sociedad experimentaba un clima de renovación cultural y exhibía una férrea voluntad de participación. Esta se evidenciaba, por ejemplo, en hechos inéditos como el plebiscito para terminar los conflictos limítrofes con Chile, en noviembre de 1984. Allí participó más del 70% de la ciudadanía y el 81,13% de los votantes se manifestó a favor del acuerdo. A mediados de ese año, por otra parte, el amplio triunfo radical en las elecciones expresó un respaldo a la gestión del gobierno de la UCR.

El alfonsinismo se constituyó, en principio, como una corriente interna del radicalismo, autodesignada como un "tercer movimiento" (continuando al yrigoyenismo y al peronismo), destinada a prolongar la línea iniciada por Hipólito Yrigoyen. Esta corriente excedió muy pronto las fronteras del radicalismo para atraer adherentes de diversas tradiciones políticas e ideológicas, y aun personas ajenas hasta ese momento al mundo de la política. Muy representativo del clima de la época, el alfonsinismo hizo de la democracia su bandera y reivindicó los aspectos éticos del quehacer político. Se presentó a sí mismo como distinto del populismo, de la izquierda tradicional y de la izquierda setentista; ajeno al liberalismo económico y principalmente opuesto a las formas del autoritarismo político. Al mismo tiempo, se pronunciaba en favor de una suerte de modernización económica tendiente a alcanzar una distribución del ingreso más inclusiva, ahora que la depuración institucional –con posterioridad al juicio a las juntas llevado adelante en 1985– y la recuperación de la democracia eran un hecho.

Sin embargo, el estado de cosas durante este período de transición democrática distaba mucho de lo que las expectativas colectivas consideraban un verdadero estado democrático. Pronto, la insistente declaración de principios y las medidas económicas y políticas ensayadas por el nuevo gobierno, se revelaron insuficientes e ineficaces frente a los problemas graves y estructurales que padecía la Argentina posdictatorial. También se fue volviendo cada vez más visible la impotencia del gobierno frente al poder de las corporaciones e intereses con los que se debía negociar: los sindicatos, las grandes empresas y las fuerzas armadas.

Los presos políticos heredados de la dictadura

Al levantarse el estado de sitio, todos los presos políticos que hasta ese momento se encontraban a disposición del Poder Ejecutivo Nacional quedaron en libertad. Sin embargo, el 3 de abril de 1984, en una conferencia de prensa, los organismos de derechos humanos denunciaron la existencia de 113 presos políticos que habían sido condenados por tribunales militares. En el transcurso del año y medio siguiente, cien de ellos fueron liberados. Esto fue posible al aprobarse leyes específicas a tal efecto (principalmente la llamada ley Nápoli o del 2 x 1, por la que se computaban dos días por cada día en prisión sin sentencia definitiva). Quedaban, aún, 13 presos políticos; y aunque por ellos se libró una intensa batalla política y jurídica, cumplieron las condenas dictadas por los jueces de la dictadura. El 14 de julio de 1989, tras seis años y medio de gobierno constitucional, salió en libertad el último de ellos.

Las primeras acciones del gobierno democrático en materia de derechos humanos

Los primeros momentos del gobierno de Raúl Alfonsín fueron de gran actividad jurídico-institucional. En principio, una tarea urgente y poco visible llevada adelante por los organismos de derechos humanos consistió en impulsar la regularización de la situación jurídica de muchísimas personas: exilados, presos políticos, parejas de personas detenidas-desaparecidas, hijos nacidos en la clandestinidad, etc., se encontraban con problemas de documentación, de patrimonio, de procesos judiciales pendientes, etc. Fue éste también el período en que, sobre la base de las denuncias de sobrevivientes de centros clandestinos de detención, se inició una importante cantidad de juicios contra las fuerzas represivas. Tan sólo a modo de ejemplo podemos citar las causas 35040 y 1800 contra el Primer Cuerpo del Ejército. Estas causas se iniciaron a partir de las denuncias de un grupo de sobrevivientes del centro clandestino de detención conocido como "el Vesubio".

En el plano internacional la actividad más sobresaliente del período fue la ratificación por parte del Estado argentino de numerosos pactos internacionales en materia de derechos universales y derecho de jurisdicción internacional. Todas estas ratificaciones fueron impulsadas y aprobadas por el Congreso de la Nación.

Un acontecimiento a destacar en cuestión de derecho internacional fue la supresión del tratamiento secreto que establecía la resolución 1503 de la Comisión de Derechos Humanos de las Naciones Unidas. La resolución en sí permitía el estudio y control, por parte de Naciones Unidas, de casos de violación masiva de derechos humanos. Sin embargo, establecía el tratamiento secreto de las denuncias. Durante el primer año de gobierno de Raúl Alfonsín, la cancillería argentina logró suprimir este tratamiento secreto y este hecho le permitió aportar elementos probatorios en el juicio a las juntas militares que se llevaría adelante en 1985. En el plano local desde el gobierno se diseñaron distintas estrategias para enfrentar y dar respuesta a las violaciones sistemáticas de derechos humanos cometidas por el Estado terrorista. Podría decirse que los acontecimientos más relevantes en esta dirección fueron la conformación de la CONADEP, encargada de recibir denuncias e investigar en torno a la desaparición de personas; y el histórico juicio a las juntas en el que se juzgó a los miembros de las tres primeras juntas militares.

Sindicalismo y oposición

Si bien el poder de los sindicalistas se hallaba debilitado por la derrota electoral del peronismo y por la condena de importantes sectores de la población a ciertos gestos de prepotencia que habían resurgido durante la campaña en varios de sus dirigentes, los sindicatos se revelaron casi de inmediato como un problema nada menor para la gestión radical.

El impulso de normalización institucional y voluntad democrática que parecía signar las primeras medidas del gobierno radical tuvo su correlato en el terreno gremial. Los sindicatos se encontraban en una situación institucional precaria: la legislación que los regulaba había sido anulada por la dictadura militar, muchos se encontraban intervenidos, otros prorrogaban mandatos desde 1975, etc.

En 1984, el gobierno presentó al Congreso la Ley Mucci (llamada así por el ministro de Trabajo, Antonio Mucci, de tradición socialista) que buscaba normalizar estas situaciones y –a partir de ciertas cláusulas como el voto secreto y obligatorio y la representación de las minorías en la conducción de los gremios– democratizarlos. Pero el sindicalismo se había convertido, de alguna manera, en el bastión del peronismo y el proyecto no pasó de la Cámara de Senadores, con mayoría peronista. Si bien el fracasado intento generó la renuncia de Mucci, el episodio podía leerse como declaración de guerra a los gremios; y éstos, durante la gestión de Alfonsín realizaron trece paros generales que contaron con una masiva adhesión. Cuando a mediados de 1985 los sindicatos y el gobierno acordaron las formas de la normalización, las viejas direcciones resultaron confirmadas por el voto de los afiliados.

Quizás resulte necesario advertir que el carácter originariamente político del enfrentamiento ocultó, más tarde, el hecho de que las medidas propuestas por el gobierno tendían a profundizar el avance sobre los derechos y demandas de los trabajadores que había comenzado durante la dictadura militar. A dos años de la asunción de Alfonsín, la Confederación General del Trabajo (CGT), liderada por Saúl Ubaldini, lograba expresar el descontento social y aglutinaba a la oposición política, incluyendo en su abanico de alianzas a figuras de otras tradiciones político-ideológicas que denunciaban los efectos claramente regresivos de las medidas económicas del gobierno radical.

La sociedad argentina frente al reconocimiento del horror

La indignación y el estupor resultantes de la derrota en la guerra de Malvinas, generaron un clima de impugnación al gobierno militar por parte de la sociedad civil al tiempo que comenzaron a hacerse explícitas las exigencias de explicaciones. Aunque inicialmente centradas en las causas del fracaso militar en la guerra, las preguntas se desplazaron rápidamente al terreno de la llamada "lucha contra la subversión". La pérdida de las islas Malvinas abrió, así, una puerta a través de la cual los ciudadanos comenzaron a asomarse a los aspectos más terribles de la represión ilegal.

Volverse sobre ese pasado aberrante reclamaba, en principio, el esclarecimiento de los crímenes perpetrados desde el Estado y la condena de los culpables; y, en segundo término, la asunción de responsabilidades colectivas por parte de miles de argentinos que habían convivido con una realidad siniestra que traspasaba las fronteras de lo imaginable.

El despertar democrático se vio acompañado por el surgimiento de algunas preguntas en torno al período del terrorismo estatal, preguntas que no era fácil hacer, ni responder. Básicamente, apuntaban a tres cuestiones: ¿Qué había pasado? ¿Por qué había pasado? y ¿Cómo había sido posible?

El primer interrogante estalló con fuerza en la opinión pública en la segunda mitad de 1982. El desprestigio militar alentó a la prensa –que hasta ese momento había practicado un silencio casi monolítico sobre el tema de las violaciones a los derechos humanos– a publicar, cada vez más frecuentemente, noticias relativas a las actividades de los organismos de derechos humanos, en especial de las Madres de Plaza de Mayo. Al mismo tiempo comenzaban a difundirse las noticias acerca del "horror". En octubre de 1982 la Asamblea Permanente por los Derechos Humanos (APDH) junto a un grupo de madres y familiares de desaparecidos denunciaron la existencia de tumbas "NN" en el cementerio de Grand Bourg en la provincia de Buenos Aires. Esta denuncia dio lugar a una causa judicial iniciada por 6 familiares (René Epelbaum, Graciela Fernández Meijide, Mabel Gutiérrez, Alberto

Ramón Acosta, Emilio Mignone y Augusto Conte) y patrocinada por el Centro de Estudios Legales y Sociales (CELS). Al poco tiempo, se encontraron fosas similares en otros lugares, como Mar del Plata, el cementerio de la Chacarita y el de Avellaneda. La prensa exhibió macabras fotografías de huesos apilados exhumados por los empleados de los cementerios. Paralelamente buscó y difundió por primera vez los testimonios de los sobrevivientes de centros clandestinos de detención y de los miembros de los grupos de tareas. Lo que durante años habían sido –en muchos casos– rumores en voz baja, se hacía público y se materializaba en imágenes y relatos escalofriantes.

Ante este fenómeno que ya empezaba a llamarse "descubrimiento", amplios sectores de la sociedad reaccionaron con una mezcla de estupor e indignación, no sólo por la magnitud de los crímenes sino también por la dimensión del ocultamiento.

Durante los años del terrorismo estatal la frase "por algo será" se había convertido en una respuesta generalizada, casi automática y en parte justificatoria ante la desaparición de personas. Durante estos primeros años de la nueva democracia la respuesta social era claramente distinta. Sin mayor espacio para justificación alguna, y ante lo horroroso de lo que se iba conociendo, aquella frase fue desplazada y en su lugar surgió otra, también generalizada: "yo no sabía nada". Claro que, en muchos casos, resultaba poco verosímil esa afirmación. En otros, venía acompañada de otras preguntas más silenciosas, quizás pronunciadas en privado: "¿Cómo no lo supe?", "¿Cómo no me di cuenta?"

De cualquier manera, los tiempos de la reflexión social en torno a las responsabilidades colectivas se fueron postergando.

La prensa divulgaba hasta la saturación los relatos desgarradores de los sobrevivientes, historias de vejaciones y torturas aberrantes, y testimonios de algunos represores que aumentaban el cuadro morboso y espeluznante. Comenzaba así lo que posteriormente se bautizó como "el show del horror". El trato abusivo, comercial y sensacionalista de estos relatos por parte de un importante sector de la prensa empalmaba en este contexto de despertar democrático con una sociedad que parecía querer saberlo todo.

Al mismo tiempo, la presencia de los distintos organismos de derechos humanos en la calle, y el levantamiento de la veda política permitieron la creciente circulación de información al respecto. Las denuncias y revelaciones fueron inscriptas en plataformas partidarias y programas sectoriales, transformándose en un elemento clave de la transición democrática.

De este modo, el interrogante sobre qué había sucedido comenzó a cobrar forma y contenido con un énfasis en la descripción pormenorizada de las atrocidades cometidas por el Estado.

Los otros dos interrogantes "por qué sucedió" y "cómo fue posible" asumen dimensiones más complejas y se encuentran en debate aún hoy, más de veinte años después.

Es posible reconocer en ese debate distintos momentos y distintos actores sociales.

Estos momentos y actores pueden sintetizarse –muy esquemáticamente– de la siguiente manera:

a. Teoría de la "guerra sucia"

La derrota argentina en la Guerra de Malvinas en 1982, marcó el punto de inicio de la retirada de la dictadura. La junta militar atravesaba un gran desprestigio y la sociedad civil comenzaba a descubrir las atrocidades cometidas por los militares. La llegada al poder de un nuevo gobierno electo era inminente y el movimiento de derechos humanos, apoyado por amplios sectores de la ciudadanía, exigía el "juicio y castigo a todos los culpables". Fue en este contexto que en abril de 1983 las fuerzas armadas elaboraron y dieron conocer el informe mencionado anteriormente, denominado "Documento Final de la Junta Militar sobre la guerra contra la subversión y el terrorismo". En ese informe las fuerzas armadas declararon que debían considerarse muertos a los detenidos desaparecidos, al tiempo que justificaron públicamente su accionar durante los años del terrorismo estatal. Lo hacían argumentando que en el país había habido una "guerra" de consecuencias dolorosas pero inevitables. "Como en toda guerra", decían, se habían cometido algunos "errores y excesos que pudieron traspasar los límites de los derechos humanos fundamentales y que quedan sujetos al juicio de Dios en cada conciencia". Esto último estaba orientado a evitar la acción de Justicia tras la asunción del nuevo gobierno. Para los militares, entonces, los crímenes perpetrados contra miles de personas (el secuestro, la tortura, el asesinato, la desaparición, etc.) habían sido "errores y excesos" de una "guerra" que ellos denominaron "sucia" y ante la cual no asumían ninguna responsabilidad institucional.

En septiembre de ese mismo año, las fuerzas armadas utilizaron el mismo argumento para sancionar la ley de Pacificación Nacional (Nº 22.094). Esta ley es conocida con el nombre de ley de autoamnistía, puesto que sus autores eran los mismos responsables del terrorismo de Estado que se beneficiaban, así, con la extinción de cualquier sanción por los crímenes cometidos.

La teoría de la "guerra sucia" contenía algunas afirmaciones implícitas. En primer lugar, entendía la guerra como una actividad que no tiene límites ni reglas. Esta noción se encuentra al margen de las normas y convenios que forman el Derecho Internacional. Esta normativa establece límites a los métodos empleados en las guerras y, al mismo tiempo, ciertas opciones éticas y morales.

En segundo lugar, el desconocimiento de la normativa internacional y la afirmación de que no se trataba de una guerra convencional respondían al objetivo de evitar la acusación de que se trataba de crímenes de guerra o crímenes de lesa humanidad (Ver "Convenciones de Ginebra" y "Acusación del fiscal Julio Strassera").

b. Teoría de los "dos demonios"

La teoría de los dos demonios fue prefigurada en los decretos 157 y 158 firmados por Raúl Alfonsín en diciembre de 1983. Éstos ordenaban el juzgamiento de algunos dirigentes de las organizaciones armadas y la de los integrantes de las tres primeras juntas militares, respectivamente.

Sin embargo, la expresión "dos demonios" fue utilizada por primera vez en julio de 1984, en una emisión especial presentada por la CONADEP y titulada *Nunca Más*. En esa emisión algunos familiares de detenidos-desaparecidos y sobrevivientes de centros clandestinos de detención narraban sus experiencias. Minutos antes de la presentación, se hizo presente en el canal el entonces Ministro del Interior, Antonio Tróccoli, con el objetivo de dirigirse a la población. En su discurso advirtió: "Esto que ustedes van a ver es sólo un aspecto del drama de la violencia en Argentina. La otra cara, el otro aspecto, se inició cuando recaló en las playas argentinas la irrupción de la subversión y del terrorismo". A partir de argumentos similares se elaboró el prólogo del Informe *Nunca Más*. Desde esta perspectiva la Argentina había sido "azotada por dos demonios". La represión de la dictadura se entendía en términos de un enfrentamiento entre dos formas de terrorismo: la forma estatal y la de las organizaciones armadas que actuaron durante los años anteriores al golpe de Estado. Las consecuencias del encarnizado conflicto entre ellos fueron padecidas, desde esta teoría, por la sociedad en general y por las víctimas inocentes en particular.

La llamada teoría de los dos demonios fue y es fuertemente impugnada por el movimiento de derechos humanos. En primer lugar porque iguala en términos de responsabilidad el accionar de algunos grupos políticos y organizaciones armadas con el aparato represivo ilegal del Estado. En segundo lugar porque al referirse a "víctimas inocentes" (en ese contexto, aquellas personas no vinculadas a las organizaciones armadas o a las agrupaciones políticas a ellas asociadas) estaría avalando implícitamente el secuestro, la tortura, la desaparición y el asesinato por parte del Estado de los "no inocentes" (desde la misma perspectiva, los miembros de las organizaciones armadas o de las agrupaciones políticas a ellas asociadas). Y, finalmente, porque ofrece la imagen de una sociedad o una mayoría supuestamente ajena y ausente de las luchas políticas y sin ningún tipo de responsabilidad en la instalación e implementación del terrorismo estatal.

c. Los derechos humanos como perspectiva

Algunos años después del inicio de la última dictadura militar estaba claro que uno de los ejes de cuestionamiento al gobierno autoritario eran las violaciones a los derechos humanos. La apertura democrática estuvo signada por este mismo eje.

La labor del movimiento de derechos humanos estuvo destinada a probar y denunciar que el país había sufrido lo que se define como terrorismo de Estado. Es decir que:

- los crímenes no habían sido hechos aislados o meros excesos sino violaciones sistemáticas de los derechos humanos fundamentales –la vida, la integridad física y psíquica, la dignidad, la libertad, el debido proceso, la identidad y unidad familiar, la seguridad, el respeto a las convicciones religiosas, filosóficas y políticas, el trabajo, los bienes–, ejecutadas por agentes del Estado;
- la acción represiva se encuadró en un plan aprobado por las más altas autoridades militares, quienes lo urdieron durante los años previos al 24 de marzo de 1976;
- la principal característica del sistema adoptado fue la clandestinidad casi absoluta de los procedimientos. Por ello, el secuestro de personas seguido de su desaparición fue el instrumento clave del método concebido y utilizado por las fuerzas armadas, que también se caracterizó, entre otros elementos, por el uso de la tortura, el ocultamiento de la información, la imposición de un clima de terror, la incertidumbre de los familiares y la confusión deliberada de la opinión pública;
- este sistema represivo estaba basado en una ideología elaborada para la defensa de intereses y privilegios que involucraba el mantenimiento del statu quo económico y social; la limitación de la libertad de pensamiento y de expresión; y la preeminencia del estamento castrense como salvaguardia del sistema, por encima del principio constitucional de la soberanía del pueblo.

La opción era afianzar en la sociedad y en el Estado la noción misma de derechos humanos (universales e inalienables con independencia de nacionalidad, origen, raza, ideología o religión) que había sido desarrollada con posterioridad a la Segunda Guerra Mundial.

Dentro de este marco pueden entenderse las primeras preocupaciones de la transición a la democracia tales como la necesidad de crear garantías para que los hechos no se repitieran, la de sancionar a los responsables de los crímenes y la de construir una conciencia social al respecto.

Durante el juicio a las juntas llevado adelante en 1985, la fiscalía procuró no hacer referencia alguna a las filiaciones políticas o ideológicas de quienes sufrieron la represión ilegal. En este sentido, podría pensarse la idea de "víctima inocente" como una figura emblemática de la de época.

Los familiares y organismos de derechos humanos también guardaron relativo silencio sobre las militancias políticas de quienes habían sido las principales víctimas. Este silencio acerca de las militancias políticas de los presos, asesinados y desaparecidos encuentra su origen en los años de la dictadura militar. En aquellos momentos el reconocimiento de esas militancias podía agravar severamente la suerte de las personas, de las familias y de su entorno. Hubo excepciones: Familiares de Desaparecidos y Detenidos por Razones Políticas fue el primer organismo en destacar el carácter político de las víctimas de la desaparición.

Por otra parte, este silencio respecto de las filiaciones políticas e ideológicas, puede entenderse por el propio peso de la perspectiva de las graves violaciones a los derechos humanos. El juzgamiento de la violación por parte del Estado de derechos básicos como la vida y la integridad física es una discusión que no incluye las prácticas políticas de las "víctimas".

En concordancia con las expectativas de gran parte de la población, esta perspectiva de los derechos humanos fue fundante para la naciente democracia, que a partir de 1983 fue comprendida como lo opuesto a la dictadura y como equivalente a la justicia. En este sentido, la sanción de las leyes de obediencia debida y punto final y los indultos presidenciales instalaron un contrasentido aberrante para la sociedad argentina porque justificaron que la estabilidad de la democracia necesitaba excepciones a la ley.

Aunque la sanción de estas leyes y los indultos presidenciales parecieron indicar un retroceso en el interés de la opinión pública sobre el tema, la labor de los organismos de derechos humanos siguió siendo constante en la búsqueda de nuevas estrategias por quebrar la impunidad instalada por las leyes, los indultos y las políticas de olvido.

El escenario actual de la memoria

A mediados de la década del '90, las temáticas vinculadas al movimiento de derechos humanos y a los años '70 cobraron un nuevo impulso en el debate público. Esto estuvo vinculado con algunos acontecimientos de los años 1995 y 1996.

El primero de ellos fue la confesión televisada, en 1995, de un ex marino de la Escuela de Mecánica de la Armada (ESMA), Adolfo Scilingo, quien relató su participación en los llamados "vuelos de la muerte" en los que se arrojaban al Río de la Plata o al mar a detenidos-desaparecidos con vida. Si bien ésta no era una información novedosa, escucharlo de la propia boca de un represor causó un fortísimo impacto en la opinión pública. El tema de la represión ilegal ocupó nuevamente el centro del debate político. Como consecuencia de ello, hacia finales de ese mismo año, el Gral. Martín Balza,

Comandante en Jefe de las fuerzas armadas, realizó por vez primera, una autocrítica institucional pública.

Ese fue también el año en el que se presentó la primera demanda por el reconocimiento del derecho a la verdad que impulsó la discusión sobre los crímenes en el ámbito jurídico no penal.

Por otra parte, en 1995 se formó la agrupación Hijos por la Identidad y la Justicia contra el Olvido y el Silencio (H.I.J.O.S.) que nucleó a hijos de detenidos-desaparecidos, asesinados, exilados y presos políticos durante la dictadura. Desde su surgimiento, H.I.J.O.S. se refirió explícitamente a las militancias políticas y las filiaciones ideológicas de sus padres. Más aún, se propuso reivindicar su espíritu de lucha.

A partir de 1995 y especialmente para la conmemoración del 20º aniversario del golpe, los organismos de derechos humanos se plantearon la necesidad de recuperar y preservar la memoria como un tema primordial. Junto a diversos sectores sociales e instituciones multiplicaron la movilización y el debate a través de actos de homenaje, artículos periodísticos, estudios académicos y manifestaciones artísticas que conmemoraron la experiencia de los años setenta. Los ejes centrales fueron la reivindicación de la movilización política y social y el homenaje a las víctimas.

Para el aniversario del golpe de Estado en 1996 se convocó a una marcha desde el Congreso hasta la Plaza de Mayo. El multitudinario acto contó con la participación de más de 100 mil personas y el apoyo de amplios sectores y organizaciones sociales. Haciéndose eco de lo sostenido por el movimiento de derechos humanos años atrás, la declaración leída en el acto proponía entender la situación económica y social actual como consecuencia de la política instaurada por la última dictadura militar. Al mismo tiempo, insistía en que la matanza perpetrada por el Estado respondía, precisamente, a la necesidad de eliminar toda resistencia política al modelo económico implementado.

Desde entonces y hasta la actualidad (2005), la temática de las militancias políticas de los años setenta comenzó a adquirir un lugar cada vez más relevante en las producciones bibliográficas y cinematográficas. En ellas, los testimonios de los miembros de las principales organizaciones políticas de la época ocupan un lugar protagónico.

Nunca Más

El Informe de la Comisión Nacional sobre la Desaparición de Personas y el juicio a las juntas militares

En diciembre de 1983, mediante los decretos 157/83 y 158/83 el presidente Raúl Alfonsín dispuso la detención y el procesamiento de:

- los miembros sobrevivientes de la conducción de las organizaciones guerrilleras Montoneros y Ejército Revolucionario del Pueblo (ERP), y
- los integrantes de las tres primeras juntas militares.

Por su parte, el decreto 187/83 establecía la creación de la Comisión Nacional sobre la Desaparición de Personas (CONADEP) con el fin de recibir nuevas denuncias sobre la desaparición de personas e investigar las violaciones a los derechos humanos cometidas entre 1976 y 1983.

El presidente radical buscaba el juzgamiento de los crímenes, pero al mismo tiempo intentaba preservar las instituciones de las fuerzas armadas fuertemente desprestigiadas y, a la vez, aún muy poderosas. De allí que ya desde los meses de la campaña electoral defendiera la noción de los "niveles de responsabilidad" dentro de las fuerzas armadas en relación con la represión ilegal. Este modelo establecía distinciones entre quienes habían diseñado y fundamentado ideológicamente el plan represivo e impartido las órdenes, quienes habían participado de la represión cumpliéndolas y quienes "se habían excedido" en su cumplimiento.

El Informe de la Comisión Nacional sobre la Desaparición de Personas (CONADEP)

La CONADEP fue concebida como un grupo de ciudadanos considerados notables e incuestionables desde el punto de vista de su conducta ética. El gobierno de Alfonsín esperaba que la labor de esta comisión otorgara una respuesta de esclarecimiento de los crímenes a la sociedad civil. La comisión tenía a su cargo la recepción de denuncias sobre la desaparición de personas durante el período 1976-1983 y la investigación sobre la violación de derechos humanos durante el mismo período.

Estuvo presidida por el escritor Ernesto Sábato, y la integraron: Gregorio Klimovsky (filósofo); Jaime de Nevares (obispo católico); Magdalena Ruiz Guiñazú (periodista); Marshall Meyer (rabino); Carlos Gattinoni (obispo metodista); Ricardo Colombres (jurista); René Favaloro (médico cardiólogo, renunció a los pocos días); Hilario Fernández Long (ex vicerrector de la Universidad de Buenos Aires); Eduardo Rabossi (jurista).

A través del mismo decreto que dio origen a la CONADEP, el Gobierno invitó a las dos cámaras del Congreso a enviar tres representantes para que se integraran al trabajo de la Comisión. Sólo la Cámara de Diputados los envió; ellos fueron: Santiago M. López, Hugo D. Piucill, Horacio H. Huarte.

El trabajo estuvo organizado a través de departamentos, cada uno de los cuales tenía un responsable:

Departamento de Declaraciones, bajo la responsabilidad de la Sra. Graciela Fernández Meijide.
Departamento de Documentación y Proceso de la información, bajo la responsabilidad del Dr. Daniel Salvador.
Departamento de Procedimientos, bajo la responsabilidad del Dr. Raúl Aragón.
Departamento de Asuntos legales, bajo la responsabilidad del Dr. Alberto Mansur.
Departamento Administrativo, bajo la responsabilidad del Dr. Leopoldo Silgueira.

La CONADEP, llamada muchas veces "Comisión Sábato" en los medios de prensa, recibió miles de denuncias de familiares de desaparecidos e incorporó las denuncias que ya se encontraban en los archivos de los organismos de derechos humanos. También aquellas personas que habían partido hacia el exilio y que aún se encontraban en el exterior dieron sus testimonios en las embajadas y consulados.

La CONADEP estaba facultada únicamente para recibir testimonios voluntarios, documentarlos y elevar a la justicia los legajos que creyera conveniente. Su trabajo aportó las pruebas fundamentales para el reconocimiento de los crímenes y sus métodos. Sin embargo, la falta de prerrogativas redujo su capacidad para investigar. A raíz de ello y de la constante negativa de las fuerzas armadas de aportar información, sólo se pudieron documentar 8960 casos de personas detenidas-desaparecidas y la existencia de más de 340 centros clandestinos de detención.

En septiembre de 1984 Ernesto Sábato, su presidente, presentó en el Congreso de la Nación el informe elaborado por la Comisión, que sería publicado poco después bajo el título de *Nunca Más*. El acto tuvo un alto valor simbólico, y la documentación entregada corroboró la información que hasta ese momento habían denunciado los sobrevivientes y las organizaciones de derechos humanos y que había circulado en la prensa.

Establecía, asimismo, la siguiente distribución social en las desapariciones:

Obreros	30.2 %
Estudiantes	21.0 %
Empleados	17.9 %
Profesionales	10.7 %
Docentes	5.7 %
Autónomos y varios	5.0 %
Amas de casa	3.8 %
Conscriptos y personal subalterno de las fuerzas de seguridad	2.5 %
Periodistas	1.6 %
Actores, artistas, etc.	1.3 %
Religiosos	0.3 %

En su cuadro por edad de los detenidos-desaparecidos, la CONADEP informaba:

De 0 a 5 años	0,82 %
De 6 a 10 años	0,25 %
De 11 a 15 años	0,58 %
De 16 a 20 años	10,61 %
De 21 a 25 años	32,62 %
De 26 a 30 años	25,90 %
De 31 a 35 años	12,26 %
De 36 a 40 años	6,73 %
De 41 a 45 años	3,40 %
De 46 a 50 años	2,41 %
De 51 a 55 años	1,84 %
De 56 a 60 años	1,17 %
De 61 a 65 años	0,75 %
De 66 a 70 años	0,41 %
Más de 70 años	0,25 %
TOTAL	100 %

Por otro parte, el Informe publicado no incluyó la nómina de los responsables de los crímenes. Dicha nómina fue publicada sin autorización oficial en la revista *El Periodista de Buenos Aires* en el mes de noviembre de 1984. A partir de los testimonios de los sobrevivientes, familiares de las víctimas y unos pocos ex miembros de las fuerzas armadas y de seguridad, la cifra llegó a los 1351 responsables.

El Informe *Nunca Más* se transformó en un fenómeno editorial de la época y en el libro más vendido de la historia editorial argentina.

Resulta necesario advertir que fueron muchísimas las personas (familiares de detenidos-desaparecidos, sobrevivientes de centros clandestinos de detención o simples testigos) que no declararon ante la CONADEP en aquel año. Los motivos pueden ser variados, pero es posible reconocer fundamentalmente dos.

Uno se vincula con el debate que la propia conformación de la Comisión generó dentro del movimiento de derechos humanos: en tanto algunos apoyaron su conformación con o sin reservas, otros organismos se opusieron, pronunciándose –para las mismas tareas– a favor de una Comisión Bicameral (es decir conformada por representantes de ambas cámaras del Congreso) con facultades para acceder a la documentación en poder de las fuerzas armadas y para citar a prestar declaraciones.

El segundo motivo por el cual miles de personas no prestaron declaración por aquel entonces es claramente representativo de las profundas secuelas que el terrorismo de Estado había dejado: sencillamente aún tenían miedo.

La falta de medidas de gobierno tendientes a desmantelar el aparato represivo que había actuado durante los años del terror estatal, los desplantes y sublevaciones de algunos sectores de las fuerzas armadas durante 1987 y el poder que éstas evidentemente aún detentaban revelarían que aquellos temores no eran del todo infundados.

No obstante lo anterior, aunque en aquella oportunidad muchas personas no prestaron declaración por uno u otro motivo, el inestimablemente aporte de información que la labor de la CONADEP representó es reconocido hoy por la amplia mayoría del espectro político y social.

Al finalizar la labor de la CONADEP sus archivos fueron puestos en custodia de la Subsecretaría de Derechos Humanos de la Nación, a quién también se le asignó la tarea de sistematizarlos. En la actualidad estos archivos se han ampliado notoriamente con nuevas denuncias presentadas por familiares y a raíz de las actuaciones administrativas de las leyes de reparación. Al mismo tiempo, desde la entrega del Informe hasta la actualidad (2005) se ha identificado una gran cantidad de sitios en los que funcionaron centros clandestinos de detención.

Para más información:
www.nuncamas.org
www.derhuman.jus.gov.ar

El juicio a las juntas militares

Pocos días después de la asunción de Raúl Alfonsín se instruyó la realización de un juicio a las juntas militares. A través de la ley 23.049 se estableció la competencia de los tribunales militares (ver "Consejo Supremo de las fuerzas armadas") para realizar los juicios. De esta manera, el gobierno pretendía sostener la estrategia de juzgar a los principales responsables a la vez que garantizar la estabilidad del sistema. Debido a la presión de la sociedad civil se incorporó a aquella ley la posibilidad de apelación de las sentencias ante la justicia civil. Se preveía que ésta se hiciera cargo de la causa en cualquier etapa en caso de que los militares demoraran injustificadamente el trámite de los juicios.

En septiembre de 1984 el Consejo Supremo de las fuerzas armadas resolvió que las órdenes dictadas en el pretendido "ejercicio de la lucha contra la subversión" eran "inobjetablemente legítimas". Las investigaciones no avanzaron y fracasó así la estrategia del gobierno de autodepuración de las fuerzas armadas.

Ante el retraso con que actuaron los tribunales castrenses, en abril de 1985 la Cámara Federal en lo Criminal y Correccional de la Capital Federal tomó a su cargo los procesos (ver "Juicio a las juntas militares").

Fueron detenidos, indagados y puestos en prisión preventiva y rigurosa Jorge Videla, Emilio Massera, Orlando Agosti, Armando Lambruschini y Roberto Viola. Leopoldo Galtieri, Jorge Anaya y Basilio Lami Dozo ya estaban presos con motivo de la causa que investigaba su responsabilidad en la guerra de Malvinas.

Basándose en el principio jurídico de continuidad –con el fin de evitar nulidades– se aplicaron los procedimientos de la Justicia militar (de ahí que el juicio fuera oral y público, procedimiento contemplado hasta ese momento únicamente en la Justicia militar). Aunque algunos sectores se inclinaban por un juicio extraordinario de tipo político y/o que incluyera figuras del derecho internacional (como por ejemplo, "genocidio"), se aplicó únicamente el derecho interno y las tres primeras juntas militares fueron finalmente juzgadas por delitos comunes establecidos en el Código Penal: privación ilegítima de la libertad, aplicación de tormentos, homicidio y robo. Los desafíos legales más serios consistían por un lado, en que el delito de "desaparición" no estaba tipificado (y aún hoy no lo está), con lo cual el emblema de la represión no pudo ser juzgado formalmente; por el otro, la práctica represiva de esconder o eliminar los cuerpos de las víctimas dificultó la acusación, ya que legalmente debía existir un cuerpo para que hubiera homicidio.

El 22 de abril de 1985 comenzaron las audiencias del juicio a las juntas. El fiscal, Julio César Strassera, acusó a los procesados de secuestro, tortura, robo, homicidio, allanamiento ilegal y falsedad documental. El objetivo primordial de la fiscalía consistía en probar la existencia de un plan sistemático por parte de las fuerzas armadas, de cuya ejecución los miembros de las tres juntas eran responsables "mediatos". Asimismo, intentó establecer la responsabilidad por junta, en lugar del criterio de que se deslindara la responsabilidad de cada fuerza por los casos presentados. La visión de la fiscalía entendía a los acusados como co-responsables de los delitos cometidos por sus pares.

La estrategia de la fiscalía consistió en recurrir al llamado "caso paradigmático". Este consiste en la reunión de numerosos casos similares (en los que los delitos juzgados son los mismos y las características de su comisión son prácticamente idénticas). Los objetivos de esta estrategia apuntaban tanto a suplir la falta de otras pruebas con la innumerable repetición de los datos reunidos, como a demostrar una metodología organizada desde el propio Estado. En el juicio se tomaron e indagaron alrededor de 700 casos similares y se convocaron alrededor de dos mil testigos. Al mismo tiempo, se presentó gran cantidad de material documental y pericial probatorio (restos humanos exhumados en fosas NN; cartas y documentación diversa conservada por los organismos de derechos humanos y por los familiares de las personas detenidas–desaparecidas, información variada recopilada por la CONADEP, denuncias presentadas ante organismos internacionales, etc.). Los documentos de la causa llegaron a pesar tres toneladas.

Las audiencias fueron filmadas (unas 900 horas) pero se prohibió el audio en la difusión televisiva debido a presiones de los militares. Sin embargo, la prensa dedicó extensas coberturas diarias a las sesiones, e inclusive se publicó semanalmente el *Diario del Juicio*, que reproducía la versión taquigráfica completa de las audiencias. Entre abril y diciembre de 1985, cuando se dictó la sentencia, la opinión pública accedió a relatos que describieron la metodología de la represión, revelando además hechos inéditos de barbarie. Los derechos humanos avasallados incluían: derecho a la vida, a la libertad personal, a la seguridad e integridad físicas, a la justicia, a la libertad de opinión, expresión e información, a participar de la actividad sindical, derechos políticos, entre otros. Fue posible leer y escuchar acerca de las atroces sesiones de tortura, de la arbitrariedad de los represores y de las aberrantes condiciones de vida de los detenidos-desaparecidos en los centros clandestinos de detención.

Las defensas, por su parte, intentaron establecer la noción de que en el país se había vivido "una guerra" y que por sus características particulares ("una guerra sucia") había sido necesario otorgar a los cuadros militares amplia libertad de acción. Presentaron como testigos a miembros del gobierno de Isabel Perón (que sus defendidos habían derrocado), con el fin de recordar la responsabilidad civil en la implementación del terrorismo de Estado (por ejemplo, mediante la firma de los decretos 261, 2770, 2771 y 2772, todos ellos de 1975, que contenían las órdenes de aniquilamiento de la subversión y planes operativos en todo el país). Asimismo, para descalificar el aporte de los testigos, buscaron ahondar en su pasado político, anulando su condición de víctimas y transformándolos en responsables de las acciones subversivas.

Finalmente, el 9 de diciembre de 1985, el juez León C. Arslanián leyó el fallo de la Cámara. La sentencia confirmó la noción de un plan sistemático, justificó la fuerza probatoria de los testigos y descalificó los argumentos de la defensa en torno a la noción de guerra. Sin embargo, no mantuvo el criterio de la co-responsabilidad, manteniendo la responsabilidad por arma, lo que llevó a deslindar responsabilidades individuales. Por esto las condenas fueron menores que las penas pedidas por el fiscal en su alegato. En uno de los considerandos del fallo, no obstante, la Cámara sostuvo que debía investigarse la responsabilidad de oficiales superiores con cargo de comando en las zonas y subzonas de la represión, es decir, aquellos que habían ejecutado las órdenes de los ex comandantes. Estableció también que la sentencia del juicio debía ser comunicada al Consejo Supremo de las fuerzas armadas para que procediera a esta investigación. De este modo, el principio de la obediencia debida quedaba fuertemente cuestionado. Se abría la posibilidad de juzgamiento de la mayoría de los responsables por violaciones a los derechos humanos. Quedaba por verse cómo afrontaría el gobierno de Alfonsín esta posibilidad que representaba, desde otro punto de vista, un problema político.

Se estima que al finalizar el juicio a las juntas existían dos mil denuncias judiciales presentadas y 650 miembros de las fuerzas de seguridad acusados (sin haber mediado investigaciones judiciales) que corresponderían, por entonces, a un tercio de los miembros en servicio activo. Estas denuncias eran producto de las acciones jurídicas de los organismos de derechos humanos, de familiares de las víctimas y de los legajos que había elevado a la justicia la CONADEP.

La sentencia: condenas y absoluciones

> JORGE VIDELA (Comandante en Jefe del Ejército entre 1976 y 1978): le cupo la pena de reclusión perpetua, e inhabilitación absoluta perpetua. Fue hallado responsable de 66 homicidios calificados, 4 tormentos seguidos de muerte, 93 tormentos, 306 privaciones de la libertad calificadas y 26 robos.
>
> EMILIO MASSERA (Comandante en Jefe de la Armada entre 1976 y 1978): le cupo la pena de prisión perpetua e inhabilitación absoluta perpetua. Fue hallado responsable de 3 homicidios agravados, 12 tormentos, 69 privaciones de libertad calificadas y 7 robos.

ORLANDO AGOSTI (Comandante en Jefe de la Fuerza Aérea, entre 1976 y 1978): le cupo la pena de 4 años y 6 meses de prisión e inhabilitación absoluta perpetua. Fue hallado responsable de 8 tormentos y 3 robos.

ROBERTO VIOLA (Comandante en Jefe del Ejército, entre 1978 y 1979): le cupo la pena de 17 años de prisión e inhabilitación absoluta perpetua. Fue hallado responsable de 11 tormentos, 86 privaciones de la libertad y 3 robos.

ARMANDO LAMBRUSCHINI (Comandante en Jefe de la Armada, entre 1978 y 1981): le cupo la pena de 8 años de prisión e inhabilitación absoluta perpetua. Fue hallado responsable de 35 privaciones de la libertad y 10 tormentos.

OMAR GRAFFIGNA (Comandante en Jefe de la Fuerza Aérea, entre 1978 y 1979): fue absuelto.

LEOPOLDO GALTIERI (Comandante en Jefe del Ejército, entre 1979 y 1982): fue absuelto.

JORGE ANAYA (Comandante en Jefe de la Armada, entre 1981 y 1982): fue absuelto.

BASILIO LAMI DOZO (Comandante en Jefe de la Fuerza Aérea, entre 1979 y 1982): fue absuelto.

El legado ético y político del juicio

Aunque la sentencia final incluyera absoluciones y a pesar de las disconformidades y/o desacuerdos con las estrategias jurídicas implementadas, el juicio a las juntas representó tanto para la sociedad argentina como para la comunidad internacional un acontecimiento extraordinario: aquél en que una sociedad juzga, a través de sus legítimas instituciones, a sus propios represores. El juicio a las juntas militares fue, sin duda alguna, un acontecimiento histórico, sólo comparable, quizás, al juicio de Nüremberg y al juicio a los Coroneles Griegos, que habían instaurado una feroz dictadura a comienzos de la década de 1970. Pero a diferencia del primero, en el que los criminales nazis fueron juzgados y condenados por un Tribunal especialmente constituido por las fuerzas victoriosas de la Segunda Guerra Mundial, y del segundo —en el que los criminales fueron juzgados y condenadas por las propias fuerzas armadas griegas— los militares argentinos fueron juzgados y condenados por tribunales civiles.

Por otra parte, el juicio a las juntas puso frente a frente a la sociedad argentina con los inimaginados alcances de una violencia perpetrada desde el Estado pero que de alguna manera involucraba al conjunto de la comunidad.

Nunca Más, el título del Informe de la CONADEP y frase final del alegato del fiscal Julio César Strassera, se erigió en la Argentina de la reapertura democrática como emblema de futuro. Fue un emblema que sin duda reforzaba el compromiso democrático y el respeto por los derechos humanos. Expresaba, al mismo tiempo, la voluntad de millones de argentinos de repudiar y romper los lazos con un pasado atroz.

Acusación del fiscal Julio Strassera (extracto)

"Señores jueces:

La comunidad argentina en particular, pero también la conciencia jurídica universal me han encomendado la augusta misión de presentarme ante ustedes para reclamar justicia.

Razones técnicas y fácticas tales como la ausencia de un tipo penal específico en nuestro derecho interno que describa acabadamente esta forma de delincuencia que hoy se enjuicia aquí y la imposibilidad de considerar uno por uno los miles de casos individuales, me han determinado a exhibir tan solo 709 casos que no agotan, por cierto, el escalofriante número de víctimas que ocasionó, lo que podríamos calificar como el mayor genocidio que registra la joven historia de nuestro país (...)

Al suprimirse el juicio, se produjo una verdadera subversión jurídica; se sustituyó la denuncia por la delación, el interrogatorio por la tortura y la sentencia razonada por el gesto neroniano del pulgar hacia abajo. No existió entonces patrón de conducta al cual la víctima podía someterse (...) El terrorismo de Estado la ponía en una situación de absoluta impotencia en lo concerniente a la determinación de su conducta y, por ende, en la decisión de su destino. El carácter arbitrario e indiscriminado de la represión sitúa el centro de la suerte de la víctima fuera de ésta, pero continúa considerándola responsable de una conducta que no sólo no decide, sino que incluso no puede llegar a comprender. (...)

La ferocidad y la mentira son las dos notas del sistema de represión que los acusados implantaron durante años en la Argentina. Por eso hoy se hace necesario averiguar la verdad y juzgar a todos los que hayan violado la ley; en particular a los poderosos, a los máximos responsables, esta es la única forma de restablecer la vigencia de la ley en la conciencia de la sociedad (...)

Los acusados ordenaron un sistema de represión en el que secuestraron a miles de personas que fueron robadas, torturadas y asesinadas. Y como definieron los mismos comandantes en su documento, esa feroz represión constituyó la negación de la justicia como principio fundamental (...)

Entre las muchas deudas que los responsables de la instauración de este cobarde sistema de represión han contraído con la sociedad argentina existe una que ya no podrán saldar. Aún cuando ellos tuvieran prueba de que todas las personas secuestradas hubieran participado en actos de violencia, la falta de juicio y de sentencia condenatoria impide que la República considere a esas personas como responsables de esos hechos... Quisiera repetirlo: la falta de condena judicial no es la omisión de una formalidad. Es una cuestión vital de respeto a la dignidad del hombre (...)

Pero no sólo los secuestrados fueron las víctimas, hubo mucho más. Ante estos estrados desfilaron padres y familiares narrando las gestiones infructuosas que realizaban a partir del secuestro. Por lo general, todo comenzaba en una comisaría donde, por las órdenes de los acusados, se negaban a recibir las denuncias. Esta era sólo la primera estación de un calvario que luego se completaba con infructuosas visitas a unidades militares, a las iglesias, a embajadas o a cualquier persona que pudiera ayudar. También concurrían periódicamente a dependencias del Ministerio del Interior donde, con cinismo se habilitó una oficina para la búsqueda de las personas desaparecidas (...)

Los habeas corpus y las medidas judiciales que se iniciaban eran respondidos con informes falsos de los diferentes comandos y de la policía, donde se afirmaba que la persona que se buscaba no estaba detenida ni se tenían antecedentes de ella. Era un chocar permanente con puertas cerradas.

Este es otro resultado del modus operandi implantado. Primero el secuestro y las tremendas consecuencias sobre la víctima que ya hemos relatado; segundo, la mentira, el gobierno rehúsa reconocer toda detención o arresto y niega la necesidad de proceder a una investigación. Eso hace que todos los recursos legales, en vista de la protección de los individuos, resulten vanos e inútiles (...)

Pero hay algo peor aún: no sólo ordenaron realizar acciones indignas de las fuerzas armadas, sino que cuando debieron afrontar la responsabilidad por el mando, negaron sus órdenes, negaron conocimiento de lo actuado por sus subordinados; negaron conocimiento de los secuestros, las torturas y las muertes... Sin embargo, existían grupos organizados que cumplían un horario especial, cuya tarea era interrogar y torturar, y la realizaban en unidades militares o dependientes de las fuerzas armadas (...)

La combinación de clandestinidad y de mentira produjo efectos que trastornaron a la sociedad argentina (...) todos estábamos en libertad condicional... Enseñar a leer, dar catequesis, pedir la instauración del boleto escolar o atender un dispensario, podían ser acciones peligrosas. Todo acto de solidaridad era sospechado de subversivo (...)

Y si mediante las patotas, los acusados pusieron una capucha a cada una de las víctimas de los secuestros, mediante la campaña de acción psicológica le colocaron una gran capucha a toda la sociedad. Organizaron campañas publicitarias masivas, amordazaron a la prensa nacional que no podría publicar noticias sobre el tema de los desaparecidos y como no pudieron evitar que la verdad atravesara las fronteras y repercutiera en el exterior, afirmaron que las denuncias internacionales eran fruto de una campaña antiargentina organizada por elementos subversivos (...) Entre las organizaciones subversivas que hacían las denuncias encontramos al gobierno de los Estados Unidos de Norteamérica, al de Francia, al de Italia, al de España, al de Suecia, al de Alemania. Una organización de la seriedad de Amnesty fue señalada por el gobierno militar como la central de esta campaña antiargentina (...) Y con toda esta mentira sobre la campaña antiargentina, no sólo negaban los hechos, sino que convertían al que reclamaba o se hacía eco de las denuncias en un subversivo (...)

Con dos sofismas se pretendía justificar la represión clandestina. El primero dice: todos los detenidos son subversivos (...) la detención convertía a una persona en subversivo. El segundo paso de este método perverso fue considerar que un subversivo es una especie de subhumano, de sanguijuela a quien se le puede torturar, matar. Como se dijo haciendo referencia al régimen nazi, una vez que se convence a la sociedad de que una minoría o un grupo puede equipararse a una sabandija, el paso que hay que dar para llegar al propósito de exterminarla no es ya demasiado grande... (...)

Este proceso ha significado, para quienes hemos tenido el doloroso privilegio de conocerlo íntimamente, una suerte de descenso a zonas tenebrosas del alma humana, donde la miseria, la abyección y el horror registran profundidades difíciles de imaginar antes y de comprender después (...)

Me limitaré pues a fundamentar brevemente la humana conveniencia y necesidad del castigo (...) El castigo (...) se opone a la venganza incontrolada (...)

Este juicio y esta condena son importantes y necesarios para la Nación argentina, que ha sido ofendida por crímenes atroces. Su propia atrocidad torna monstruosa la mera hipótesis de la impunidad (...) Ahora que el pueblo argentino ha recuperado el gobierno y control de sus instituciones, yo asumo la responsabilidad de declarar en su nombre que el sadismo no es una ideología política ni una estrategia bélica, sino una perversión moral. A partir de este juicio y esta condena, el pueblo argentino recuperará su autoestima, su fe en los valores sobre la base de los cuales se constituyó la Nación y su imagen internacional severamente dañada por los crímenes de la represión ilegal... (...)

A partir de este juicio y de la condena que propugno, nos cabe la responsabilidad de fundar una paz basada no en el olvido sino en la memoria; no en la violencia sino en la justicia.

Esta es nuestra oportunidad: quizá sea la última.

Por estas consideraciones, acuso a los aquí procesados por los delitos que han sido objeto de calificación, y solicito que al fallar, en definitiva, se los condene a las siguientes penas:

Jorge Rafael Videla: reclusión perpetua (...)
Emilio Eduardo Massera: reclusión perpetua (...)
Orlando Ramón Agosti: reclusión perpetua (...)
Roberto Eduardo Viola: reclusión perpetua (...)
Armando Lambruschini: reclusión perpetua (...)
Leopoldo Fortunato Galtieri: 15 años de prisión (...)
Omar Rubens Graffigna: 15 años de prisión (...)
Jorge Isaac Anaya: 12 años de prisión (...)
Basilio Lami Dozo: 10 años de prisión (...)

Sin embargo, como la orden de aniquilar ha sido alegada reiteradamente en el proceso quisiéramos referirnos brevemente a ella...

Compareció como testigo la persona que firmó el decreto que ordenó la actuación de las fuerzas armadas en todo el ámbito del país hasta aniquilar el accionar subversivo (...) Preciso que, aniquilar el accionar de la subversión, quiere decir inutilizar la capacidad de combate del grupo subversivo, pero de ninguna manera significa aniquilamiento físico ni violación de la estructura legal del país (...) Ninguno de los oficiales superiores citados a declarar entendió que la orden de aniquilar autorizaba a secuestrar, torturar y matar (...)

Particularmente deleznable resulta el argumento de la "guerra sucia", esgrimido hasta el cansancio como causa de justificación. Se nos dice así que esto fue una guerra –a la que para cohonestar los inhumanos procedimientos utilizados en su desarrollo se califica como no convencional– y que en todas las guerras se producen episodios crueles (...)

En primer lugar, creo necesario dejar claramente establecido que aquí no hubo tal guerra. Tengo muy buenas razones en abono de esta afirmación, y daré sólo unas pocas.

Ninguno de los documentos liminares del "Proceso" habla de guerra, y ello resulta por demás significativo. Porque resulta obvio, señores jueces, que si los tres responsables militares del alzamiento del 24 de marzo de 1976 hubiesen creído que estaban emprendiendo una guerra, cualesquiera fuesen los calificativos que le mereciera, no hubieran omitido esa circunstancia en la proclama (...)

El gobierno argentino asumió ante los foros internacionales una cambiante actitud que se puede resumir de la siguiente manera:

Primero, mientras se llevaba a cabo el proceso represivo más violento, negar la existencia de los hechos que internacionalmente se denunciaban. En una segunda etapa –que va aproximadamente de 1978 a 1981– relativizó la gravedad de los hechos y puso el acento en que la Argentina era víctima de una campaña internacional orquestada por la subversión desde el exterior. Finalmente, recién en 1981, en momentos en que la represión había disminuido cuantitativamente, el gobierno argentino comenzó a hablar en los foros internacionales de que había habido una "guerra no declarada" (...)

Pero además, ¿qué clase de guerra es ésta en la que no aparecen documentadas las distintas operaciones? Que carece de partes de batalla, de lista de bajas propias y enemigas; de nóminas de heridos; que no hay prisioneros como consecuencia de ningún combate, y en la que se ignoran las unidades que tomaron parte... ¿Qué clase de guerra es ésta en donde los enfrentamientos resultan simulados, y en la que en todos los combates las bajas sólo hallaron en su camino a los enemigos de las fuerzas legales, que no tuvieron una sola baja? (...)

¿Se puede considerar acción de guerra el secuestro en horas de la madrugada, por bandas anónimas, de ciudadanos inermes?

Y aún suponiendo que algunos o gran parte de los así capturados fuesen reales enemigos, ¿es una acción de guerra torturarlos y matarlos cuando no podían oponer resistencia?...

¿Es una acción de guerra ocupar las casas y mantener a los parientes de los buscados como rehenes? ¿Son objetivos militares los niños recién nacidos? (...)

No señores jueces, ésos no fueron episodios no queridos pero inevitables. Fueron actos criminales comunes, que nada tienen que ver con la guerra. Pero aceptemos ahora, por vía de hipótesis, la teoría de la guerra, tan cara a los acusados, y comprobaremos que sus situaciones, lejos de mejorar, se ven moralmente tanto o más comprometidas.

Porque, señores jueces, tal como es aceptado sin reservas por el orden jurídico internacional, cierta clase de hechos, por su profunda inmoralidad y fundamentalmente porque exceden las necesidades del combate, para convertirse en crímenes de lesa humanidad, no son permitidos ni siquiera en la guerra.

De acuerdo con estos principios, nuestro país ratificó los cuatro convenios de Ginebra de 1949, que establecen mínimas reglas humanitarias para el trato y la protección de civiles y combatientes en caso de conflicto armado.

Estos cuatro convenios tienen un artículo tercero que es común, aplicable a los conflictos armados internos. [En ellos] expresamente quedan prohibidos: los atentados a la vida y la integridad corporal, especialmente el homicidio en todas sus formas, las mutilaciones y los tratos crueles, torturas y suplicios, la toma de rehenes, los atentados a la dignidad personal; especialmente los tratos humillantes y degradantes, las condenas dictadas y las ejecuciones efectuadas sin juicio previo emitido por un tribunal regularmente constituido y provisto de las garantías judiciales reconocidas como indispensables por los pueblos civilizados. La falta de observancia de estos principios constituye infracción grave a los convenios y, como tal, según la doctrina internacional, [constituye] un crimen de guerra.

Por otra parte, los calificativos de "sucia" y "no convencional" carecen de entidad jurídica y son, por lo tanto, irrelevantes a la luz del derecho aplicable (...)

Se llega así, señores jueces, a la formulación de una alternativa de hierro: o no hubo guerra y estamos frente a una manifestación de delincuencia común, o la hubo, y entonces enfrentamos a criminales de guerra (...)

Señores jueces: quiero renunciar expresamente a toda pretensión de originalidad para cerrar esta requisitoria. Quiero utilizar una frase que no me pertenece, porque pertenece ya a todo el pueblo argentino.

Señores jueces: 'Nunca más'."

Del juicio a las juntas a las leyes de impunidad

El fallo en el juicio de 1985 había sancionado una verdad irrefutable: el Estado argentino había perseguido, secuestrado, torturado y asesinado a miles de sus ciudadanos, acusados de actividades "subversivas".

El desafío del nuevo régimen democrático –y que signó la política de derechos humanos y en relación con las fuerzas armadas del gobierno de Raúl Alfonsín– giraba en torno de cómo mantener la institucionalidad y al mismo tiempo castigar a los criminales. Lamentablemente la cuestión fue resuelta en aquellos años mediante el freno a la acción judicial.

Entre 1986 y 1990 hubo acciones concretas para limitar las posibilidades de la Justicia en la investigación y esclarecimiento del pasado dictatorial y, por tanto, en el castigo de los responsables de las violaciones a los derechos humanos.

En primer lugar, el gobierno buscó aplacar las quejas y el malestar de los militares impulsando la idea de "la obediencia debida", lo que limitaría el enjuiciamiento de oficiales de menor graduación que los ex comandantes. En esta línea, en abril de 1986 el Ministerio de Defensa, a cargo de Horacio Jaunarena, envió sus órdenes al fiscal general de las fuerzas armadas. Con el argumento de apurar las acciones judiciales, las instrucciones de Defensa eximían de juicio a quienes pudieran demostrar que habían actuado "cumpliendo órdenes". El amplio repudio que suscitó, en distintos sectores políticos en general y en el movimiento de derechos humanos en particular, impidió que este principio se materializara en una ley (aunque sería finalmente sancionada un año más tarde). Fue entonces que el gobierno presentó al Congreso el proyecto de ley de Punto Final, que ponía un límite temporal para la presentación de denuncias y la acción de la Justicia. El proyecto generó oposición desde el justicialismo y otros partidos, y aún en el interior del radicalismo. Sin embargo, prevaleció la postura de Raúl Alfonsín que, agitando el fantasma de la época, esto es, un nuevo golpe de Estado, lo impulsó sin tregua.

La ley 23.492 de Punto Final, fue finalmente dictada en diciembre de 1986 y fijaba un plazo de 60 días para llamar a declarar en forma indagatoria a eventuales imputados por violaciones a los derechos humanos. Establecía al mismo tiempo el beneficio de la prescripción de los delitos cometidos por civiles bajo órdenes militares y aquellos cometidos por los guerrilleros. Finalmente quedaba establecido que el "punto final" no incluía el delito de sustracción sistemática de menores.

Con toda intención, la sanción de la ley coincidía con la inminente feria judicial del verano. Esto significaba que habría muy poco tiempo para presentar denuncias. Sin embargo, los organismos de derechos humanos organizaron la presentación de denuncias a los tribunales, y el poder judicial no apoyó la iniciativa presidencial: las cámaras federales de Bahía Blanca, Rosario, Córdoba, Mendoza, Tucumán, Comodoro Rivadavia y La Plata, suspendieron la feria judicial. De este modo a fines de febrero de 1987, cuando expiraba el plazo, 300 oficiales de alta graduación quedaron procesados.

Esta situación generó un gran malestar en las fuerzas armadas, y una ola de amenazas de bomba y aún atentados contra el presidente recorrió las noticias de prensa de esos días. Asimismo, se volvieron a alzar voces reivindicando el accionar de las fuerzas armadas en la "lucha contra la subversión".

En abril de 1987, a comienzos de Semana Santa, el mayor Ernesto Barreiro se negó a presentarse ante la Cámara Federal de Córdoba. Este acto fue acompañado por el levantamiento del teniente coronel Aldo Rico, un oficial de comandos que se atrincheró con un grupo de rebeldes en la Escuela de Infantería del Ejército, en Campo de Mayo. Los "carapintadas", como se los bautizó debido al camuflaje de combate que adoptaron, exigían una solución política a la cuestión "de las citaciones", reclamaban la amnistía generalizada, y una reivindicación del Ejército, "injustamente condenado". No se trataba de un levantamiento similar a los anteriores pues los oficiales amotinados no cuestionaban el orden constitucional. Tampoco tuvieron, a diferencia de todos aquellos levantamientos anteriores el respaldo de sectores de la sociedad civil. Cuestionaban, en cambio, y con vehemencia, la propia conducción del Ejército: los generales que descargaban sus responsabilidades en los subordinados.

La sublevación militar generó un rechazo social de magnitudes multitudinarias. Frente a la crisis institucional más grave desde el retorno de la democracia, el gobierno apostó en un primer momento a la movilización popular y la respuesta fue magnífica: las plazas de todo el país se llenaron en repudio a los rebeldes y en apoyo al régimen democrático. Todos los partidos políticos y todas las organizaciones de la sociedad civil se movilizaron en defensa de la institucionalidad y firmaron un Acta de Compromiso Democrático.

Durante aquellos días de Semana Santa los "carapintadas" mantuvieron en vilo al país, revelando de este modo un dato contundente: el gobierno, en ese lapso, no había conseguido disciplinar a los rebeldes. El domingo 19 de abril, Raúl Alfonsín fue a Campo de Mayo. La sociedad toda creía –o esperaba– que, respaldado por la amplísima movilización social, exigiría la rendición incondicional de los sublevados. Pero de regreso a la Casa Rosada, ante una multitud que a pesar de los cuatro infatigables días de movilización lo aguardaba expectante, Alfonsín, anunció con eufemismos de gran orador, lo que la inmensa mayoría consideró una gran claudicación de su parte. "Compatriotas –anunció– ¡Felices Pascuas! ¡La casa está en orden!" y, enseguida, llamó a la comprensión de la actitud de los sublevados, al señalar que muchos de ellos eran "héroes de la guerra de Malvinas". Había habido rendición, sí, pero resultaba evidente que ésta no había sido en absoluto incondicional. La movilización y el entusiasmo popular se transformaron muy pronto –y por largo tiempo– en desilusión, repliegue y escepticismo.

Las concesiones concretas a las fuerzas armadas no se hicieron esperar: el 8 de junio de 1987, el Congreso Nacional sancionó la ley 23.521 de Obediencia Debida, que establecía –sin asumir prueba en contrario– que quienes a la fecha de comisión de un hecho denunciado revistaran como oficiales jefes, oficiales subalternos, suboficiales y tropa de las fuerzas armadas y de seguridad no eran punibles por haber obrado cumpliendo órdenes, en virtud de la obediencia debida. (Ver *Ley de Obediencia Debida* en "Abecedario de la memoria".)

Pese a estas concesiones, los militares insatisfechos no se apaciguaron. Los "carapintadas", ya dentro de una fuerte interna en el Ejército, volvieron a levantarse en Villa Martelli y Monte Caseros, conducidos por Mohamed Alí Seineldín y Aldo Rico respectivamente. Era evidente que las fuerzas armadas detentaban aún un poder nada desdeñable y que no dudaban en utilizarlo con el fin de garantizar la impunidad de los crímenes cometidos en el pasado reciente.

El ocaso de Alfonsín y el ascenso de Menem

Tras los acontecimientos de Semana Santa, Alfonsín perdió la exclusividad del liderazgo sobre la sociedad civil. En un clima de deterioro económico (agudizado por los fracasos de los sucesivos planes) y de inflación creciente, las elecciones a gobernadores y representantes legislativos de septiembre de 1987 constituyeron una clara derrota para el radicalismo y una importante victoria para el "peronismo renovador", liderado, por aquel entonces, por Antonio Cafiero. El radicalismo perdió la mayoría en la Cámara de Diputados y todas las gobernaciones (a excepción de Río Negro y Córdoba, donde el peronismo, al igual que en la Capital Federal, no logró triunfar). Desde entonces y hasta el traspaso anticipado de mando en julio de 1989, las dificultades para el gobierno de Alfonsín fueron creciendo a un ritmo vertiginoso.

Mientras tanto, el peronismo "renovado" capitalizaba el descontento social. El "peronismo renovador" postuló la democratización interna de un movimiento que, desde su surgimiento, se había caracterizado por el verticalismo y la violencia como modalidad de resolución de conflictos (que el peronismo de los primeros años de la reapertura democrática parecía no haber abandonado). En materia económica, los peronistas renovadores atacaron la política económica del gobierno radical. Argumentaban que representaba una continuidad de la política de la dictadura militar y la sumisión a los mandatos del Fondo Monetario Internacional. Enarbolaron la bandera de la "moratoria" de la deuda externa (es decir, la supresión voluntaria de su pago, por un indeterminado plazo temporal) y el slogan de "levantar las persianas" de las fábricas paralizadas. En la Argentina de mediados de la década de 1980, esta conjunción de democratización interna y reactivación económica en el discurso del peronismo renovador, sirvió para reconquistar aquellas franjas del electorado que, descontentas con la situación económica, consideraban asimismo a la democracia como un valor en sí mismo (y que durante una década habían visto al peronismo como una amenaza a ella).

Carlos Menem, un dirigente riojano del justicialismo (y gobernador de su provincia entre 1973 y 1976) se encolumnó en las filas del peronismo renovador. En las elecciones de 1987, fue reelecto como gobernador de La Rioja, duplicando los votos de su oponente radical. Esta victoria lo impulsó a disputar la conducción del movimiento y en las elecciones internas de 1988 derrotó a Cafiero, convirtiéndose así en el candidato oficial del peronismo. Menem demostró una gran habilidad para reunir en torno suyo a todos los segmentos del peronismo, desde la extrema derecha hasta la izquierda de los años setenta. Con este heterogéneo apoyo y explotando su figura de caudillo tradicional encaró la campaña electoral. Tejió en privado sólidas alianzas con los grandes intereses corporativos, como el grupo Bunge y Born, altos oficiales de las FFAA (incluyendo "carapintadas"), y la Iglesia. En público, en cambio, se dirigió a los sectores populares a quienes prometía una "revolución productiva" –que sacaría a la Argentina de la recesión económica y multiplicaría enormemente el empleo– y un "salariazo" que pondría al día las postergadas esperanzas de quienes habían visto caer ininterrumpidamente su poder adquisitivo en los últimos quince años.

En enero de 1989 un grupo de militantes armados de izquierda, con el argumento de intentar impedir un golpe de Estado en ciernes, tomó por asalto el cuartel militar de La Tablada. El hecho, que dejó un saldo de varias decenas de guerrilleros muertos (algunos de ellos fusilados tras su rendición) y otras de prisioneros y desaparecidos, fue una sorpresa para la sociedad toda. (Ver "Tras el ataque a La Tablada").

Aunque el ataque al cuartel de La Tablada fue condenado desde los más diversos sectores políticos, representó un golpe duro para el gobierno radical, puesto que no faltaron quienes aprovecharon la ocasión para acrecentar su imagen de impotencia y vulnerabilidad.

Un mes después, se desató una estampida del dólar que frustró todo intento del gobierno de controlar mínimamente las variables económicas. La inflación comenzaba, una vez más, un camino ascendente que alcanzaría, pocos meses después, índices espeluznantes.

Fue en este contexto que, el 14 mayo de 1989, Carlos Menem ganó las elecciones presidenciales. La elección fue seguida por un proceso de hiperinflación descontrolada que derivó en saqueos masivos a supermercados, algunos espontáneos, otros alentados desde la oposición. Completamente impotente ante el clima de ingobernabilidad, Raúl Alfonsín, adelantó el traspaso de mando (que debía realizarse a fines de octubre), y el 8 de julio de 1989, Carlos Menem asumió la presidencia de la Nación.

Sus promesas de "salariazo" y de "revolución productiva" se vieron muy pronto reemplazadas por una reestructuración económica de costos sociales inéditos en la historia argentina. (Ver "Economía, política y sociedad durante los años menemistas").

En materia de derechos humanos, al poco tiempo de asumir la presidencia, Menem declaró que otorgaría un indulto para militares y ex guerrilleros, manteniendo el esquema sustentado en la teoría de "los dos demonios". En busca de apoyo a su resolución utilizó eslogans tales como "la pacificación nacional" y "la reconciliación de los argentinos". El objetivo de estos eslogans, era quitarles legitimidad a todos aquellos que se oponían a la medida. Quienes no acordaban, sencillamente, serían vistos como promotores del rencor y de conflictos ya demasiados lejanos en el tiempo. En términos concretos significaba que aquellos que habían planeado, conducido y ejecutado el exterminio de miles de argentinos serían exculpados de las penas que la Justicia les había impuesto y quedarían en libertad compartiendo todos los derechos y todos los espacios del resto de la ciudadanía.

El indulto fue rechazado por el movimiento de derechos humanos y amplios sectores de la población, pero contó con el aval de agrupaciones empresarias, de la jerarquía eclesiástica y de las fuerzas armadas. Buena parte de la sociedad, más preocupada por el futuro económico que por los crímenes del pasado, se mostró indiferente a la medida.

El 12 de octubre de 1989, bajo el lema de "No al indulto" los organismos de derechos humanos convocaron una movilización a la que asistieron 150 mil personas; al tiempo que en las encuestas de la época el 78% de los consultados se manifestaba en contra del indulto.

A pesar de ello, en octubre de 1989 Menem firmó los decretos 1002, 1003, 1004 y 1005 que indultaban a 277 militares y civiles (entre los cuales había 10 desaparecidos y 2 personas asesinadas cuyos cadáveres fueron identificados en 1983), y aún a aquellos militares que habían participado en los alzamientos de Monte Caseros y Villa Martelli; y un año después, el 29 de diciembre de 1990, Menem firmó un nuevo indulto (decretos 2741, 2742 y 2743), que otorgaba el perdón presidencial a los más notorios golpistas: Videla, Massera, Viola, Agosti y Lambruschini, Camps y Suárez Mason y a algunos civiles: Mario Eduardo Firmenich (jefe de Montoneros), José A. Martínez de Hoz, y Norma Kennedy (vinculada a la derecha peronista y la Triple A). Se intentaba sellar así, con fuerza de ley, la impunidad de los crímenes de lesa humanidad cometidos por el Estado en Argentina.

Resulta necesario insistir en el carácter inconstitucional de estos indultos. ¿Por qué? Porque el presidente de la Nación tiene la facultad de indultar sólo a autores de delitos que tengan condena; sin embargo, los indultos decretados por el presidente Menem alcanzaron a personas que estaban siendo aún procesadas; de ahí su carácter inconstitucional (ver "Indulto"). Otro argumento jurídico utilizado por un fiscal del Estado, se basa en que la desaparición de personas es un delito permanente que sólo termina con la aparición del cuerpo de la persona, viva o muerta. Por tanto, desde esta perspectiva, los efectos del indulto solo pueden tener vigor desde el momento del hecho (aprehensión de la víctima) hasta la fecha del indulto. A partir de ese momento el crimen de desaparición está sujeto a acción penal. Ningún indulto puede ser aplicable anticipadamente a conductas criminales que se siguen cometiendo hasta el presente. Esta causa está aún en curso.

Tras el ataque a La Tablada

Los miembros del Movimiento Todos por la Patria que participaron del ataque al cuartel de La Tablada en enero de 1989 fueron sometidos a un proceso judicial con serias irregularidades que, años después, motivaron de una presentación ante la Comisión Interamericana de Derechos Humanos (CIDH). Esta, en su informe 55/97 consideró probadas las violaciones al derecho a la vida –únicamente con relación a nueve personas ejecutadas indefensas luego de la rendición–, el derecho a la integridad personal de las 20 personas detenidas que sufrieron torturas y malos tratos, el derecho a recurrir la sentencia de las personas condenadas y el derecho al acceso a un recurso efectivo, que incluyera una investigación profunda de los actos denunciados por las víctimas de las torturas y las ejecuciones mencionadas. Al mismo tiempo, el informe indicaba que debía investigarse las desapariciones ocurridas durante el ataque. Es prácticamente nulo lo que el Estado ha hecho para reparar estas violaciones dando cumplimiento con las recomendaciones de la CIDH.

En busca de la Verdad y Justicia (1990-2004)

El juicio a las juntas no había cubierto la pluralidad de situaciones de daño y privación de derecho y justicia que el Estado terrorista había dejado como saldo. En primer lugar, porque no había sido resuelta la situación de irregularidad jurídica de miles de afectados por el terrorismo estatal: familiares de desaparecidos, presos políticos y exiliados afrontaban problemas de documentación, de sucesión, de causas penales pendientes, etc. (Ver "Las acciones reparatorias del Estado").

En segundo lugar, porque la Justicia tenía una enorme tarea por delante en relación con el procesamiento de todos los responsables de violaciones a los derechos humanos. Es necesario insistir que en el juicio a las juntas habían sido juzgados sólo 700 casos. Más aún, algunos delitos graves –como, por ejemplo, la sustracción de menores– no fueron considerados por la Cámara a la hora de dictar sentencia. Los ex comandantes fueron absueltos de ese delito porque la Cámara entendió que se había "demostrado sólo en forma ocasional". Finalmente, sólo habían sido juzgados los comandantes de las tres armas por su responsabilidad mediata. Quedaba pendiente la acción de la justicia para todos los responsables inmediatos de los crímenes perpetrados.

El panorama se agravó aún más cuando en 1986 y 1987 el gobierno decretó y sancionó respectivamente las leyes de Punto Final (Ley Nº 23.492) y de Obediencia Debida (Ley Nº 23.521), ofreciendo así un marco institucional garante de la impunidad. En 1990 y 1991 los indultos decretados por el entonces presidente Menem consolidaron esa impunidad al dejar en libertad a los pocos militares que aún cumplían condena y a otros que se encontraban procesados.

En respuesta a todos estos condicionantes, los organismos de derechos humanos y profesionales independientes, se abocaron a la tarea de elaborar nuevas líneas de acción y nuevas estrategias y figuras jurídicas orientadas hacia la búsqueda de la Verdad, la Justicia, la garantía de derechos y la Memoria.

La restitución de la identidad de jóvenes apropiados
El juzgamiento a represores por el delito de "Sustracción sistemática de menores" y "Robo de bebés"

Fueron muchos los avances que, principalmente desde la Asociación Abuelas de Plaza de Mayo, se han logrado. Hasta agosto de 2004, las Abuelas han logrado la restitución de la identidad de 80 jóvenes apropiados durante la última dictadura militar.

La creación de un Banco Nacional de Datos Genéticos, la conformación de la Comisión Nacional por la Identidad (CONADI), la legislación específica del derecho a la identidad y el apoyo de los organismos internacionales fueron de suma importancia en este recorrido. La existencia del Banco Nacional de Datos Genéticos permite que el mapa genético de cada familia materna y paterna quede registrado. De esta manera, los nietos que no alcancen a encontrar las abuelas y abuelos, puedan ser incluidos en su familia original aunque pase mucho tiempo. Los exámenes inmunogenéticos que se realizan permiten establecer el "índice de abuelidad" que constituye una prueba determinante de filiación.

Por otro lado, desde 1998, funciona –en convenio con la Universidad de Buenos Aires– el proyecto "Reconstrucción de la Identidad de los Desaparecidos. Archivo Biográfico de las Abuelas de Plaza de Mayo". El Archivo contiene información variada sobre diversos aspectos de la historia de cada persona detenida-desaparecida. Se conservan allí entrevistas realizadas a sus familiares, a sus amigos, a sus compañeros de militancia, de estudio, de trabajo, etc. De esta manera, el proyecto busca garantizar que los chicos que recuperen su identidad tengan acceso a la historia de vida de sus padres a través del relato de quienes los hayan conocido y querido.

Finalmente, resulta importante destacar que en la Convención Internacional por los Derechos del Niño y del Adolescente, las Abuelas promovieron la inclusión de los artículos 7, 8 y 11 que se refieren al derecho a la identidad y al deber de los Estados de protegerlos. Estos artículos se hallan incorporados en la Ley Nacional 23.849.

Las Abuelas han desarrollado una intensa actividad en el ámbito jurídico llevando adelante procesos sobre casos particulares pero también un juicio en el que se investiga la implementación de un plan sistemático para la apropiación de niños en el que, a fines de 2004, se encuentran procesados y con prisión preventiva más de una docena de militares y en el que una importante cantidad de apropiadores fue condenada, entre ellos el ex Comandante Jorge R. Videla.

El análisis de ADN es una de las pruebas fundamentales para restituir la identidad a los chicos apropiados. Dada la cantidad de años transcurridos desde que se inició la búsqueda, algunos jóvenes localizados se niegan a realizarse estos análisis. La Suprema Corte de Justicia de la Nación y algunos jueces han respaldado esta posición. La limitación de esta posibilidad hace más difícil que el Estado cumpla con su obligación de garantizar el Derecho a la Identidad.

Al mismo tiempo, son muchos los jóvenes que tienen dudas sobre su identidad y acuden a Abuelas o a la CONADI para saber si son hijos de personas desaparecidas. En estos casos, son los propios jóvenes quienes solicitan la realización del análisis de ADN.

Para más información, consultas o denuncias:
Virrey Cevallos 592 PB
CP (1097) - Ciudad Autónoma de Buenos Aires
Teléfono: (011) 4384-0981/0983 o línea gratuita: 08006668631
abuelas@abuelas.org.ar

En el juicio a las juntas los ex comandantes fueron absueltos del delito de sustracción de menores.

"Ante esta resolución, la responsabilidad por la búsqueda de menores desaparecidos recayó en la sociedad civil, impulsada principalmente por la Asociación Abuelas de Plaza de Mayo (...) En el año 1998 (...) se localizó en un organismo militar un documento titulado *Instrucciones sobre procedimiento a seguir con menores de edad, hijos de dirigentes políticos o gremiales, cuando sus progenitores se encuentren detenidos o desaparecidos* (Ministerio del Interior, abril de 1977) (...)

El fallo de la Cámara se desvaneció con el descubrimiento del mencionado documento. Los menores sustraídos habían sido privados de su identidad mediante la anotación como hijos propios de los padres adoptivos o dados en adopción plena borrando el vínculo del menor con su familia de sangre. La exclusión de este delito de los beneficios de las leyes de Punto Final y Obediencia Debida, y también de los indultos, habilitó, en el año 1996, el procesamiento de militares por el delito de sustracción y sustitución de identidad de menores nacidos durante el cautiverio de sus madres en centros clandestinos de detención y tortura. Se comprobó que todos y cada uno de los acusados habían tenido capacidad de decisión en el funcionamiento del sistema represivo por las altas jerarquías que desempeñaron".[19]

Las acciones reparatorias del Estado

Al finalizar la dictadura militar el movimiento de derechos humanos se abocó a la tarea de exigir Justicia para la pluralidad de situaciones de daño y privación de derecho que el Estado terrorista había dejado como saldo. La lucha por el juzgamiento de los responsables a las violaciones de derechos humanos fue una de sus líneas de acción más importantes. Pero hubo muchas otras que, si bien tuvieron menor repercusión pública, fueron de suma importancia. Estas líneas de acción se orientaron a regularizar la situación jurídica de miles de personas y a impulsar la reparación por parte del Estado de todos aquellos afectados directos por el terrorismo estatal.

Una de las tareas más urgentes para el movimiento de derechos humanos fue solucionar la amplia gama de problemas que afrontaban familiares de desaparecidos, presos políticos y exiliados. Algunos de estos problemas se vinculaban con causas penales pendientes. Era el caso de presos políticos, exilados y antiguos militantes sobre quienes pesaban pedidos de captura del período del terrorismo estatal y que aún no habían sido anulados.

Otro conjunto de problemas era aquél referido a la situación jurídico-civil de los familiares de las personas desaparecidas. Estas personas tenían diversos problemas para tramitar, por ejemplo, la sucesión de bienes y pensiones. Otro obstáculo corriente fue la tramitación de la Patria Potestad —que en nuestro país es compartida— cuando uno de los padres se encontraba desaparecido. La situación se tornaba particularmente compleja cuando los hijos habían nacido estando sus padres en la clandestinidad. Finalmente, la inserción laboral de ex presos políticos y exilados fue otro de los desafíos que el movimiento de derechos humanos afrontó durante este período.

Durante los años 1984 y 1985 se dictaron una serie de leyes de carácter reparatorio. Los beneficios establecidos en estas normas no fueron exclusivamente económicos ni se trató de una política en términos estrictos, aunque son disposiciones que tuvieron mucha importancia para reparar situaciones particulares que afectaban a los beneficiarios.

En el año 1984, se dictó la ley 23.053 que dispuso el reingreso al cuadro permanente activo del servicio exterior de la nación, de los funcionarios

---

19. Asamblea Permanente por los Derechos Humanos y Dirección General de Derechos Humanos. Gobierno de la Ciudad de Buenos Aires, *Memoria y Dictadura. Un espacio para la reflexión desde los Derechos Humanos*, Buenos Aires, 2003, p. 37.

declarados prescindibles durante la dictadura. En el mismo año se sancionó la ley 23.117, que estableció la reincorporación de los trabajadores de las empresas del Estado que hubieran sido cesanteados por causas políticas y gremiales durante dicho período. En el transcurso de 1985, la ley 23.238 dispuso la reincorporación y el reconocimiento del tiempo de inactividad a los efectos laborales y previsionales de los docentes que habían sido declarados prescindibles o cesantes por causas políticas, gremiales o conexas hasta el 9 de diciembre de 1983. Por su parte, la ley 23.523, dictaminó la reincorporación de los trabajadores bancarios despedidos por razones políticas. El 28 de septiembre de 1985 se dictó la ley 23.278 que se dirigió a aquellas personas que por motivos políticos o gremiales fueron dejadas cesantes, declaradas prescindibles o forzadas a renunciar a sus cargos públicos o privados, o se vieron obligadas a exiliarse. Estableció que el período de inactividad se computaría a los efectos jubilatorios.

Por su parte, algunas personas que habían estado detenidas a disposición del poder ejecutivo en virtud del estado de sitio iniciaron juicios civiles en los que reclamaron al Estado la indemnización por daños y perjuicios.

A la luz del derecho internacional existen obligaciones que los Estados deben cumplir frente a la comisión de graves violaciones a los derechos humanos como el esclarecimiento de lo ocurrido a las víctimas, el juzgamiento a los responsables, la construcción de instituciones democráticas y el otorgamiento de una reparación simbólica y económica. En este sentido, el movimiento de derechos humanos impulsó, demandó y logró una política de reparaciones por parte del Estado.

Por otro lado, en 1986 se sancionó la ley Nº 23.466, que concedió una pensión a los cónyuges, hijos y progenitores o hermanos (incapacitados para el trabajo) de personas desaparecidas. En el caso de los hijos, la pensión se extendía hasta que éstos cumplieran los 21 años; en el caso de las esposas y madres cuya manutención había estado a cargo de la persona desaparecida, la ley estableció una pensión vitalicia.

En diciembre de 1990, un grupo de esposas de desaparecidos nucleadas en Familiares de Desaparecidos y Detenidos por Razones Políticas con el apoyo del movimiento de derechos humanos, logró la sanción de la ley de excepción del Servicio Militar Obligatorio para los hijos de detenidos-desaparecidos.

Desde comienzos de la década de 1990 la política de reparaciones del Estado cobró un fuerte impulso.

A comienzos de 1991 el decreto 70/91 reglamentó lo que en ese primer momento se llamó "indemnización" a un conjunto de 200 ex presos políticos que habían presentado su reclamo ante la Organización de Estados Americanos (OEA). En enero de 1992, a través de la ley Nº 24.043 esta indemnización se extendió a la totalidad de ex presos políticos a disposición del PEN, o juzgados por tribunales militares.

A partir de entonces, las indemnizaciones comenzaron a denominarse "reparaciones" y posteriormente se extendieron a los sobrevivientes de centros clandestinos de detención.

La concreción de una reparación para las víctimas de la desaparición forzada debió esperar a que el Estado hiciera lugar a una reivindicación que todos los familiares y organismos de derechos humanos demandaban desde hacía muchos años: la sanción de una ley que creara la figura legal de "desaparición forzada". En efecto, el ordenamiento jurídico argentino contemplaba la categoría de personas vivas o muertas y, adicionalmente, la ausencia con presunción de fallecimiento –asimilable a la muerte–. Desde mediados de la década del '80 una demanda fundamental para los familiares, fue que no se los considerara muertos a pesar de que de ese modo se destrababan situaciones complejas tales como la posibilidad de abrir el procedimiento sucesorio, lo que permitía a los herederos reclamar sus derechos.

Frente a esta situación, en 1994 se logró la sanción de la ley 24.321 que creó la figura legal de "ausencia por desaparición forzada". Contemplaba el caso de todas las personas que hasta el 10 de diciembre de 1983 hubieran desaparecido involuntariamente del lugar de su domicilio o residencia, asumiendo oficialmente su ausencia porque fue secuestrada ilegítimamente por agentes del Estado y nunca apareció con vida. La desaparición forzada puede acreditarse a través de la denuncia presentada a la autoridad judicial competente, a la CONADEP o la Secretaría de Derechos Humanos y Sociales.

En diciembre de 1994 a través de la ley 24.411 las indemnizaciones se extendieron a los detenidos-desaparecidos y, en su ausencia, percibidas por sus familiares directos.

Finalmente, la ley 25.914 del 2004 amplió la reparación económica a aquellos jóvenes nacidos durante la privación de la libertad de sus madres, o que siendo menores hubiesen permanecido detenidos en relación con sus padres, siempre que cualquiera de éstos hubiese estado detenido y/o desaparecido por razones políticas, ya sea a disposición del Poder Ejecutivo nacional y/o tribunales militares.

Para los familiares y para la institucionalidad democrática la reparación económica de las gravísimas violaciones a los derechos humanos, como parte de una reparación más amplia, resulta fundamental. Sin embargo, no es suficiente ni puede reemplazar a la verdad y la justicia, las dos exigencias que aguardan ser satisfechas en la sociedad argentina.

La labor del Equipo Argentino de Antropología Forense

En el camino de la búsqueda de la verdad se destaca la labor del Equipo Argentino de Antropología Forense (EAAF).

El EAAF se formó en 1984 con el fin de investigar los casos de personas desaparecidas en Argentina durante la última dictadura militar (1976-1983).

Su trabajo se ha revelado fundamental en el esclarecimiento del destino final de muchos detenidos-desaparecidos. Mediante la aplicación de técnicas científicas sus integrantes trabajan en la identificación de restos humanos. Cada identificación vuelve a probar el carácter sistemático de la represión; aporta evidencia fundamental en las causas legales y para los familiares, representa una reparación subjetiva y encarna la posibilidad de concretar un derecho: el de la recuperación de los restos de sus seres queridos.

Actualmente, el equipo trabaja en Latinoamérica, Africa, Asia y Europa en cinco áreas programáticas.

Para más información:
Avenida Rivadavia 2421 1º "2" - Ciudad Autónoma de Buenos Aires
Teléfono (011) 4951-8547
eaaf@velocom.com.ar

"Las técnicas de la antropología física posibilitaron la identificación del sexo, la edad, la estatura, el hábito de lateralidad (zurdos o diestros), las enfermedades y accidentes con secuelas óseas, y la ficha odontológica, de los restos hallados. En todos los casos, esta información se complementó con los datos aportados por los familiares, los compañeros de detención, los archivos periodísticos (...) Actualmente, el EAAF cuenta con una base de datos que es consultada por organismos de derechos humanos y por particulares. Las tareas del equipo se fundamentan en la posibilidad de "asistir a los familiares de las víctimas en su derecho de reclamar los restos de sus seres queridos desaparecidos, de manera que puedan realizar los funerales y llorar a sus muertos". Sus acciones también permiten la recuperación de los niños buscados por las Abuelas, a través de la identificación de los cuerpos de las mujeres embarazadas".[20]

La lucha contra la impunidad: la anulación de las leyes de Punto Final y Obediencia Debida

Limitada la posibilidad de perseguir penalmente a los responsables del terrorismo de Estado por las leyes de impunidad y los indultos, el movimiento de derechos humanos trabajó para abrir otras vías alternativas de justicia. Para comprender este proceso es necesario tener en cuenta el vasto trabajo

---

20. Asamblea Permanente por los Derechos Humanos y Dirección General de Derechos Humanos. Gobierno de la Ciudad de Buenos Aires, *Memoria y Dictadura. Un espacio para la reflexión desde los Derechos Humanos*, Buenos Aires, 2003, p. 34.

realizado que logró –con la reforma de la Constitución Nacional de 1994– la incorporación del principio de íntima vinculación entre la vigencia de los derechos humanos y el sistema democrático y el otorgamiento de rango constitucional a los instrumentos internacionales de derechos humanos.

Esto permitió profundizar el uso de los argumentos del derecho internacional de los derechos humanos en el ámbito interno. Dichos preceptos fueron fundamentales, por ejemplo, para el planteo de la inconstitucionalidad de las leyes de obediencia debida y punto final, y para reclamar el cumplimiento del derecho a la verdad y al duelo.

En 1995 el Centro de Estudios Legales y Sociales (CELS) presentó la primera demanda por el reconocimiento del derecho a la verdad tanto de los familiares de las víctimas como de la sociedad. En Argentina se buscó hacer efectivo este derecho a través del desarrollo de causas judiciales. Frente a la limitación de perseguir penalmente a los responsables, los juicios por derecho a la verdad buscan encontrar una respuesta al destino final de cada uno de los desaparecidos.

Para los organismos de derechos humanos no se trataba sólo del cumplimiento de un derecho que estaba reconocido en el ámbito nacional e internacional. Implicaba también la posibilidad de continuar trabajando en el ámbito del Poder Judicial y así propiciar que un poder del Estado tratara el tema. Luego de un proceso legal que llegó hasta la Comisión Interamericana de Derechos Humanos (CIDH), en el año 1999 el Estado argentino firmó un *acuerdo de solución amistosa* en el que reconoció este derecho y se comprometió a llevar adelante estos juicios.

Actualmente se sustancian juicios por derecho a la verdad en varias jurisdicciones de Argentina. Adquieren particular importancia los juicios por la Verdad, llevados adelante en las Cámaras Federales de Apelación de La Plata, Buenos Aires, Bahía Blanca, Mar del Plata, Córdoba, Rosario y Mar del Plata.

La lucha contra la impunidad y por el juzgamiento a los represores se ha desarrollado hasta el día de hoy (2004) en dos escenarios: el internacional y el nacional.

Podría decirse que, en el espacio del derecho internacional, el protagonismo estuvo en manos de dos actores. En principio se erigieron aquellos Estados que exigen justicia por la desaparición en territorio argentino de personas por cuya ciudadanía y/o nacionalidad responden. Este es el caso, por ejemplo, de Suecia, Francia, Italia y Alemania. Los sistemas jurídicos de algunos de estos Estados contemplan la posibilidad de "juzgar en ausencia" (es decir, permiten desarrollar un proceso judicial aunque los acusados no estén presentes). De ahí, que aunque Argentina no extraditó a los represores, algunos de ellos pudieron ser juzgados y condenados en países como Italia (que condenó a Suárez Mason, entre otros, a la pena de reclusión perpetua) y Francia (que condenó a Alfredo Astiz a la misma pena).

Ahora bien, esta condena no pudo hacerse efectiva en tanto los sucesivos gobiernos argentinos rechazaron los pedidos de extradición de represores presentados por otros Estados.

La justicia española –que no contempla la posibilidad de juzgar a personas si los crímenes por los cuales se los acusa fueron cometidos en otro país– apeló a la figura jurídica de genocidio, tortura y terrorismo para perseguir a represores argentinos y chilenos. El genocidio constituye un crimen que, por su naturaleza, es de jurisdicción universal. Esto significa que cualquier Estado que haya firmado los tratados y pactos internacionales contra estos crímenes (entre los cuales se encuentra el argentino) debe concurrir a su juzgamiento. Ahora bien, los marcos jurídicos españoles no contemplan la posibilidad del juicio "en ausencia"; por eso, el juez Baltasar Garzón solicitó en reiteradas oportunidades que se detenga a un gran grupo de represores a los efectos de proceder a la extradición. Uno de sus argumentos es la aplicación del principio de derecho internacional "juzgar o extraditar" que establece que si un Estado (en cuyo territorio se cometieron los crímenes o en cuyo territorio se encuentran los criminales) no juzga, tiene la obligación de extraditar a los acusados de los crímenes si otro Estado así los solicita.

En el caso de los represores argentinos, los pedidos de extradición del juez Garzón estuvieron dirigidos al Estado mexicano (en cuyo territorio se había descubierto al represor Ricardo Cavallo quien fue extraditado a España) y al Estado argentino. En este caso el pedido de extradición alcanzó a numerosos miembros de las fuerzas de seguridad acusados de crímenes de lesa humanidad.

Estos acontecimientos reavivaron un intenso debate en torno a la normativa que debía regir el derecho y la justicia internacional. Las discusiones giraron fundamentalmente en torno a los principios de extraterritorialidad e imprescriptibilidad de los crímenes de lesa humanidad. El principio de extraterritorialidad se refiere al derecho de otros Estados de juzgar crímenes cometidos fuera de su territorio. ¿Qué significa el principio de imprescriptibilidad?

Existen delitos comunes que, tras diez o veinte años de haber sido cometidos "prescriben", esto es, no pueden ser perseguidos penalmente. Para el caso de crímenes de lesa humanidad puede aplicarse, en cambio, el principio de imprescriptibilidad. Éste determina que no importa cuánto tiempo haya transcurrido desde la comisión del crimen: los responsables pueden ser siempre procesados y condenados. El Estado argentino reconoció y aplicó este principio (sentando así jurisprudencia) en varias oportunidades.

La primera fue cuando el Estado italiano, en 1994, pidió la extradición del criminal nazi Erich Priebke, ciudadano alemán, que se encontraba en nuestro país. El estado argentino lo extraditó y Priebke fue juzgado y condenado por la justicia italiana.

La segunda oportunidad fue cuando, en 1998, el juez Marquevich aplicó el principio de imprescriptibilidad para condenar a Videla por "robo de bebés".

Finalmente, la Corte Suprema de Justicia de la Nación, resolvió el 24 de agosto de 2004, en el caso "Arancibia Clavel", que los delitos de lesa humanidad son imprescriptibles. La Corte expresamente estableció que los delitos como el genocidio, la tortura, la desaparición forzada de personas, el homicidio y cualquier otro tipo de actos dirigidos a perseguir y exterminar opositores políticos son crímenes contra la humanidad; crímenes que no prescriben, y que el principio de imprescriptibilidad se aplica a hechos cometidos durante el terrorismo de Estado en la década del 70.

El desarrollo del juicio al general chileno Augusto Pinochet en Londres y el caso argentino en la justicia española con los consiguientes pedidos de extradición mostraron una creciente conciencia internacional sobre la necesidad de juzgar estos crímenes.

Este contexto internacional tuvo una influencia trascendental sobre nuestro país, donde el movimiento de derechos humanos no había cejado su presión sobre las instituciones estatales con el fin de derribar las barreras que obstaculizaban la acción de la Justicia y garantizaban la impunidad.

En el año 2000 el Centro de Estudios Legales y Sociales presentó una querella penal en la que solicitó la declaración de inconstitucionalidad de las leyes de Obediencia Debida y Punto Final. En marzo de 2001 el juez Federal Gabriel Cavallo dictaminó la primera declaración jurídica de inconstitucionalidad de aquellas leyes por considerarlas contrarias a la Constitución Nacional y a los tratados internacionales de derechos humanos que el Estado Argentino firmó.

Esta resolución fue avalada por el Procurador General de la Nación y por varias Cámaras Federales. En los años siguientes, otros jueces de tribunales de todo el país resolvieron en el mismo sentido y reabrieron investigaciones.

La lucha de los organismos tuvo, en el 2003, un nuevo e importantísimo logro: en agosto de ese año, el Congreso de la Nación aprobó la ley 25.779 que declaró la nulidad legislativa de las leyes de impunidad. También otorgó rango constitucional a la Convención sobre imprescriptibilidad de los crímenes de lesa humanidad.

Actualmente (2004) existen en Argentina diferentes tipos de juicios cuyo fin es la sanción penal de los responsables del terrorismo de Estado. En algunos de ellos se investigan delitos que quedaron expresamente excluidos de las leyes de impunidad (entre otros: apropiación de menores y sustitución de identidad; robo de bienes; y delitos cometidos por el terrorismo de Estado con anterioridad a 1976). En otros procesos judiciales, se intenta avanzar en el castigo de delitos que sí fueron amparados por esas normas a través de su declaración de inconstitucionalidad. Finalmente, están aquellos otros casos en que se discute la validez de los decretos de indulto que beneficiaron a quienes fueron condenados en los primeros años de la democracia y a quienes estaban sujetos a procesos penales.

A comienzos de 2005, el movimiento de derechos humanos y amplios sectores de la comunidad política y la ciudadanía se encuentran a la espera de que la Corte Suprema de Justicia declare definitivamente la invalidez de las leyes de Punto Final y Obediencia Debida. De esta forma se permitiría la reapertura de las causas judiciales que habían quedado truncas en la década de 1980 y el inicio de otras nuevas. La condena a los culpables de los más atroces crímenes cometidos en nuestro país se vuelve indispensable para evitar la impunidad en el futuro. En palabras del fiscal Julio Strassera: "Nos cabe la responsabilidad de fundar una paz basada no en el olvido sino en la memoria; no en la violencia sino en la justicia. Esta es nuestra oportunidad: quizá sea la última".

Un museo de la memoria y por los derechos humanos

Desde hace muchos años, el movimiento de derechos humanos viene bregando por la construcción de un museo de la memoria. El objetivo es que la valiosa documentación acumulada durante tantos años de lucha y el trabajo por obtener verdad y justicia, formen parte de una institución pública que pueda presentar un relato documentado de lo ocurrido.

El pasado 24 de marzo, el presidente de la Nación, Néstor Kirchner y el jefe de gobierno de la ciudad de Buenos Aires, Aníbal Ibarra, firmaron un convenio por el cual se comprometen a trabajar conjuntamente para que la ESMA se convierta en un "Espacio para la memoria y para la promoción y defensa de los derechos humanos". El convenio se firmó durante un acto en la Escuela de Mecánica de la Armada (ESMA) y dispuso, al mismo tiempo, el desalojo del predio por parte de la Marina. El predio se desalojó parcialmente en diciembre de 2004.

Actualmente, el movimiento de derechos humanos y otros sectores de la comunidad política debaten cuáles son las características que tendrá el museo.

El Museo por la Memoria de la ciudad de Rosario comenzó a funcionar en marzo de 2001. Lleva adelante un intenso trabajo de recopilación, estudio, análisis y difusión de los hechos ocurridos durante los años de la última dictadura militar. El Museo organiza talleres, seminarios y cursos de capacitación, realiza muestras periódicas y cuenta con una biblioteca y un archivo documental abierto al público.

Para más información:
Aristóbulo del Valle y Callao (Ex Estación Norte Rosario) - Rosario
Teléfono: (0341) 480-4511 - int. 231 y 164
www.rosario.gov.ar
museomemoria@rosario.gov.ar

En la ciudad de Buenos Aires, se destacan el Parque de la Memoria y Monumento a las Víctimas del terrorismo de Estado (creados por la ley 46 de la Legislatura porteña en julio de 1998) y el Instituto Espacio para la Memoria (creado en diciembre de 2002, mediante la ley 961 de la misma legislatura).

El Parque de la Memoria es un espacio público de 14 hectáreas, ubicado en la costanera Norte. Actualmente, está construida una plaza de acceso que alberga tres esculturas. Las etapas siguientes incluyen la construcción de nuevas esculturas, la del Monumento a las Víctimas del terrorismo de Estado, la del Monumento a las Víctimas del Atentado a la Sede de la AMIA y la del Monumento a los Justos de las Naciones. La Comisión pro Monumento fue la encargada de convocar y organizar un concurso internacional para elegir las esculturas y de invitar especialmente a otros artistas. Actualmente supervisa la ejecución de las obras para la construcción del Monumento y las obras de arte. La Comisión está integrada por 5 representantes del gobierno porteño, 11 legisladores, 1 representante de la Universidad de Buenos Aires y 10 organizaciones de DDHH.

El Instituto Espacio para la Memoria tiene como función resguardar la memoria y la historia de lo ocurrido durante el terrorismo de Estado. La ley le otorga al Instituto una amplia variedad de atribuciones: recopilar y preservar material documental y testimonial; recuperar los predios y lugares de la ciudad donde funcionaron centros clandestinos de detención, realizar exhibiciones, muestras y actividades de difusión y concientización sobre el valor de los derechos humanos, promover actividades participativas sobre el tema, etc. El Instituto está conformado por representantes del Poder Ejecutivo de la ciudad, de la legislatura y de 10 organizaciones de derechos humanos y 6 ciudadanos. La ley establece que el Instituto tendrá su sede definitiva en el predio donde funcionaba la Escuela de Mecánica de la Armada (ESMA). (Ver "Un Museo de la memoria y por los derechos humanos").

Además de estos espacios públicos destinados a la memoria del terrorismo estatal, es necesario mencionar algunas prácticas colectivas orientadas hacia ese mismo objetivo. Entre ellas se destaca la Marcha de la Resistencia, los "escraches" y los actos conmemorativos del 24 de marzo:

La Marcha de la Resistencia es la marcha de 24 horas que realizan anualmente desde 1981 las Madres de Plaza de Mayo el jueves más cercano al 10 de diciembre (Día Internacional de los Derechos Humanos). Cada año la marcha de la resistencia es apoyada por el amplio espectro del movimiento de derechos humanos y convoca a miles de personas que manifiestan así su solidaridad para con las madres, familiares y amigos de los detenidos-desaparecidos.

Los "escraches" son métodos de denuncia de represores organizadas por la agrupación H.I.J.O.S. Consisten básicamente en identificar a un represor, confeccionar datos de los crímenes que cometió, marchar y congregarse en las puertas de su residencia o lugar de trabajo y denunciarlo ante los vecinos y transeúntes por sus crímenes. La palabra "escrache" viene del lunfardo y significa "marcar, poner en evidencia".

Finalmente, todos los 24 de marzo se realizan actos públicos y manifestaciones de repudio a la dictadura militar en las distintas ciudades del país que convocan a miles de ciudadanos. Todas estas prácticas colectivas renuevan simbólicamente el repudio de la ciudadanía al terrorismo estatal, el reclamo de Verdad y Justicia y el compromiso democrático.

Organismos de derechos humanos

En la Argentina existe una amplia variedad de organismos de derechos humanos. Estos llevan adelante una enorme cantidad de actividades y proyectos vinculados con la memoria del terrorismo de Estado, la búsqueda de Verdad y Justicia, la defensa de las instituciones democráticas y la promoción de los derechos civiles, políticos, sociales, culturales y económicos. La mayoría de ellos han surgido en respuesta a las violaciones masivas a los derechos humanos durante la década de 1970.

A continuación, una breve descripción de aquellos que han adquirido mayor relevancia en la escena pública:

Abuelas de Plaza de Mayo: organismo fundado en octubre de 1977 por abuelas de niños secuestrados junto a sus padres o nacidos en cautiverio en centros clandestinos de detención durante el período del terrorismo estatal. Tiene como finalidad principal localizar y restituir a sus legítimas familias a los niños apropiados junto con el juicio y castigo a represores y apropiadores.

Actualmente, con la colaboración de científicos de nivel internacional, es posible demostrar, con un 99,99 por ciento de certeza, la procedencia familiar de un niño. El resultado de esta prueba es una evidencia concluyente de la identidad y filiación de las personas.

Para más información:
Virrey Cevallos 592 PB
CP (1097) - Ciudad Autónoma de Buenos Aires
Teléfono: (011) 4384-0981/0983 o línea gratuita: 08006668631
www.abuelas.org.ar
abuelas@tournet.org.ar

Asamblea o APDH: Asamblea Permanente por los Derechos Humanos. Organismo fundado en diciembre de 1975 en respuesta a la creciente ola de violencia y represión ilegal. Desde sus orígenes estuvo integrada por un amplio espectro de personalidades políticas, religiosas, sindicales. Durante la dictadura canalizó denuncias y reclamos por torturas y desapariciones forzadas. Fijó como objetivo central de su actividad la consolidación y profundización del sistema democrático. Actualmente se destaca por sus tareas educativas en defensa y promoción de los derechos humanos.

La APDH integra la Asociación Memoria Abierta.

Para más información:
Av. Callao 569, 3er Cpo. 1er Piso - Ciudad Autónoma de Buenos Aires
Teléfono: (011) 4372-8594/4373-6073 - Fax: (011) 4814-3714
www.apdh-argentina.org.ar
apdh@apdh-argentina.org.ar

Asociación Buena Memoria: este organismo se constituyó en 1998. La mayoría de sus integrantes fundadores tienen en común haber integrado la generación más afectada por el terrorismo de Estado. Al mismo tiempo, comparten experiencias de militancia o compromiso político-social durante la década de 1970. Muchos de ellos sufrieron la represión, la persecución, el exilio y la pérdida de compañeros, amigos o familiares, asesinados o desaparecidos por la dictadura. No cuenta con sede propia.

Buena Memoria integra la Asociación Memoria Abierta.

Asociación de ex Detenidos-Desaparecidos: fundado a comienzos de la década de 1980, este organismo reúne a sobrevivientes de distintos centros clandestinos de detención. Su actividad estuvo y está orientada hacia la lucha por la Justicia y la construcción de la memoria social.

Para más información:
Carlos Calvo 1780. Dpto. 10. Timbre 26 - Ciudad Autónoma de Buenos Aires
Teléfono y Fax: (011) 4304 8283
www.exdesaparecidos.org
aedd@exdesaparecidos.org.ar

CELS: Centro de Estudios Legales y Sociales. Organismo fundado en 1979 por Augusto Conte y Emilio Mignone. Conformado por un gran número de abogados, profesionales y familiares de detenidos-desaparecidos, promueve la garantía y protección de los derechos humanos, el fortalecimiento del sistema democrático y el Estado de Derecho. Es uno de los principales organismos que lleva ante la Justicia numerosas causas de violaciones a los derechos humanos ocurridas tanto en el pasado como en la actualidad.

El CELS integra la Asociación Memoria Abierta.

Para más información:
Piedras 547 1º piso - Ciudad Autónoma de Buenos Aires
Teléfono: (011) 4334-4200
www.cels.org.ar
cels@cels.org.ar

Familiares de Desaparecidos y Detenidos por Razones Políticas: organismo nacido en septiembre de 1976. Nuclea a familiares de detenidos-desaparecidos y de presos políticos. Desde su formación asumió y denunció el carácter político de las desapariciones y realizó una intensa actividad de defensa jurídica, y de solidaridad con los detenidos-desaparecidos, presos políticos y sus familias. Al mismo tiempo adquirió un fuerte protagonismo en la lucha por la Verdad y la Justicia.

Este organismo integra la Asociación Memoria Abierta.

Para más información:
Riobamba 34 - Ciudad de Buenos Aires.
Teléfono: (011) 4951-0960 - Fax: 4953-5646
faderap@arnet.com.ar

Fundación Memoria Histórica y Social Argentina: este organismo fue creado a fines de 1987. Está constituido por un grupo de familiares de detenidos-desaparecidos. Desde su fundación contó con el apoyo de personalidades del ámbito religioso, jurídico, científico y de la cultura. Su principal campo de acción lo constituye la realización de concursos sobre Derechos Humanos y terrorismo de Estado en escuelas secundarias y universidades. Las mujeres que integran este organismo, desde el año 1977, son Madres de Plaza de Mayo, actualmente nucleadas en Línea Fundadora. La Fundación Memoria Histórica y Social Argentina no cuenta con sede propia.

Esta fundación integra la Asociación Memoria Abierta.

Herman@s de Desaparecidos por la Verdad y la Justicia: este organismo fue fundado en el año 2002. Reúne a hermanos y hermanas de personas detenidas-desaparecidas. Sus objetivos están orientados, fundamentalmente, a la búsqueda de la verdad sobre el destino de cada desaparecido, el castigo a cada responsable y el resguardo de la memoria. No cuenta con sede propia.

Para más información:
Teléfonos: (011) 4343-1926 y 4304-4653
margaritamaroni@hotmail.com
afurman@sinectis.com.ar
elsaoshiro@hotmail.com

Hijos por la Identidad y la Justicia contra el Olvido y el Silencio (H.I.J.O.S.): agrupación de derechos humanos que apareció públicamente en 1996, formada por jóvenes que reivindican su condición de hijos de desaparecidos, asesinados, exiliados y presos políticos. Difundieron la práctica del "escrache" a represores como una forma de esclarecimiento social y denuncia.

Para más información:
Venezuela 821 (Capital Federal)
Teléfono: (011) 4331-2905
hijoscapital@ciudad.com.ar

Liga Argentina por los Derechos del Hombre (LADH): fue el primer organismo de derechos humanos de la Argentina. Fue fundado, por iniciativa del Partido Comunista en 1937, en respuesta a las violaciones a los derechos humanos perpetradas en aquella década. Desde su fundación centró su actividad principalmente en la defensa de presos políticos y sociales.

Para más información:
Corrientes 1785 2º piso (Capital Federal)
Teléfono: (011) 4371-8066/8067
ladh@velocom.com.ar

Madres de Plaza de Mayo: organismo que reúne a madres de detenidos-desaparecidos durante la última dictadura militar (1976-1983). Recibió este nombre porque desde el 30 abril de 1977, las madres de los detenidos-desaparecidos manifestaron sus reclamos convocándose semanalmente en la Plaza de Mayo, en la ciudad de Buenos Aires. La ronda de los jueves alrededor de la pirámide y los pañuelos blancos que las identifican se transformaron en un símbolo mundial de la lucha por la verdad y la justicia, inseparables de la defensa de los derechos humanos.

En enero de 1986, a raíz de diferencias políticas y modalidades de liderazgo y organización, las Madres de Plaza de Mayo se dividieron en dos grupos. Uno se denominó Madres de Plaza de Mayo - Línea Fundadora ya que a él se integraron las "primeras madres" fundadoras de la agrupación en 1977. El otro, liderado por Hebe de Bonafini, pasó a llamarse Asociación Madres de Plaza de Mayo, que integra la Asociación Memoria Abierta.

Para más información:
MADRES DE PLAZA DE MAYO-LÍNEA FUNDADORA
Piedras 153 1º "A" (Capital Federal)
Teléfono: (011) 4343-1926
www.madresfundadoras.org.ar
info@madresfundadoras.org.ar

ASOCIACIÓN MADRES DE PLAZA DE MAYO
Hipólito Yrigoyen 1584 (Capital Federal)
Teléfono: (011) 4383-0377/6430 - Fax: 4954-0381
www.madres.org
madres@satlink.com

Movimiento Ecuménico por los Derechos Humanos (MEDH): nació en febrero de 1976 como una respuesta de diversas iglesias cristianas ante las gravísimas violaciones a los derechos humanos. El MEDH cuenta con una asesoría jurídica y diversos proyectos de educación y capacitación.

Para más información:
Mariano Moreno 1785, 1º Piso.
Teléfono y Fax: (011) 4382-5957.
www.medh.org.ar
medh@medh.org.ar

SERPAJ, Servicio Paz y Justicia: organismo de derechos humanos fundado en 1974. De inspiración cristiano-ecuménica, promueve los valores de la solidaridad y la no-violencia. En 1980, su presidente, Adolfo Pérez Esquivel, ganó el premio Nobel de la Paz.
El SERPAJ, integra la Asociación Memoria Abierta.

Para más información:
Piedras 730 (Capital Federal)
Teléfono: (011) 4361-5745
www.serpaj.org.ar, serpaj@serpaj.org.ar

Abecedario de la Memoria

1º de mayo de 1974: Fecha de la ruptura política entre Montoneros y Juan D. Perón, en el marco del acto oficial por el Día del Trabajador en la Plaza de Mayo. Fue en su discurso de ese día cuando, ante las consignas cantadas por Montoneros y la Juventud Peronista, Perón se refirió a ellos como "estúpidos" e "imberbes".

10 de diciembre de 1983: Fecha de asunción presidencial de Raúl Alfonsín, político radical, electo con el 53% de los votos el 30 de octubre de 1983.

17 de noviembre de 1972: Primer regreso de Perón a la Argentina desde su exilio en 1955.

17 de octubre de 1945: Día en que miles de trabajadores se movilizaron a Plaza de Mayo reclamando la libertad de Perón, por entonces coronel y secretario de Trabajo y Previsión Social. Posteriormente, el 17 de octubre fue considerado como Día de la Lealtad en el movimiento peronista.

20 de junio de 1973: Día en que se esperaba, en el aeropuerto internacional de Ezeiza, el regreso definitivo de Perón a la Argentina, luego de su exilio en España. Millones de personas se movilizaron para recibirlo, pero el evento se vio frustrado por el ataque mortífero de fuerzas parapoliciales y de la derecha peronista contra las columnas de manifestantes de la izquierda peronista.

25 de mayo de 1973: Fecha en que, tras diecisiete años de proscripción del peronismo y siete de dictadura militar bajo el mando de los generales Juan C. Onganía, Roberto M. Levingston y Alejandro A. Lanusse, asumió el nuevo presidente electo, el justicialista Héctor J. Cámpora. El acto se realizó en el marco de una movilización popular con gran participación de la juventud; y culminó en una marcha a la cárcel de Villa Devoto, donde se obtuvo la liberación de los presos políticos.

A

AAA o Triple A: Alianza Anticomunista Argentina. Organización parapolicial de ultraderecha fundada y liderada por José López Rega, Ministro de Bienestar Social, durante el tercer gobierno peronista. La triple A hizo del asesinato político, las amenazas de muerte, la colocación de bombas y las listas negras su *modus operandi*. Su primera aparición pública fue a comienzos de 1974 con un atentado a un reconocido abogado defensor de presos políticos. En el transcurso de ese año asesinó a centenares de personas y la cifra crecería en forma vertiginosa el año siguiente. El Padre Carlos Mugica, referente del Movimiento de Sacerdotes del Tercer Mundo y Rodolfo Ortega Peña, histórico defensor de presos políticos y referente de la izquierda peronista fueron quizás, sus víctimas más emblemáticas.

Abal Medina, Juan Manuel: Dirigente de la Juventud Peronista en la década de 1970 y figura clave en las negociaciones que permitieron el regreso definitivo del general Perón en 1973. Su hermano Fernando fue uno de los fundadores de Montoneros y murió en un combate con la policía en septiembre de 1970, en la localidad de William Morris.

Abuelas de Plaza de Mayo: Organismo de derechos humanos fundado en octubre de 1977 por abuelas de niños secuestrados junto a sus padres o nacidos en cautiverio en centros clandestinos de detención durante el período del terrorismo estatal. Tiene como finalidad localizar y restituir a sus legítimas familias a los niños apropiados. Actualmente, con la colaboración de científicos de nivel internacional, es posible demostrar, con un 99,99 por ciento de certeza, la procedencia familiar de un niño. El resultado de esta prueba es una evidencia concluyente de la identidad y filiación de las personas (ver "Sustracción Sistemática de menores").

Acción Católica: Institución pastoral ligada a la Iglesia Católica creada en 1931, cuya importancia fue creciendo a lo largo del siglo, formando asociaciones de hombres, mujeres, estudiantes y obreros católicos.

Acto espontáneo/relámpago: Acto político breve e impactante, realizado en espacios públicos con el doble objetivo de llamar la atención y evitar la captura de sus organizadores.

A disposición del PEN: Situación en la cual, estando en vigencia el estado de sitio, una persona sin procesamiento judicial o que haya sido sobreseída o declarada inocente por la justicia civil puede quedar legalmente detenida por disposición del Poder Ejecutivo Nacional (PEN) hasta que éste disponga lo contrario. Durante la última dictadura militar la mayoría de los presos políticos estuvieron detenidos en esta situación.

Adoctrinamiento: Enseñanza de una doctrina política (principios, reglas y objetivos) necesaria para todo aspirante a ingresar a una organización política.

Agudización de las contradicciones: Dentro de la cultura de izquierda argentina esta expresión aludía a una idea bastante extendida según la cual la profundización y radicalización del conflicto entre el campo popular y los sectores dominantes permitiría que se tornara más claro y nítido aquel enfrentamiento y por tanto, los alineamientos de los actores políticos y sociales. Desde esta perspectiva, ello significaría un "salto cualitativo" de signo positivo puesto que favorecería un crecimiento de la "conciencia de masas" y, en consecuencia, su disposición combativa.

Agrupaciones de superficie: Las agrupaciones políticas y sociales no armadas, legales, que respondían a la política de la agrupación Montoneros mientras ésta última fue ilegal.

Alfonsín, Raúl: Político radical. Líder de las corrientes "renovadoras" del radicalismo durante la década de 1970. Primer presidente constitucional (1983-1989) tras la última dictadura militar (1976-1983). Incorporó a su campaña electoral las demandas de los organismos de derechos humanos. Impulsó el Juicio a las Juntas Militares que se realizó en 1985. Ante la presión militar y las rebeliones de los "carapintadas", su gobierno propició y sancionó las leyes de Punto Final y Obediencia Debida (1986-1987) que otorgaron impunidad a los represores. Por la creciente debilidad de las instituciones bajo su mando, entregó el poder a Carlos Saúl Menem antes de concluir su mandato.

Alfonsinismo: Corriente política liderada por Raúl Alfonsín. Se constituyó, en principio, como una corriente interna del radicalismo autodesignada como un "tercer movimiento" destinada a prolongar la línea iniciada por Hipólito Yrigoyen. Esta corriente excedió muy pronto las fronteras del radicalismo para atraer adherentes de diversas tradiciones políticas e ideológicas y aun personas ajenas hasta ese momento al mundo de la política. Muy representativo del clima de la época, el alfonsinismo hizo de la democracia su bandera y reivindicó los aspectos éticos del quehacer político. Se presentó a sí mismo como distinto del populismo, de la izquierda tradicional y de la izquierda setentista; ajeno al liberalismo económico y principalmente opuesto a las formas del autoritarismo político.

Alianza Popular Revolucionaria (APR): Frente de centro izquierda que obtuvo el cuarto puesto en las elecciones del 11 de marzo de 1973. Estaba liderada por el político Oscar Alende, proveniente del radicalismo intransigente y más tarde fundador del Partido Intransigente.

Allende, Salvador: Político chileno. Uno de los fundadores del Partido Socialista de su país, en el que ocupó el cargo de secretario general desde 1943 hasta 1970, cuando fue electo presidente como candidato de una alianza integrada por socialistas y comunistas. Su gobierno constituyó el primer caso de la "vía pacífica al socialismo" en América Latina, impulsó políticas de nacionalización de empresas y de la producción y estimuló el consumo a través del aumento salarial y el congelamiento de precios. El 11 de septiembre de 1973 fue derrocado y murió resistiendo el golpe militar del general Augusto Pinochet, que contó con el apoyo de los Estados Unidos.

Alonso, Carlos: Artista plástico argentino. A raíz de reiteradas amenazas de muerte de la Triple A se exilió en España en 1975. Su hija mayor, Paloma Alonso, militante social y política fue secuestrada el 30 de julio de 1977 en un operativo en su domicilio en la ciudad de Buenos aires, a la edad de 21 años y continúa desaparecida.

Alonso, Paloma: Militante social y política. Hija de Ivonne Fauvety y Carlos Alonso. Fue detenida-desaparecida el 30 de julio de 1977 en un operativo en su domicilio en la ciudad de Buenos aires, a la edad de 21 años.

Althusser, Louis (1918-1990): Filósofo marxista. Nació en 1918 en la ciudad denominada hoy Argel. En 1940, durante la Segunda Guerra Mundial, fue prisionero de guerra y permaneció cinco años en un campo de concentración alemán. En 1948 ingresó al Partido Comunista francés. Sus ideas y escritos fueron fundamentales para la crítica del marxismo tradicional por parte de las "nuevas izquierdas" de los años '60. Fue, quizás, el filósofo más influyente de la así llamada "renovación del marxismo". Fomentó una formulación científica de la teoría social marxista, a partir de una distinción entre la obra juvenil de Marx –considerada humanista– y su obra de madurez, caracterizada por la creación de conceptos y encuadres teóricos epistemológicamente sólidos y apropiados a una "ciencia de la Historia". Junto a otros pensadores franceses (como, por ejemplo, Levi-Strauss, Lacan y Foucault) fue uno de los representantes más célebres de lo que fuera conocido en los años '60 y '70 como pensamiento "estructuralista". Dos de sus obras más importantes fueron "La revolución teórica de Marx" (1965) y "Para leer *El Capital*" (1967), escrito en colaboración con algunos de sus discípulos.

Análisis de ADN: Análisis de sangre que se realiza para estudiar el ácido desoxirribonucleico (ADN). Las moléculas de ADN son portadoras de un código genético y poseen la facultad de reconstruir las demás moléculas y de autoreproducirse. El ADN transmite caracteres hereditarios de los individuos y por eso es fundamental en las tareas de identificación de personas. Actualmente resulta un análisis indispensable tanto para establecer la identidad de restos humanos NN (presumiblemente pertenecientes a personas detenidas-desaparecidas durante la última dictadura militar) como para determinar los lazos sanguíneos de los jóvenes apropiados (ver "Banco Nacional de Datos Genéticos").

Andersen, Martín: Periodista y escritor autor de *Dossier Secreto*, Ed. Sudamericana, 2000. Allí, Andersen cuestiona el mito de la llamada "guerra sucia" argumentando que la guerrilla de los años setenta nunca representó una amenaza para la estabilidad del gobierno constitucional y que fueron las Fuerzas Armadas quienes tergiversaron la naturaleza y la magnitud de las actividades guerrilleras para justificar el golpe de Estado y la represión ilegal.

Angelelli, Enrique: Obispo de La Rioja. Aunque no formó parte del Movimiento de Sacerdotes para el Tercer Mundo, fue uno de los referentes del compromiso social de la Iglesia Católica durante los años sesenta y setenta. Amenazado por la Triple A, continuó con su labor evangélica. El 4 de agosto de 1976, durante la dictadura militar, fue asesinado en La Rioja, en un atentado en el que intentaron simular un accidente automovilístico.

Antiimperialismo: Ideología que recorrió el entero siglo XX en América Latina y en la Argentina. Denunciaba la influencia británica y luego norteamericana sobre otros países en términos de dominación imperial.

Antiperonismo: Oposición al peronismo, sin importar desde cuál orientación ideológica

Antokoletz, María Adela: Madre de Daniel Víctor Antokoletz, abogado defensor de presos políticos, detenido–desaparecido el 10 de noviembre de 1976. María Adela fue una de las fundadoras de Madres de Plaza de Mayo y una destacada militante del movimiento de derechos humanos. Falleció el 23 de julio de 2002.

Antropólogos: Ver "EAAF".

Apagón de Ledesma: El 24 de julio de 1976 se produjo "la noche del apagón" en la zona del ingenio azucarero Ledesma, provincia de Jujuy. Esa noche cortaron el suministro eléctrico de la zona y las fuerzas represivas, en medio de la oscuridad, secuestraron a unas 400 personas de las localidades de Libertador General San Martín y Calilegua. Los detenidos fueron llevados a centros clandestinos de detención en vehículos de la empresa azucarera Ledesma.

Aparición con vida: Consigna acuñada por las Madres de Plaza de Mayo y el movimiento de derechos humanos durante los años del terrorismo estatal. Junto con *Castigo a los culpables* fue el reclamo más emblemático de los familiares de los detenidos-desaparecidos. Reflejaba, en aquellos momentos, no sólo las expectativas de volver a ver con vida a las personas que habían sido secuestradas, sino además, ante la información brindada por algunos sobrevivientes de centros clandestinos de detención sobre los llamados "traslados", la consigna buscaba denunciar al tiempo que impedir, los asesinatos que desde el Estado se estaban perpetrando. Durante la transición democrática esta consigna generó un fuerte debate dentro del movimiento de derechos humanos. En efecto, el "Informe Final" de la última Junta Militar en el que se establecía que debía considerarse "muertos" a los desaparecidos, las exhumaciones de tumbas de NN, las "confesiones" de algunos integrantes de grupos de tareas sobre los asesinatos de personas desaparecidas y la información recopilada por la Comisión Nacional sobre Desaparición de Personas (CONADEP), permitían confirmar, de alguna manera, las peores sospechas: que las miles de personas que tras la asunción del gobierno democrático continuaban desaparecidas habían sido asesinadas. En tanto que para algunos, la consigna "Aparición con vida" empezaba a perder sentido o al menos vigencia, para otros debía sostenerse hasta que las Fuerzas Armadas esclarecieran lo ocurrido en cada caso y los responsables fueran juzgados y condenados.

APDH: Asamblea Permanente por los Derechos Humanos. Organismo de derechos humanos fundado en diciembre de 1975 en respuesta a la creciente ola de violencia y represión ilegal. Desde sus orígenes estuvo integrada por un amplio espectro de personalidades políticas, religiosas, sindicales. Durante la dictadura canalizó denuncias y reclamos por torturas y desapariciones forzadas. Fijó como objetivo central de su actividad la consolidación y profundización del sistema democrático. Este organismo integra la asociación Memoria Abierta.

Apertura del tiempo político: Refiere al fenómeno del resurgimiento e intensificación de la actividad política hacia finales de 1981. Ante la creciente presión popular y tras la derrota en la guerra de Malvinas, este proceso se profundizó y la dictadura militar se vio obligada a pactar su salida del gobierno y convocar a elecciones libres. Las distintas organizaciones de la sociedad civil pudieron intensificar así su actividad política.

Apropiación de niños: Ver "Sustracción Sistemática de Menores".

Aragón, Raúl: Destacado abogado defensor de presos políticos y sociales durante las décadas de 1960 y 1970. Participó de la fundación de la Asamblea Permanente por los Derechos Humanos (APDH) en 1975. Durante el período de la dictadura militar (1976-1983) estuvo exilado en Francia. En 1984 integró la Comisión Nacional sobre la Desaparición de Personas (ver "CONADEP") quedando bajo su cargo la Secretaría de Procedimientos. Falleció en octubre de 2004.

Aramburu, Pedro Eugenio: General del ejército. Segundo presidente tras el golpe militar del 16 de septiembre de 1955, autodenominado "Revolución Libertadora" (1955-1958). Su gestión se caracterizó por la represión al peronismo en lo político y por la libre empresa en lo económico. Intervino la Confederación General del Trabajo (CGT), dispuso la disolución del Partido Peronista, prohibió paros y movilizaciones. En 1970 fue secuestrado por la organización armada Montoneros, que el 1º de junio anunció públicamente que lo había "ejecutado".

Arana o Pozo de Arana: Centro clandestino de detención ubicado en el partido de Arana, cercano a la ciudad de La Plata, provincia de Buenos Aires. El "Pozo de Arana" funcionaba en el antiguo Destacamento de la División Cuatrerismo de La Plata (ver "Centros Clandestinos de Detención").

Archivo de la Identidad o Archivo Biográfico: Es un proyecto llevado adelante por las Abuelas de Plaza de Mayo desde 1998 en convenio con la Universidad de Buenos Aires. El nombre completo del proyecto es "Reconstrucción de la Identidad de los Desaparecidos. Archivo Biográfico de las Abuelas de Plaza de Mayo". El Archivo contiene información variada sobre diversos aspectos de la historia de cada persona detenida-desaparecida. Se conservan allí entrevistas realizadas a sus familiares, a sus amigos, a sus compañeros de militancia, de estudio, de trabajo, etc. De esta manera, el proyecto busca garantizar que los chicos que recuperen su identidad puedan acceder a la historia de vida de sus padres a través del relato de quienes los conocieron y quisieron.

Arédez, Luis Ramón: Médico pediatra. Intendente de la localidad de Libertador Gral. San Martín (departamento de Ledesma, provincia de Jujuy) entre junio de 1973 y enero de 1974. El 24 de marzo de 1976 fue secuestrado y permaneció varios días en esa condición en el centro clandestino de detención conocido como "El Guerrero". Permaneció como preso político hasta marzo de 1977 en que fue puesto en libertad. El 13 de mayo de ese mismo año fue nuevamente secuestrado y continúa aún desaparecido.

Argelia: País del norte de África colonizado por Francia. Entre 1954 y 1962 libró una guerra de liberación que adquirió dimensiones cruentas por la ferocidad de la represión francesa. Las fuerzas emancipadoras argelinas fueron lideradas por el Frente de Liberación Nacional, que articulaba diversas formas de lucha, entre ellas, acciones armadas, de sabotaje, etcétera. Con el objetivo de desarticular este movimiento, las tropas francesas desarrollaron allí métodos de secuestro, tortura y deportación que más tarde serían imitados en otros países para reprimir a los movimientos revolucionarios. En 1962, Argelia logró la independencia y, tras las elecciones celebradas ese año, en las que triunfó el Frente de Liberación Nacional, se proclamó la República Democrática Popular de Argelia.

Artículo 8 de la Convención de los Derechos del Niño: Ver "Convención de las Naciones Unidas Sobre los Derechos del Niño y la Niña".

Artículo 21 de la Constitución: "Todo ciudadano argentino está obligado a armarse en defensa de la Patria y de esta Constitución, conforme a las leyes que al efecto dicte el Congreso y a los decretos del Ejecutivo Nacional (...)".

Asociación Argentina pro Derechos Humanos de Madrid: Asociación creada en Madrid en 1989, tras una campaña de repudio a los indultos decretados por Menem ese año. La mayoría de las personas que participaron de su creación habían estado exiladas en España durante la última dictadura militar. Entre 1989 y 1991 la asociación concentró sus esfuerzos en la denuncia de la impunidad de los represores argentinos y la adopción de iniciativas en la búsqueda de justicia. En 1991 incorporó la reivindicación por los derechos de los inmigrantes. En 1996 la Asociación se hizo parte en la causa de la Audiencia Nacional de España y a partir de entonces concentró allí su actividad.

Asociación Buena Memoria: Organismo de derechos humanos constituido en 1998. La mayoría de sus integrantes fundadores tienen en común haber formado parte de la generación más afectada por el terrorismo de Estado. Al mismo tiempo, comparten experiencias de militancia o compromiso político-social durante la década de 1970. Muchos de ellos sufrieron la represión, la persecución, el exilio y la pérdida de compañeros, amigos o familiares, asesinados o desaparecidos por la dictadura. Al igual que otros organismos su actividad está centrada en la lucha por la justicia y la memoria, y la defensa de los derechos humanos. Este organismo integra la asociación Memoria Abierta.

Asociación de Ex Detenidos-Desaparecidos: fundado a comienzos de la década de 1980, este organismo reúne a sobrevivientes de distintos centros clandestinos de detención. Su actividad estuvo y está orientada hacia la lucha por la justicia y la construcción de la memoria social.

Asociación Gremial de Abogados: Agrupación corporativa fundada a comienzos de 1971 por los abogados defensores de presos políticos provenientes del peronismo combativo, de la nueva izquierda y del radicalismo progresista. Su fundación estuvo impulsada por las condiciones represivas del momento, por la cantidad creciente de presos políticos que demandaban sus esfuerzos y, tal vez, por la voluntad de constituirse en un actor colectivo con peso propio en el escenario político de la época. Rodolfo Ortega Peña fue uno de sus referentes más destacados.

ASTARSA: Astilleros navales ASTARSA, ubicados en el norte del conurbano bonaerense, zona de gran activismo sindical y blanco de la represión ilegal debido al desarrollo de esa actividad.

Astiz, Alfredo: oficial de la Armada, miembro del Grupo de Tareas 3.3.2. de la ESMA. Figura emblemática de la represión ilegal. Participó de los secuestros de un grupo de familiares de detenidos-desaparecidos que se reunían en la Iglesia de la Santa Cruz en el que se infiltró, en el de las monjas francesas Leonie Duquet y Alice Domon y en el de la ciudadana sueca Dagmar Hagelin, entre otros. Actualmente (2005) Astiz se encuentra procesado con prisión preventiva.

Avocar: Del latín *advocare*. Significa *atraer* o *llamar para sí*. En el lenguaje jurídico refiere a la prerrogativa de un tribunal o juez para atraer hacia su jurisdicción una causa que en principio le corresponde a otro (ver "Consejo Supremo de las FFAA").

Azul: Localidad de la provincia de Buenos Aires, sede de un Regimiento de Caballería Blindada del Ejército que fue atacado por el Ejército Revolucionario del Pueblo (ERP) en enero de 1974.

B

Balbín, Ricardo: Político radical. Fue electo diputado y senador en varias oportunidades. En 1956 lideró la Unión Cívica Radical del Pueblo (UCRP), favorable al golpe que derrocó al general Juan D. Perón. Como jefe del radicalismo, encabezó las negociaciones posteriores al retorno del líder justicialista al país (1972-1974). Poco antes de morir, en 1981, fue uno de los impulsores de la Multipartidaria.

Banco, el: Centro clandestino de detención ubicado cerca de la intersección de la Autopista Ricchieri y el camino de Cintura (Ruta Nacional Nº 4), en Puente 12, Partido de La Matanza, provincia de Buenos Aires (ver "Centros Clandestinos de Detención").

Banco Nacional de Datos Genéticos: Creado por Ley Nacional Nº 23511. Es un banco de muestras sanguíneas en el que figuran los mapas genéticos de las familias que han sufrido la apropiación de un menor durante la última dictadura militar. Estos mapas genéticos sirven para comparar con eventuales nuevas muestras y así establecer la presencia o ausencia del lazo biológico (ver "Análisis de ADN").

Bandas sindicales: Grupos de hombres armados que bajo órdenes de líderes sindicales intimidan físicamente a los opositores.

Bases: En la cultura política argentina, las "bases" son los militantes comunes de una organización política o sindical, el sector de menor rango en la escala jerárquica.

Beckerman, Eduardo "Roña": Líder de la Unión de Estudiantes Secundarios (UES) asesinado por la Triple A en 1974.

Benazzi Berisso, Miguel Ángel: teniente de navío de la Marina. Se desempeñaba como oficial de inteligencia del Grupo de Tareas 3.3/2 de la ESMA. Fue identificado por varios sobrevivientes del centro clandestino de detención que allí funcionaba. Sus alias eran "Manuel" o "Salomón". Fue beneficiado por la Ley de Punto Final.

Bergés, José Antonio: Médico de la policía bonaerense. Formó parte del aparato represivo del Estado terrorista participando directamente en las sesiones de torturas de los prisioneros y atendiendo los partos de las secuestradas embarazadas. En diciembre de 1986 fue condenado a seis años de prisión por ser autor de cuatro aplicaciones de tormento. En 1987 fue beneficiado por la Ley de Obediencia Debida. Entre 1995 y 2004 fue procesado y condenado en diversas causas por apropiación de niños y sustitución de identidad. Bergés fue declarado *persona no grata* por el Consejo Deliberante de Quilmes.

Berner, Ernesto: Militante de Montoneros, detenido-desaparecido el 1 de enero de 1977.

Bettanin, Cristina: Militante de Montoneros asesinada por las fuerzas represivas en un operativo en la ciudad de Rosario el 2 de enero de 1977.

Bettanin, Leonardo: Militante de Montoneros y diputado nacional por la Juventud Peronista entre 1973 y 1974. Fue asesinado por las fuerzas represivas en un operativo en la ciudad de Rosario el 2 de enero de 1977.

Bignone, Reynaldo: Militar argentino nacido en 1920. Entre diciembre de 1976 y diciembre de 1977 fue 2º comandante y jefe del Estado Mayor del Comando de Institutos Militares y en 1980, comandante del centro clandestino de detención que funcionaba en Campo de Mayo. Fue el último presidente de facto designado por la Junta Militar. En junio de 1982 tras la derrota en la guerra de Malvinas y la renuncia de Galtieri (ver "Galtieri, Leopoldo"), promovió un mayor "intercambio político" con las organizaciones de la sociedad civil con el objetivo de garantizar las condiciones que aseguraran la intangibilidad en términos judiciales de los miembros y funcionarios de la dictadura. La presión política y social creciente obligó a Bignone a anunciar la convocatoria a elecciones para el 30 de octubre de 1983. Intentando garantizar la impunidad de los represores, durante el mes de septiembre de ese mismo año firmó la "Ley de Pacificación Nacional", un decreto que establecía una auto amnistía para todos aquellos que habían formado parte del poder militar desde 1976 a la fecha (ver "Ley de autoamnistía"). Paralelamente, por medio del decreto confidencial 2726/83, ordenó la destrucción de toda la documentación sobre los detenidos y desaparecidos. Por esta acción fue enjuiciado en la causa C 81/84: "Ministerio del Interior s/denuncia por destrucción de documentos". En 1984 fue juzgado y condenado por la desaparición de los conscriptos Luis García y Luis Steinberg. En 1987 fue beneficiado por la Ley de Obediencia Debida y posteriormente indultado por el presidente Menem (ver "Indulto"). En 1999 fue detenido por su responsabilidad en la sustracción sistemática de menores nacidos en el centro clandestino de detención que funcionaba en Campo de Mayo y posteriormente, dada su edad, fue puesto en régimen de prisión domiciliaria. Bignone ha sido imputado, en España y en Italia, en los procesos judiciales contra represores argentinos.

Blanquear o legalizar: Expresión que refiere a la normalización, en términos jurídicos, de una situación irregular o ilegal. Durante el período del terrorismo estatal se aplicó fundamentalmente, para referirse al mecanismo por el cual un detenido ilegal o secuestrado (es decir, un *desaparecido* hasta ese momento) era reconocido formalmente por el Estado como detenido legal.

Bombardeos a Plaza de Mayo: Refiere fundamentalmente a los bombardeos que dirigió la Marina el 16 de junio de 1955, cuando intentó derrocar al segundo gobierno peronista. Estos bombardeos dejaron centenares de civiles muertos y miles de heridos. El 16 de septiembre de 1955, el gobierno de Perón fue finalmente derrocado. (Ver "Golpe de 1955").

Boncio, Carlos Ignacio: Obrero delegado en astilleros Mestrina. Secuestrado en su lugar de trabajo el 25 de marzo de 1976. Continúa desaparecido.

Brigada de Investigaciones de La Plata: Sede policial ubicada en la ciudad de La Plata, provincia de Buenos Aires, que funcionó como centro clandestino de detención (ver "Centros Clandestinos de Detención").

Brigada de Investigaciones de San Nicolás: Durante los años del terrorismo estatal funcionó allí un centro clandestino de detención. La brigada está ubicada en la localidad de San Nicolás, provincia de Buenos Aires, cerca de la ruta Panamericana (ver "Centros Clandestinos de detención").

Buenos Aires Herald: Periódico fundado en Buenos Aires en 1876 por el escocés William Cathcart. A lo largo de su historia fue comprado por diversas compañías y editoras, en su mayoría británicas y estadounidenses. Su lema clásico fue "Un diario argentino escrito en inglés". Desde los años de actuación de la Triple A y durante todo el período de la última dictadura militar (1976-1983) el Buenos Aires Herald constituyó uno de los pocos espacios periodísticos de denuncia y divulgación de las violaciones masivas a los derechos humanos en Argentina ganándose por ello un amplio reconocimiento internacional. En 1976, ante diversas presiones y amenazas de las fuerzas represivas uno de sus editores, Andrew Graham-Yooll, fue forzado a abandonar el país exiliándose en el Reino Unido. La misma suerte corrió en 1979 otro editor, Robert Cox quien partió hacia Estados Unidos. El Buenos Aires Herald recibió varios premios internacionales por su labor en materia de defensa de los derechos humanos.

Burocracia sindical: Expresión peyorativa para designar a la dirigencia sindical tradicional de la Confederación General del Trabajo (CGT). Se popularizó hacia finales de la década del '60, a causa de su actitud negociadora y moderada frente a los gobiernos no peronistas.

Bush, George W. (hijo): Político conservador norteamericano, miembro del Partido Republicano. Presidente de los Estados Unidos de Norteamérica entre 2000 y 2004, reelecto en 2004 para un segundo período. Su política exterior es fuertemente militarista, regida por lo que él ha definido como la "lucha contra el terrorismo y sus aliados" en todo el mundo.

Butti Arana, Marcelo: Estudiante universitario, militante de la Juventud Universitaria Peronista (JUP), detenido desaparecido el 16 de marzo de 1977 en la ciudad de Buenos Aires.

C

Cabo, Dardo: Militante peronista. Se encontraba preso en el penal de La Plata cuando, el 5 de enero de 1977 fue asesinado por las fuerzas represivas en un supuesto traslado (ver "Pabellones de la muerte").

Caer/Caída: Expresión que significaba, en la jerga de los militantes, ser detenido o encarcelado, legal o ilegalmente. Provenía a su vez de la jerga popular marginal.

Camarón: Apodo que recibió, por parte de los abogados defensores de presos políticos y sociales, la Cámara Federal en lo Penal de la Nación, creada en 1970, por la ley Nº 19.053. En momentos de creciente actividad de las organizaciones político-militares, esta Cámara se constituyó como tribunal especial para el juzgamiento de los llamados delitos subversivos. El artículo 2 de la ley establecía: "La cámara tendrá competencia en todo el territorio de la Nación y su asiento en la Capital Federal (...) Podrá constituirse en cualquier lugar del país cuando lo considere conveniente para su mejor desempeño".

Campaña antiargentina: Así denominó la dictadura militar argentina a la campaña de denuncia de violaciones de derechos humanos que los familiares de detenidos-desaparecidos, los sobrevivientes de los centros clandestinos de detención y los exilados realizaban en otras partes del mundo, principalmente en Europa y México.

Campo de Mayo: Dependencia del Ejército situada sobre la ruta 202, partido de San Miguel, provincia de Buenos Aires. Según las investigaciones realizadas por la CONADEP allí funcionó, durante la última dictadura militar, uno de los mayores centros clandestinos de detención de la Argentina. Durante la Semana Santa de 1987, Campo de Mayo fue escenario del levantamiento "carapintada" liderado por Aldo Rico (ver "Levantamientos Carapintada" y "Rico, Aldo").

Cámpora, Héctor: Político justicialista, diputado durante los dos primeros gobiernos peronistas. Preso tras el golpe de 1955, huyó a Chile y luego a Venezuela. En 1971, Perón lo nombró su delegado personal. El 11 de marzo de 1973 fue electo presidente por el Frente Justicialista de Liberación (FREJULI). Asumió el 25 de mayo de ese año, y renunció el 13 de julio. Vinculado a la Tendencia Revolucionaria del peronismo, al producirse el golpe militar se asiló en la embajada mexicana en la Argentina. Más tarde se exilió en México y murió en ese país en 1980.

Campos de concentración: Ver "Centros Clandestinos de Detención".

Camps, Ramón: Coronel del Ejército. Fue Jefe de la Policía de Buenos Aires desde abril de 1976 hasta diciembre de 1977. Tras la reapertura democrática fue juzgado por la Cámara Federal y condenado a la pena de 25 años de reclusión, inhabilitación absoluta y perpetua. Fue considerado el principal responsable de la represión en el ámbito de la provincia de Buenos Aires. Como tal, tuvo bajo su responsabilidad el funcionamiento de los siguientes centros clandestinos de detención: Pozo de Quilmes, Pozo de Arana, Banco, Comisaría de Villa Martelli, Comisaría 5 de La Plata, Comisaría 8 de La Plata, Brigada de Investigaciones de La Plata, Brigada de Investigaciones de San Nicolás, Comisaría 4 de Mar del Plata,

Comisaría 3 de Morón, Destacamento de Batán, Sheraton, Guardia de Infantería de Policía de Buenos Aires en La Plata, Centro de Operaciones Tácticas I (Martínez), Comisaría de Tigre, Comisaría de Zárate, Pozo de Banfield, Brigada de Investigaciones de Las Flores y Puesto Vasco. Fue indultado por Carlos Menem en 1990.

Cantar/Delación: Información que les era arrebatada bajo tortura a las personas secuestradas en los centros clandestinos de detención.

Capilla Cristo Obrero: Nombre de la capilla donde daba misa Carlos Mugica en Villa 31, Retiro

Capital financiero: Es la unión del capital industrial y el capital bancario. Su principal actividad es la inversión en acciones, bolsas de comercio y valores.

Capitalismo de Estado: Concepto que designa las experiencias de países en los que la modernización económica y la creación de capital fueron conducidas por el Estado y no por empresas privadas.

Capitalismo dependiente: Se refiere a aquellos países del Tercer Mundo de estructura económica capitalista y dependientes de los países desarrollados, industrializados o centrales. Esta relación de dependencia se considera tanto desde el punto de vista económico como en cuanto a la capacidad política de tomar decisiones que afecten al sistema productivo. La expresión se acuñó en el marco de los debates académicos que atravesaron el mundo de la economía en los tempranos años '60. Fue entonces cuando algunos miembros de la Comisión Económica para América Latina (CEPAL), de la Organización de las Naciones Unidas, elaboraron la llamada teoría de la dependencia. Ésta afirmaba que el desarrollo y el subdesarrollo eran las dos caras de la misma moneda en el nivel internacional: el desarrollo de algunos países se sustentaba sobre el subdesarrollo de otros. En el marco del capitalismo, las sociedades latinoamericanas no tenían, según esta visión, otra salida que el subdesarrollo.

Capitalismo fordista: Se denominó así al modo de organización y acumulación económica que adoptó el capitalismo desarrollado tras la crisis de posguerra. Se caracterizó por la producción industrial a gran escala orientada hacia el consumo masivo. Su período de auge fue desde fines de la Segunda Guerra Mundial hasta la crisis económica de 1973.

Capucha: Galpón ubicado en el tercer piso del Casino de Oficiales de la ESMA en el que eran alojados los detenidos desaparecidos. La mayoría de ellos –encapuchados o con los ojos cubiertos por "tabiques"– permanecían sobre colchonetas alineadas sobre el piso y separadas por tabiques de madera. Había también algunas pequeñas celdas, a las que llamaban "camarotes". El área carecía de suficiente ventilación y luz natural. También se denominó capucha a la prenda utilizada en los centros clandestinos de detención para cubrir la cara y la cabeza de los detenidos.

Caramelos: Se llamó así en la jerga de los presos políticos, a un pequeño paquetito, generalmente un rollito de papel escrito, que los presos escondían en sus distintas partes de su cuerpo. Los "caramelos" constituyeron una de las tantas estrategias de comunicación que desarrollaron los presos políticos para comunicarse entre sí y con el exterior.

Carlotto, Estela: Madre de Laura Estela Carlotto, secuestrada el 26 de noviembre de 1977 en la ciudad de Buenos Aires, estando embarazada de dos meses y medio. Por personas que compartieron su cautiverio se supo que Laura permaneció secuestrada en el centro clandestino de detención "La Cacha", situado en los alrededores de la ciudad de La Plata. El 26 de junio de 1978, Laura dio a luz a un varón al que llamó Guido. El 25 de agosto de ese mismo año Laura fue asesinada por personal militar del área operacional 114 y su cuerpo fue entregado a su familia. Desde entonces, las Abuelas de Plazo de Mayo están buscando a Guido. El caso del asesinato de Laura Carlotto y la apropiación de su hijo fue tomado por la Justicia italiana para el juzgamiento y condena de varios represores argentinos. Estela Carlotto es presidenta de la Asociación Abuelas de Plaza de Mayo.

Carta a Cámpora: Proclama del Ejército Revolucionario del Pueblo (ERP), en la cual éste explica su posición frente al gobierno de Héctor Cámpora y su decisión de continuar las acciones armadas. La proclama se tituló: "Por qué el ERP no dejará de combatir. Carta abierta al presidente Cámpora".

Castro, Fidel: Líder de la Revolución Cubana. Tras la toma del poder (1º de enero de 1959), estableció un Estado socialista al que gobernó como primer ministro entre 1959 y 1976, y como presidente desde entonces.

Cátedras nacionales: Suerte de "universidad alternativa" durante la dictadura de 1966-1973, en la que se intentaba unificar el saber universitario con la práctica política. Organizadas por intelectuales-militantes peronistas, fueron un foco de difusión de los autores del nacionalismo de izquierda en la universidad.

Catolicismo integrista: Corriente ideológica que propugnaba la organización de la sociedad de acuerdo a los principios de la Iglesia Católica que, desde esta perspectiva, implicaban ideas tradicionalistas, antiliberales, anticomunistas, impugnadoras de la modernización de las costumbres. El catolicismo integrista proponía un modelo social fuertemente jerárquico y afín a las modalidades de representación corporativista. En la Argentina esta corriente tuvo cierta presencia en círculos militares durante los años treinta y, durante la dictadura implantada por el general Juan C. Onganía en 1966, algunos católicos integristas llegaron a ocupar altos cargos en el Estado.

Cavallo, Gabriel: Juez federal. Tuvo a su cargo varias causas por la desaparición forzada de personas y otros crímenes cometidos durante la última dictadura militar. Se destaca, junto a otras personalidades, por la búsqueda de formas jurídicas que garanticen el enjuiciamiento efectivo de aquellos acusados por violaciones de derechos humanos. En marzo de 2001, en el contexto de la causa que llevaba adelante contra los imputados por la desaparición de José Liborio Poblete y Gertrudis Marta Hlaczik –ocurrida el 28 de noviembre de 1978– y por la apropiación de la hija de ambos, Claudia Victoria Poblete, declaró nulas e inconstitucionales las leyes de Punto Final y Obediencia Debida. En relación con las violaciones de derechos humanos ocurridas en Argentina durante el período 1976–1983, Cavallo es partidario de una perspectiva jurídica que incluya las normas del derecho penal internacional.

Cavallo, Ricardo Miguel: Teniente de navío que integró el grupo de tarea 3.3.2. de la ESMA (ver "Grupos de Tareas"), bajo los alias de "Ricardo", "Marcelo" y "Sérpico". Entre 1976 y 1979 se desempeñó allí, dentro del sector de Inteligencia. Fue procesado por su responsabilidad en secuestros, torturas, desapariciones y sustracción sistemática de menores y más tarde, beneficiado con las leyes de Punto Final y Obediencia Debida (ver "Ley de Punto Final").

Célula: Unidad operativa de las organizaciones políticas y/o militares clandestinas.

CELS: Centro de Estudios Legales y Sociales. Organismo fundado en 1979 por Augusto Conte y Emilio Mignone. Conformado por un gran número de abogados, profesionales y familiares de detenidos-desaparecidos, promueve la garantía y protección de los derechos humanos, el fortalecimiento del sistema democrático y el estado de derecho. Es uno de los principales organismos que lleva ante la Justicia numerosas causas de violaciones a los derechos humanos ocurridas tanto en el pasado como en la actualidad. Este organismo integra la asociación Memoria Abierta.

CEMIDA, Centro de Militares para la Democracia Argentina: Agrupación fundada en 1984 por un grupo de militares retirados opositores de las prácticas golpistas y represivas de las FFAA argentinas. "Los objetivos del CEMIDA son: a) apoyar, fortalecer y propiciar la continuación del esfuerzo de institucionalización de la República, con la certeza de que la democracia constituye el único medio para lograr la profundización de la liberación argentina y latinoamericana; b) hacer conocer a la opinión pública y en particular a los oficiales de las Fuerzas Armadas, la existencia de un pensamiento militar genuinamente constitucionalista opuesto a toda manifestación militar que exceda los límites de lo legal, lo moral y lo ético, según las más puras tradiciones sanmartinianas y c) propiciar toda acción destinada a recuperar para la Nación Argentina, fuerzas armadas con sentido nacional y continental, porque ellas fueron creadas al calor de las luchas por la independencia y su virtud fundamental debe ser la subordinación de su acción a la voluntad soberana de su pueblo". (extraído de la página web del CEMIDA).

CENAP: Corriente Estudiantil Nacional y Popular. Agrupación estudiantil vinculada con el peronismo.

Central de Policía de la provincia de Jujuy: Dependencia policial provincial que funcionó eventualmente como centro clandestino de detención. Está ubicada en la ciudad de San salvador del Jujuy (ver "Centros Clandestinos de Detención").

Centralismo democrático: Dentro de la tradición marxista-leninista, es la forma de organizar el proceso de toma de decisiones en el partido u organización de que se trate. En teoría, los temas se discuten democráticamente en los distintos espacios que agrupan a las "bases"; éstas luego "elevan" las decisiones tomadas por la mayoría a la instancia inmediatamente superior en la jerarquía partidaria, hasta confluir en el "centro" de la estructura, que es la jefatura del partido o la organización. Muchos militantes han cuestionado el funcionamiento real de este modelo, aludiendo a que en la práctica gran parte de las decisiones eran tomadas por las jefaturas y "bajadas" a las bases.

Centros Clandestinos de Detención (C.C.D.): También llamados campos de concentración. Lugares clandestinos donde se mantuvo en cautiverio a los ciudadanos capturados por los "grupos de tareas" militares, policiales y paramilitares. Las personas secuestradas eran torturadas allí para obtener información que permitiera realizar nuevos secuestros y permanecían privadas ilegítimamente de su libertad hasta que, en la mayoría de los casos, se las asesinaba. Sus cuerpos eran sepultados como NN en tumbas clandestinas, o arrojados desde aviones al mar y al Río de la Plata. Para fines de 1984 la Comisión Nacional sobre Desaparición de Personas (CONADEP) había localizado 340 centros clandestinos de detención, de diversas características y dimensiones, que habían funcionado en distintos períodos durante la última dictadura militar (1976-1983). En cuanto a su construcción fueron, en algunos casos, dependencias que ya funcionaban anteriormente como sitios de detención. En otros, se trató de locales civiles, dependencias policiales e inclusive asentamientos de las mismas Fuerzas Armadas, acondicionados ex profeso para funcionar como C.C.D. Todos ellos estaban supeditados a la autoridad militar con jurisdicción sobre cada área. Entre 1984 y 2004 se han reunido denuncias y pruebas sobre la existencia de un gran número de centros clandestinos de detención no identificados en el primer informe de la CONADEP.

CGT: Confederación General del Trabajo. Creada el 27 de septiembre de 1930. Agrupó a los distintos sindicatos argentinos por rama o actividad. Fue la base del poder del peronismo durante el período 1946-1955 y durante la llamada "Resistencia" (ver "Resistencia Peronista"). A lo largo de su historia afrontó varias divisiones y reagrupamientos.

CGT Brasil: Escisión confrontacionista de la CGT que a partir de 1982 conformó una línea propia e inició una política de oposición al gobierno militar y durante la presidencia de Raúl Alfonsín. Su principal dirigente fue Saúl Ubaldini.

CGT de los Argentinos: Surgió en marzo de 1968 a raíz de divergencias en las posiciones gremiales tras el golpe militar de 1966. La CGT se dividió en CGT Azopardo, participacionista, conducida por Augusto T. Vandor; y CGT de los Argentinos, combativa y clasista, encabezada por Raimundo Ongaro. Ésta asumió una postura frontal contra la dictadura, una lectura socialista de la realidad, y la necesidad de enlazar la acción gremial con la acción política para cambiar la sociedad. Fomentó las organizaciones sindicales de base, denunció la desnacionalización económica y la penetración de los monopolios extranjeros. Fue duramente reprimida por la dictadura militar.

Che: Ernesto "Che" Guevara, médico argentino, uno de los líderes de la Revolución Cubana (1959), y figura emblemática para millares de militantes de América Latina y el mundo por haber impulsado la lucha armada contra el imperialismo norteamericano. Murió asesinado por el ejército boliviano el 8 de octubre de 1967, al fracasar su intento de instalar un foco guerrillero en ese país.

Chicana: En la jerga de la militancia, burla política

Chupar/chupadero: En la jerga de las fuerzas represivas se llamó así al secuestro y posterior desaparición de personas. Luego de ser secuestrados los a partir de entonces *desaparecidos* eran llevados a centros clandestinos de detención; por eso, a éstos últimos también se los llamó "chupaderos".

Cita: En la jerga de la militancia, encuentro –eventualmente clandestino– pactado entre dos militantes. Una "cita envenenada" era aquella a la cual un militante concurría ignorando que el lugar y hora eran conocidos por las fuerzas represivas.

Clandestinidad: En el ámbito de la militancia, vivir a escondidas –en la mayoría de los casos con identidad falsa- para dificultar o impedir la persecución, detención o "caída".

Club Atlético: Centro clandestino de detención ubicado en la avenida Paseo Colón, entre San Juan y Cochabamba, en la ciudad de Buenos Aires (ver "Centros Clandestinos de Detención"). Para más información sobre este centro comunicarse al 4323-9400 interno 2043-2401, Subsecretaría de Derechos Humanos, Gobierno de la Ciudad de Buenos Aires.

Coexistencia pacífica: Doctrina impulsada por la Unión Soviética en 1955, para distender las relaciones con los Estados Unidos luego de la Guerra Fría y del "equilibrio del terror" nuclear que caracterizaron las relaciones entre las dos potencias después de la II Guerra Mundial

Colaboradores: La expresión tiene distintos significados según el contexto en que se la emplee y el fenómeno al que refiera. En términos relativamente universales se la emplea en los casos en que bajo regímenes autoritarios, dictatoriales o totalitarios, algunas personas "colaboran" con las tareas represivas voluntariamente (se llamó así, por ejemplo, a aquellos ciudadanos europeos que prestaron colaboración a los nazis en los territorios ocupados por el ejército alemán durante la segunda Guerra Mundial). Para el caso de los centros clandestinos en la Argentina del período del terrorismo de Estado, se utilizó, generalmente, para denominar a aquellas personas que estando secuestradas –es decir, "desaparecidas"- comenzaron a "colaborar" (a realizar tareas que les eran impuestas) con las fuerzas represivas. Resulta particularmente complejo determinar un sentido unívoco del término dado la variedad de situaciones que intenta describir. Las tareas impuestas por los represores a los prisioneros comprendían un amplio espectro y tenían, por ende, implicancias diversas. Podían ir desde el mantenimiento general de los centros clandestinos, pasando por la identificación de otros militantes en la vía pública (cuando los represores "sacaban a pasear" a los prisioneros) hasta la participación o presencia en las sesiones de tortura de otros detenidos con distintos fines. Es en este sentido que se dice que la "colaboración" en los centros clandestinos adquirió distintos "niveles". Aunque algunas personas se hayan negado a "colaborar" y otras lo hayan hecho estableciendo ellas mismas sus propios límites y códigos éticos en cuanto a qué tipo de tareas estarían dispuestas a realizar y cuáles no, es necesario insistir en el carácter coercitivo de la llamada "colaboración": en tanto se trataba de personas en condiciones inhumanas de detención, privadas de todo derecho, aún el de la identidad y el de la propia vida, no puede afirmarse, en ningún caso, que actuaban con plena libertad y bajo voluntad propia. La lucha por la supervivencia en los centros clandestinos de detención fue precisamente eso: una lucha por la vida.

Colimba: Expresión popular para designar a los conscriptos (soldados que realizaban el Servicio Militar Obligatorio). Proviene de la abreviación de: "corré-limpiá-barré".

Colores: Alias con el que se conocía al represor Juan Antonio Del Cerro. Integrante de los "grupos de tareas" de los centros clandestinos de detención "El Banco", "El Olimpo", "Club Atlético" y el que funcionaba en la ESMA. Cumplía prisión por secuestrador y torturador cuando fue beneficiado por la Ley de Obediencia Debida. En el 2001 fue procesado con prisión preventiva por la apropiación de Claudia Victoria Poblete y el secuestro y desaparición de sus padres, José Liborio Poblete y Gertrudis Marta Hlaczik –ocurrida el 28 de noviembre de 1978– y por la de varios militantes de la agrupación Montoneros en 1978 y 1980.

Columnas: Expresión militar para designar a un sector de un ejército. Las guerrillas utilizaban nombres geográficos –"columna norte"–, o de un combatiente muerto en combate –"columna Sabino Navarro"–.

Comisaría de Tigre: Dependencia de la Policía de la Provincia de Buenos Aires (zona Tigre) que funcionó eventualmente como centro clandestino de detención (ver "Centro Clandestino de Detención").

Comisión Argentina de Solidaridad (CAS): Organismo que congregó a un gran número de exiliados argentinos en México durante la última dictadura militar. Algunos de sus directivos fueron Esteban Righi, Noé Jitrik, Ricardo Nudelman, entre otros. Se diferenciaba del Comité de Solidaridad con el Pueblo Argentino (COSPA), el otro organismo del exilio argentino en México, ya que este último congregó fundamentalmente a militantes de las principales organizaciones político-militares de los setenta.

Comisión Bicameral: La conformación de la Comisión Nacional sobre la Desaparición de Personas (ver "CONADEP") generó un importante debate dentro del movimiento de derechos humanos: en tanto algunos apoyaron su conformación con o sin reservas, otros organismos se opusieron, pronunciándose –para la realización de las mismas tareas– a favor de una Comisión Bicameral (es decir conformada por representantes de ambas cámaras del Congreso). En algunos testimonios se la menciona con el nombre de Comisión Parlamentaria.

Comisión de la Verdad y Reconciliación de Sudáfrica (Truth & Reconciliation Commission): Organismo que funcionó entre los años 1995 y 1998 con el objetivo de abordar la problemática de las violaciones sistemáticas a los derechos humanos durante el *apartheid*. La creación de la Comisión, presidida por el obispo Desmond Tutu, fue la medida más importante adoptada por el renovado parlamento sudafricano luego de que el carismático líder Nelson Mandela, fuera elegido presidente. El *apartheid*, fue un extenso sistema de discriminación y despotismo contra la mayoría de la población y a favor de los privilegios materiales, políticos y culturales de las personas de raza blanca. Funcionó entre 1948 y 1994 y fue defendido por un aparato estatal fuerte y extendido que cometió crímenes de lesa humanidad y sembró una cultura del terror. El legado del *apartheid* no fue sólo un sinnúmero de atrocidades cometidas contra la población negra –y en menor grado contra sudafricanos de origen indio– sino un entramado de prácticas discriminatorias que condenaron a la mayoría de la población a la miseria. Una vez constituida, la Comisión de la Verdad y la Reconciliación realizó sus trabajos a través de tres Comités: a) de investigación a violaciones de derechos humanos; b) de reparaciones y rehabilitación y c) de amnistía. Optó asimismo por investigar sólo los casos de violencia extrema y excluyó las vejaciones y violaciones cotidianas que habían sido inherentes al *apartheid*. La novedad de esta Comisión con relación a las organizadas previamente en otros países, es que tuvo la facultad de otorgar amnistía a los autores de crímenes cometidos entre 1960 y 1994, si éstos habían sido cometidos por motivaciones políticas y los autores de los mismos revelaban de forma veraz todo lo que supieran con relación a los mismos, reconociendo su responsabilidad. La Comisión registró los testimonios de más de 21.000 víctimas y testigos y transmitió por radio y televisión 2000 audiencias donde acusados y víctimas hablaron de los hechos.

Comisión Interamericana de Derechos Humanos (CIDH): Es una de las dos entidades del sistema interamericano de protección y promoción de los derechos humanos en las Américas. Tiene su sede en Washington, D.C. La CIDH es un órgano principal y autónomo de la OEA. Fue creada en 1959, reuniéndose por primera vez en 1960. La CIDH analiza peticiones presentadas por individuos que denuncien haber sufrido, en sus propios países, violaciones a sus derechos por parte del Estado. En 1961 comenzó a realizar visitas *in loco* para observar la situación general de los derechos humanos en un país, o para investigar una situación particular. Visitó la Argentina en septiembre de 1979 y elaboró un informe que tuvo un peso decisivo para fundamentar las denuncias internacionales contra la dictadura militar en materia de violaciones masivas a los derechos humanos. Este informe fue publicado en 1980 (ver "Informe Sobre la Situación de los Derechos Humanos en Argentina"). En 1984 el Estado argentino, entre otros, ratificó la suscrita en San José de Costa Rica en 1969 y vigente desde 1978.

Comisión Provincial por la Memoria: Esta Comisión es un organismo público con funcionamiento autónomo y autárquico. Fue creada el 13 de julio del 2000 a través de la ley 12.483. Está integrada por representantes de organismos de Derechos Humanos, del sindicalismo, la justicia, la legislatura provincial, la universidad y las diferentes religiones. La Comisión realiza un amplio conjunto de actividades en pos de la preservación de la memoria colectiva sobre el terrorismo de Estado. Lleva adelante programas educativos, realiza talleres, cursos, conferencias, visitas guiadas, etc.. Al mismo tiempo se desempeña en la búsqueda y preservación documental. En el año 2000, por ley N° 12.642, le fue cedido a la Comisión Provincial por la Memoria el Archivo de la Dirección de Inteligencia de la Policía de la Provincia de Buenos Aires (DIPBA). Desde entonces, un equipo técnico e interdisciplinario trabaja en la tarea de desclasificación, mapeo, conservación y digitalización de los documentos.

Comisiones internas: Es la forma de organización más básica de los trabajadores de un establecimiento productivo, mediante la cual discuten sus problemas y eligen un delegado que los representa ante las autoridades del establecimiento (capataces, gerentes, patrones) y en el sindicato.

Comité: Local de un partido político que agrupa a los militantes de una jurisdicción.

Comité Nacional de Recuperación Revolucionaria (CNRR): Escisión del Partido Comunista (PC) que tuvo lugar en 1967. Los motivos de la ruptura fueron variados y se concentraron en las críticas hacia la burocratización del PC, el alineamiento indiscutido con la URSS, la posición frente al peronismo, entre otros. Muchos militantes del CNRR fundarían o se incorporarían más tarde al Partido Comunista Revolucionario de tradición maoísta. (Ver Partido Comunista Revolucionario - PCR).

Compartimentación: Práctica que adoptaban las organizaciones políticas en la que se intensificaban las medidas de seguridad con el objetivo de dificultar la identificación de militantes, lugares, referencias o de cualquier dato que pudiera servir a las fuerzas represivas (por ejemplo: uso de alias, escasa o ninguna información sobre la vida, los empleos y los domicilios de otros militantes, etc.).

Comunismo: Ideología política cuya principal aspiración es la consecución de una sociedad "sin clases", en la que los principales recursos y medios de producción pertenezcan a la comunidad y no a los individuos. Esta sociedad permitiría el reparto equitativo del trabajo en función de las habilidades y todos los beneficios en función de las necesidades. Los orígenes de esta ideología pueden situarse hacia mediados del siglo XIX cuando el pensador alemán Carlos Marx (1818-1883) realizó una crítica de la sociedad capitalista y de las desigualdades sociales a la que ésta daba lugar. Hacia finales del siglo XIX el marxismo tuvo una amplia repercusión en el mundo europeo, especialmente en el movimiento obrero y en núcleos intelectuales. Se conformaron distintos partidos políticos y asociaciones internacionales que propugnaban el establecimiento de sociedades socialistas (en las cuales los medios de producción estuvieran en manos del Estado y las riquezas generadas se distribuyeran a partir del trabajo de cada uno). El socialismo era así considerado como "etapa anterior al comunismo". A partir de la revolución rusa de 1917, que dio lugar al primer Partido Comunista de la historia (anteriormente Partido Bolchevique), el movimiento comunista cobró un fuerte impulso en todo el mundo, principalmente en el movimiento obrero (ver "Revolución de octubre o revolución bolchevique"). Tras la Segunda Guerra Mundial, al tiempo que se conformaba el "bloque socialista" de Europa del Este, en el Tercer Mundo crecieron y adquirieron fuerte protagonismo movimientos revolucionarios de diversas tradiciones político-ideológicas (entre los que se cuentan los partidos comunistas alineados con la Unión Soviética), cuyos elementos en común fueron la "lucha antiimperialista" y la prosecución de un "orden social más justo". En este contexto, los sectores dominantes y las diversas tradiciones de derecha de estos países –alentados por el poder norteamericano en pleno enfrentamiento con el bloque socialista– orientaron su discursividad y su práctica políticas a la represión de aquellos movimientos revolucionarios que denominaron genéricamente "comunistas". En la Argentina el "fantasma del comunismo" fue alentado por las fuerzas represivas para justificar su actividad. La expresión "comunista" fue frecuentemente aplicada a un supuesto "enemigo", genérico y poco específico, recayendo sobre militantes y opositores de las más diversas tradiciones político-ideológicas.

Comunismo chino: Durante la década de 1960, los comunistas chinos en el poder ("maoístas", seguidores del líder revolucionario Mao Tsé Tung) buscaron diferenciarse del modelo soviético en tres importantes temas: la crítica a la burocratización, la crítica a la hegemonía internacional de la URSS, y el otorgamiento de un papel más importante al campesinado como actor revolucionario.

CONADEP: Comisión Nacional sobre la Desaparición de Personas, creada en diciembre de 1983 por decreto presidencial de Raúl Alfonsín. La CONADEP estuvo conformada por un grupo de diez ciudadanos reconocidos designados por el Poder Ejecutivo y tres representantes de la Cámara de Diputados de la Nación. Tenía a su cargo la recepción de denuncias sobre la desaparición de personas durante el período 1976-1983 y la investigación sobre la violación de derechos humanos durante el mismo período. Durante su primer año de actuación la CONADEP recibió miles de denuncias y reconoció centenares de centros clandestinos de detención que funcionaron durante los años del terrorismo estatal en todo el territorio nacional. En septiembre de 1984 presentó en el Congreso de la Nación un Informe que sería publicado poco después bajo el título de *Nunca Más*.

CONADI: Comisión Nacional por el Derecho a la Identidad. En el marco de sus reclamos al Estado, las Abuelas de Plazo Mayo solicitaron en julio de 1992 la creación de una comisión técnica especializada proponiendo como miembros de la misma a personal cuidadosamente capacitado por la institución. En noviembre de 1992 se creó la CONADI, inaugurando una novedosa forma de trabajo conjunto entre una ONG y el Estado argentino. Su objetivo de origen, la búsqueda y localización de niños desaparecidos durante la última dictadura militar, se vio rápidamente superado ante las denuncias sobre robo, tráfico de menores, despojo a madres en situaciones límites y adultos con su identidad vulnerada. El objetivo inicial se amplió por ser el único ámbito del Estado Nacional especializado y dedicado a la temática de garantizar el derecho a la identidad. La CONADI está autoriza a requerir el asesoramiento y la colaboración del Banco Nacional de Datos Genéticos (ver) y solicitar a dicho banco la realización de pericias genéticas. La CONADI está conformada por: un representante de la Procuración General de la Nación, un representante de la Defensoría General de la Nación, dos representantes de la Asociación Abuelas de Plaza de Mayo y dos representantes del Poder Ejecutivo Nacional. El secretario de Derechos Humanos y Sociales de la Nación preside la Comisión.

Concentracionario: Relativo a los campos de concentración. Expresión que alude a la modalidad del sistema represivo implantado por el terrorismo de Estado en Argentina, cuya característica emblemática fue el secuestro masivo y sistemático de personas, su reclusión en campos de concentración, también llamados centros clandestinos de detención y su posterior desaparición (ver "Centros Clandestinos de Detención"). Algunos estudiosos del período han escrito sobre la relación entre campos de concentración y sociedad: "Las FFAA asumieron el disciplinamiento de la sociedad para modelarla a su imagen y semejanza (...) Los campos de concentración fueron el campo de prueba de una sociedad ordenada, controlada, aterrada (...) estaban ocultos pero algo siempre se veía u oía (...) es preciso mostrar una fracción de lo que permanece oculto para diseminar el terror, cuyo efecto inmediato es el silencio y la inmovilidad (...) Los campos de concentración, en tanto realidad negada-sabida, en tanto secreto a voces, son eficientes en la diseminación del terror. Aterroriza lo que se sabe a medias, lo que entraña un secreto que no se puede develar. La sociedad (...) que sabe y no sabe, funciona como caja de resonancia del poder concentracionario y desaparecedor (...) El campo de concentración (...) sólo puede existir en medio de una sociedad que elige no ver, por su propia impotencia, una sociedad "desaparecida", tan anonadada como los secuestrados mismos".[21]

Conducción Política: Libro escrito en 1951 por Perón, utilizado para la formación de líderes y funcionarios sindicales y estatales durante el primer gobierno peronista (1946-1955). En él, el líder del movimiento peronista transmite pautas de organización y liderazgo para sus seguidores.

Conferencia de Bandung: Conferencia celebrada en 1955 en la antigua capital de Indonesia, en la que, en pleno proceso de descolonización, representantes de numerosos países de África y Asia debatieron una política común frente a las potencias del mundo desarrollado y condenaron todas las formas del colonialismo.

Conferencia de Medellín: Conferencia de obispos católicos latinoamericanos celebrada en Medellín, Colombia, en agosto de 1968, en la cual se buscó renovar la Iglesia de América Latina bajo los principios del Concilio Vaticano II. Los obispos declararon su voluntad de defender los derechos del hombre, mediante la "opción por los pobres", la toma de conciencia de los oprimidos respecto del orden social y una teología basada en el concepto de la "liberación" del hombre.

Consejo de Guerra: Tribunales militares. El 19 de noviembre de 1976 la dictadura militar (1976-1983) decretó que los llamados "delitos subversivos" serían juzgados por Consejos de Guerra especiales (Ley 21.461). El 30 de junio de 1977 decretó, a su vez, que la defensa ante éstos sería desempeñada por un oficial en actividad (Ley 21.596). En muchos casos la "legalización" de las personas detenidas-desaparecidas se realizaba mediante la aplicación de un Consejo de Guerra: las retiraban de los

---

21. Fragmentos de Pilar Calveiro, *Poder y desaparición. Los campos de concentración en Argentina*, Buenos Aires, Ed. Colihue, 1998.

centros clandestinos de detención y simulaban "encontrarlas con armas" en un auto o descampado o cercanía de una dependencia policial o militar. Entonces eran "detenidas", juzgadas y condenadas por un Consejo de Guerra (ver "Legalizar o Blanquear").

Consejo Supremo de las FFAA: Es el máximo tribunal militar. El juzgamiento de oficiales superiores (de coroneles a comandantes) se realiza en este tribunal. Para ello requiere una orden presidencial, excepto para casos vinculados al terrorismo estatal en que la ley 23049, artículo 10, estableció que podía intervenir sin esa orden, por denuncias. La ley 23049 fue sancionada por el gobierno de Raúl Alfonsín. Teniendo como objetivo la "autodepuración" de las FFAA, la ley establecía que por los hechos vinculados el terrorismo de Estado (desde el 24 de marzo de 1976 hasta septiembre de 1983) las tres primeras juntas militares debían ser juzgadas por el Consejo Supremo de las FFAA. Sin embargo, preveía el control de la Cámara Federal en lo Criminal y Correccional que podía avocar las causas (es decir hacerse cargo de ellas) en caso que no existiera juzgamiento. Eso fue lo que finalmente sucedió: en septiembre de 1984 el Consejo Supremo de las FFAA decidió no juzgar a los ex comandantes en tanto entendía que "no había delito" puesto que "los decretos, directivas, órdenes de operaciones, etcétera, que concretaron el accionar militar contra la subversión terrorista son, en cuanto a contenido y forma, inobjetables". Ante esta decisión, la Cámara en lo Criminal y Correccional de la Capital Federal avocó el Juicio (ver "Juicio a las Juntas").

Conte, Augusto (1926-1992): Abogado. Padre de Augusto María Conte, detenido-desaparecido el 7 de agosto de 1976 a la edad de 21 años, mientras realizaba el Servicio Militar Obligatorio. Tras la desaparición de su hijo, Augusto Conte se convirtió en uno de los referentes y militantes más destacados del movimiento de derechos humanos en Argentina. Fue Vicepresidente de la Asamblea Permanente por los Derechos Humanos (APDH), cofundador del Centro de Estudios Legales y Sociales (CELS) en 1979 y Vicepresidente de ese organismo hasta su fallecimiento. Durante el período 1983-1986 fue Diputado Nacional electo por el Partido Demócrata Cristiano.

Conte, Augusto María: Estudiante universitario militante de Montoneros, detenido-desaparecido el 7 de agosto de 1976, a la edad de 21 años, mientras realizaba el Servicio Militar Obligatorio.

Contracultura o movimientos contraculturales: Se aplica habitualmente el término a los movimientos que, desde los años sesenta y con fuerte presencia de jóvenes, criticaron las pautas que regían el comportamiento social público —en lo que hace a la autoridad en el grupo familiar, las relaciones y las prácticas sexuales, la disciplina laboral y escolar, entre otras cuestiones— en las llamadas sociedades de consumo. El hippismo es, quizás, el movimiento contracultural más representativo.

Controversia: Revista político-cultural fundada y editada por un grupo de exiliados argentinos en México. El primer número apareció en octubre de 1979 y el último en agosto de 1981. *Controversia* causó gran polémica por el contenido de sus artículos. Integraron su staff: José Aricó, Carlos Abalo, Sergio Bufano, Rubén Caletti, Nicolás Casullo, Ricardo Nudelman, Juan Carlos Portantiero, Héctor Schmucler, Oscar Terán y Jorge Tula.

Convención de las Naciones Unidas sobre los Derechos del Niño y la Niña: Convención internacional aprobada por la Organización de Naciones Unidas el 20 de noviembre de 1989. En ella, los Estados Parte establecieron y declararon los derechos de la niñez, comprometiéndose a respetar "los derechos enunciados en la presente Convención" y a asegurar "su aplicación a cada niño sujeto a su jurisdicción, sin distinción alguna, independientemente de la raza, el color, el sexo, el idioma, la religión, la opinión política o de otra índole, el origen nacional, étnico o social, la posición económica, los impedimentos físicos, el nacimiento o cualquier otra condición del niño, de sus padres o de sus representantes legales". Los artículos 7 y 8 de esta convención, conocidos como "los artículos argentinos" fueron impulsados por Argentina, a partir de la trágica experiencia de los niños desaparecidos y apropiados durante la última dictadura militar. En su Artículo 7 establece: "El niño será inscripto inmediatamente después de su nacimiento y tendrá derecho desde que nace a un nombre, a adquirir una nacionalidad y, en la medida de lo posible, a conocer a sus padres y a ser cuidado por ellos". En su Artículo 8, establece: "1. Los Estados Parte se comprometen a respetar el derecho del niño a preservar su identidad incluidos la nacionalidad, el nombre y las relaciones familiares de conformidad con la ley sin injerencias ilícitas. 2. Cuando un niño sea privado ilegalmente de algunos de los elementos de su identidad o de todos ellos, los Estados Parte deberán prestar la asistencia y protección apropiadas con miras a restablecer rápidamente su identidad". La convención entró en vigencia el 2 de septiembre de 1990.

Convención Interamericana sobre Desaparición Forzada de Personas: Convención internacional aprobada el 9 de junio de 1994 por la Comisión Interamericana de Derechos Humanos (ver "Comisión Interamericana de Derechos Humanos"). En ella, en tanto se consideró a la desaparición forzada de personas un crimen que ofende a la conciencia y a la dignidad humanas que viola múltiples derechos esenciales, los Estados parte acordaron:

- "No practicar, no permitir, ni tolerar la desaparición forzada de personas, ni aun en estado de emergencia, excepción o suspensión de garantías individuales";
- "Sancionar en el ámbito de su jurisdicción a los autores, cómplices y encubridores del delito de desaparición forzada de personas";

- "Adoptar, con arreglo a sus procedimientos constitucionales, las medidas legislativas que fueren necesarias para tipificar como delito la desaparición forzada de personas y a imponerle una pena apropiada que tenga en cuenta su extrema gravedad. Dicho delito será considerado como continuado o permanente mientras no se establezca el destino o paradero de la víctima";
- "Incluir el delito de desaparición forzada como susceptible de extradición";
- "Cuando un Estado parte no conceda la extradición, someterá el caso a sus autoridades competentes";
- "No se admitirá la eximente de la obediencia debida a órdenes o instrucciones superiores que dispongan, autoricen o alienten la desaparición forzada. Toda persona que reciba tales órdenes tiene el derecho y el deber de no obedecerlas";
- "En ningún caso podrán invocarse circunstancias excepcionales, tales como estado de guerra o amenaza de guerra, inestabilidad de política interna o cualquier otra emergencia pública, como justificación de la desaparición forzada de personas";
- "Los Estados partes se prestarán recíproca cooperación en la búsqueda, identificación, localización y restitución de menores que hubieren sido trasladados a otro Estado o retenidos en éste, como consecuencia de la desaparición forzada de sus padres, tutores o guardadores".

El Estado argentino ratificó esta convención el 28 de febrero de 1996. El 28 de marzo de 1996 entró en vigor.

Convenciones de Ginebra: Son encuentros de representantes de distintos Estados que establecen convenios internacionales sustentados en el derecho internacional humanitario que normativizan los derechos y el trato que deben garantizarse a las personas en caso de guerra. Las dos primeras convenciones se realizaron en 1864 y 1906 y establecieron convenios "para el mejoramiento de la suerte que corren los militares heridos en los ejércitos en campaña", la tercera se realizó en 1929 y comprendió los convenios anteriores y uno referido al "trato de prisioneros de guerra". Tras la catástrofe sufrida durante la Segunda Guerra Mundial se celebró en 1949, la cuarta Convención de Ginebra firmada por 192 Estados. Ésta comprendió cuatro convenios: "I Convenio de Ginebra para Aliviar la Suerte que Corren los Heridos y Enfermos de las Fuerzas Armadas en Campaña"; "II Convenio de Ginebra para Aliviar la Suerte que Corren los Heridos, los Enfermos y los Náufragos de las Fuerzas Armadas en el Mar"; "III Convenio de Ginebra relativo al trato debido a los prisioneros de guerra"; y "IV Convenio de Ginebra relativo a la protección debida a las personas civiles en tiempo de guerra". En 1977 se le sumaron a estos convenios varios Protocolos Adicionales, firmados por 161 Estados, que extienden estas reglamentaciones a situaciones de conflictos armados dentro de las fronteras de un mismo país, y en los que participan fuerzas armadas o ejércitos irregulares. Los Estados que ratifican estos convenios y protocolos se ven obligados al cumplimiento de las normas que éstos establecen. Argentina ratificó los Convenios de Ginebra en septiembre de 1956 y los Protocolos Adicionales en noviembre de 1986.

Cooke, John William: Teórico de la izquierda peronista y referente de la "Resistencia". Ideólogo del peronismo revolucionario, impulsó un acercamiento entre el peronismo y el marxismo. Muy próximo a la Revolución Cubana, promovió la conformación de un movimiento revolucionario con estrategias insurreccionales.

Coordinación Federal: Superintendencia de Seguridad Federal (Policía Federal Argentina). Durante el período del terrorismo estatal funcionó allí un centro clandestino de detención. Está ubicada en la calle Moreno 1417 de la Ciudad de Buenos Aires (ver "Centros Clandestinos de Detención").

Cordobazo: Rebelión popular ocurrida el 29 de mayo de 1969 en la ciudad de Córdoba, tras la convocatoria por parte de los "gremios combativos" a un paro general al cual se sumaron los estudiantes universitarios. La policía no pudo controlar la situación y se dio intervención al Ejército que fue enfrentado en las calles por obreros y estudiantes. Este hecho precipitó la renuncia del ministro de economía Krieger Vasena. El Cordobazo es considerado como un símbolo del grado de desarrollo de las luchas populares y de la alianza entre distintos sectores sociales argentinos.

Coroneles de Grecia: Junta de coroneles que tras conducir un golpe de Estado en abril de 1967 establecieron una dictadura en ese país que duró hasta julio de 1974. El llamado "régimen de los coroneles" se caracterizó por su ferocidad represiva: se suspendió la Constitución y quedaron sin efecto las libertades civiles, se impuso la censura de prensa, entró en vigor la Ley Marcial y se encarceló a miles de militantes de organizaciones políticas de izquierda, intelectuales y opositores. Tras investigar las denuncias sobre la utilización de métodos de torturas con los prisioneros políticos la Comisión de Derechos Humanos del Consejo de Europa resolvió que ésa era una 'práctica ordinaria' del gobierno. Entre 1973 y 1974 la dictadura de los coroneles sufrió un desgaste muy acelerado. En noviembre reprimió brutalmente las manifestaciones estudiantiles de Atenas dejando un saldo de centenares de víctimas, hecho que le valió la condena internacional. En 1974 el régimen apoyó un golpe de Estado en Chipre y un eventual conflicto bélico con Turquía (que había invadido Chipre tras el golpe) que incrementó el desprestigio de los coroneles, que abandonaron el gobierno en julio. En 1975, tras la asunción de un nuevo gobierno constitucional, los coroneles griegos fueron juzgados y condenados. A diferencia de los ex comandantes argentinos (integrantes de las tres primeras juntas militares) los coroneles griegos fueron juzgados por las Fuerzas Armadas de su país.

Corriente Nacional y Popular (CNP): Agrupamiento político que a comienzos de la década de 1980 congregó a grupos y personas de diversas trayectorias –peronistas y de diversas posiciones de izquierda– en torno de la lucha política democrática en la nueva coyuntura constitucional. La CNP recuperó consignas de la experiencia política de los años 70, como por ejemplo, "lo nacional" y "lo popular" como fundamentos de la transformación de la sociedad.

Corte Interamericana de Justicia: Es una de las dos entidades del sistema interamericano de protección y promoción de los derechos humanos en América. Fue creada por la Convención Americana sobre derechos humanos ("Pacto de San José de Costa Rica") suscrita en San José de Costa Rica el 22 de noviembre de 1969, vigente desde 1978 y ratificado por Argentina en 1984. La Corte es una institución judicial autónoma cuyo objetivo es la aplicación e interpretación de la Convención Americana sobre Derechos Humanos. Ejerce funciones jurisdiccionales y consultivas. Se compone de siete jueces nacionales de los Estados miembros de la OEA, elegidos a título personal entre juristas de la más alta autoridad moral y de reconocida competencia en materia de derechos humanos.

Cortiñas, Nora: Integrante de Madres de Plaza de Mayo– Línea Fundadora. Madre de Carlos Gustavo Cortiñas, militante de Montoneros, detenido-desaparecido el 15 de abril de 1977. Desde la desaparición de su hijo, Nora Cortiñas se ha convertido en una figura destacada entre las Madres de Plaza de Mayo y en el movimiento de derechos humanos.

COSOFAM: Comisión de Solidaridad de Familiares de Presos, Desaparecidos y Asesinados en Argentina. Organismo de derechos humanos fundado por argentinos en el exilio. Durante la dictadura militar llevó adelante una intensa actividad de denuncia en el exterior.

Cox, Robert: Editor del periódico Buenos Aires Herald. Desde el inicio de las acciones de la Triple A y durante todo el período de la última dictadura militar (1976-1983) este periódico constituyó uno de los pocos espacios periodísticos de denuncia y divulgación de las violaciones masivas a los derechos humanos en Argentina, por lo que mereció un amplio reconocimiento internacional. En 1976, ante diversas presiones y amenazas de las fuerzas represivas, uno de sus editores, Andrew Graham-Yooll, fue forzado a abandonar el país exiliándose en el Reino Unido. La misma suerte corrió en 1979 Robert Cox, quien partió hacia Estados Unidos. El Buenos Aires Herald recibió varios premios internacionales por su labor en materia de defensa de los derechos humanos.

Crímenes de lesa humanidad: Son crímenes que ofenden a la condición misma del ser humano y a la conciencia de la humanidad. Estos crímenes están sujetos al principio de la jurisdicción internacional. Si el derecho interno del Estado en cuyo territorio se cometieron estos crímenes no impone pena alguna a sus autores, éstos no quedan exentos de responsabilidad en el derecho internacional y otros Estados pueden juzgarlos. Los crímenes de lesa humanidad son: el genocidio, el apartheid, la esclavitud, la práctica sistemática del asesinato, la desaparición forzada de personas, la tortura, el trabajo forzoso, la reducción a servidumbre, las persecuciones por motivos religiosos, étnicos, políticos, las violaciones y otras formas de abuso sexual, la deportación masiva. Todos estos delitos son imprescriptibles (no importa el tiempo que haya pasado desde su comisión; sus autores siempre pueden ser juzgados) y no reconocen el principio de la obediencia debida como atenuante o eximente de responsabilidad.

Cristianismo y Revolución: Revista inspirada en la corriente cristiana que recibió el nombre de teología de la liberación.

Crítica-autocrítica-desviación: En las organizaciones revolucionarias, los militantes debían revisar las propias actitudes personales, ideológicas y políticas que entrasen en conflicto con los principios de la organización, mediante la "crítica" y "autocrítica" oral y/o escrita, para evitar las "desviaciones", es decir, las ideas y actitudes que se apartaban de la norma.

Cruz Roja (Comité Internacional de la Cruz Roja): Organización humanitaria independiente con sede en Ginebra. Fue fundada en 1863 por un grupo de médicos voluntarios en el contexto de las guerras europeas de la época. Tras la Segunda Guerra Mundial impulsó activamente los Convenios de Ginebra de 1949. La Cruz Roja desempeña su labor en todo el mundo a fin de prestar asistencia y protección a las personas afectadas por conflictos armados y disturbios internos. Durante la ultima dictadura militar del período 1976-1983 la Cruz Roja visitó la Argentina recibiendo gran cantidad de denuncias sobre violaciones de derechos humanos. Los presos políticos también tuvieron la oportunidad de denunciar los malos tratos recibidos en las penitenciarías de la dictadura.

Cuarteto Zupay: Cuarteto musical folklórico, creado en 1967. Alcanzó una gran popularidad durante la reapertura democrática.

Cuadros políticos: En el lenguaje de la militancia política se llamaba así a aquellos militantes, generalmente dirigentes medios o altos de sus organizaciones, que contaban con una sólida formación política.

Cuartel Moncada: Cuartel de las fuerzas armadas de Cuba, cuyo intento de asalto por parte de un grupo de revolucionarios capitaneados por Fidel Castro, el 26 de julio de 1953, constituyó el antecedente más importante de la Revolución Cubana de 1959.

Cuba: Isla del Caribe, último país latinoamericano en alcanzar la Independencia de España (1898). Su historia se vio dominada por la influencia norteamericana hasta 1959, cuando una revolución la orientó rápidamente hacia la órbita soviética. Desde entonces, constituyó el modelo más cercano para los revolucionarios latinoamericanos.

D

D: Así se denominó, en la jerga de los militantes políticos, a la agrupación Descamisados.

De Bonafini, Hebe: Presidenta de la Asociación de Madres de Plaza de Mayo. Madre de Jorge Omar Bonafini y Raúl Alfredo Bonafini, detenidos desaparecidos el 8 de febrero de 1977 y el 6 de diciembre de 1977 respectivamente. Desde la desaparición de sus hijos, Hebe de Bonafini se ha convertido en una figura destacada entre las Madres de Plaza de Mayo.

Decreto 157 de Alfonsín: Decreto firmado en diciembre de 1983 por el presidente Raúl Alfonsín, que disponía la detención y el procesamiento de los miembros sobrevivientes de la conducción de las organizaciones guerrilleras Montoneros y Ejército Revolucionario del Pueblo (ERP).

Decreto de aniquilamiento de Isabelita: Se conoce con ese nombre al decreto N° 261 firmado el 5 de febrero de 1975 por la entonces presidenta de la Nación, María Estela Martínez de Perón, conocida como Isabelita. Este decreto dio lugar al Operativo Independencia mediante el cual el Ejército ocupó buena parte del territorio de la provincia de Tucumán con el objetivo de "aniquilar" al foco guerrillero instalado allí desde finales de 1974 por el Ejército Revolucionario del Pueblo (ERP). El decreto 261 fue aprobado y refrendado por el gabinete de gobierno y por el Congreso respectivamente. En octubre de 1975, un nuevo decreto del Poder Ejecutivo Nacional (N° 2722) extendió el "Operativo independencia" a todo el territorio nacional, disponiendo "ejecutar las operaciones militares y de seguridad que sean necesarias a efectos de aniquilar el accionar de los elementos subversivos en todo el territorio del país".

Degregorio, Oscar Rubén: Militante de Montoneros. Fue miembro de la Conducción Nacional de esa organización, hasta su desaparición, ocurrida en noviembre de 1977.

Democracia Formal: En los años posteriores a la Primera Guerra Mundial, algunas corrientes políticas, tanto en Europa como en América, criticaron la organización institucional y el funcionamiento de las llamadas democracias liberales desde varias perspectivas. Algunos señalaban las dificultades que las democracias tenían para resolver los problemas de las sociedades de masas; otros, insistían en que la proclamada igualdad en el terreno político no se extendía al ámbito económico y social. Finalmente había quienes objetaban que los sistemas democráticos no contemplaran la representación de los grupos sociales e insistieran en considerar que sólo los partidos políticos eran actores en el sistema. La denominación "democracia formal", en la Argentina de los años setenta y los de la reapertura democrática, solía aludir a aquel régimen que respetando los procedimientos constitucionales, las leyes y el principio de representación, se agotaba en ese plano y no cambiaba las "verdaderas" relaciones de poder ni lograba transformar la sociedad.

Derecha peronista: Sector del movimiento peronista nucleado en torno al anticomunismo, que resistió los intentos de dotar al peronismo de un carácter revolucionario.

Derecho de opción: Es el derecho establecido en el artículo 23 de la Constitución Nacional, que determina que, en caso de estado de sitio "no podrá el presidente de la República condenar por sí ni aplicar penas. Su poder se limitará en tal caso respecto de las personas, a arrestar o trasladarlas de un punto a otro de la Nación, si ellas no prefiriesen salir fuera del territorio argentino". Durante el período 1976-1983 los presos políticos que estaban a disposición del Poder Ejecutivo Nacional (ver "a disposición del PEN") intentaban hacer valer su derecho a salir del país. Sin embargo la dictadura militar sancionó varios decretos que obstaculizaban y/o limitaban este derecho (por ejemplo: la Ley 21.275, sancionada el 29 de marzo de 1976, dejó sin efecto las solicitudes de opción para salir del país que se encontraban en trámite; las leyes 21.448 y 21.568, sancionadas el 27 de octubre de 1976 y el 30 de abril de 1977 respectivamente, prorrogaron por más de 150 días la suspensión de este derecho).

Derian, Patricia: Subsecretaria de Derechos Humanos y Asuntos Humanitarios del Departamento de Estado de los Estados Unidos durante la presidencia de James Carter (1977-1981). Durante su gestión visitó la Argentina en dos ocasiones y se entrevistó con miembros de la Junta Militar para recabar información en respuesta a las denuncias por violaciones a los derechos humanos.

Derrota del peronismo: En los testimonios seleccionados, refiere a la derrota electoral del Partido Justicialista (PJ) en octubre de 1983. En esas elecciones, la Unión Cívica Radical (UCR) obtuvo la victoria con el 53% de los votos, en tanto el PJ obtuvo el 39%. Fue ésta la primera derrota electoral del peronismo.

Desaparición Forzada de Personas: Según la Convención Interamericana sobre Desaparición Forzada de Personas "se considera desaparición forzada la privación de la libertad a una o más personas, cualquiera que fuere su forma, cometida por agentes del Estado o por personas o grupos de personas que actúen con la autorización, el apoyo o la aquiescencia del Estado, seguida de la falta de información o de la negativa a reconocer dicha privación de libertad o de informar sobre el paradero de la persona, con lo cual se impide el ejercicio de los recursos legales y de las garantías procesales pertinentes".

Descamisados: Organización armada peronista que en 1972 se incorporó a Montoneros.

Descolonización: Proceso de independización de las colonias de África y Asia respecto de las potencias europeas (Gran Bretaña, Francia, Holanda,

Alemania), conocido también como guerras de liberación nacional, que tuvo lugar luego del fin de la Segunda Guerra Mundial (1939-1945).

Desviación militarista: También llamada militarización. Expresión que utilizaban los militantes de una organización guerrillera para criticar una estrategia de toma del poder que subordinaba las acciones políticas a las militares.

Diario del Juicio: Diario semanal que reproducía la versión taquigráfica completa de las audiencias del Juicio a la Juntas, llevado adelante entre abril y diciembre de 1985 (ver "Juicio a las Juntas").

Díaz, Pablo: Fue militante de la Juventud Guevarista. La noche del 21 de septiembre de 1976 fue secuestrado del hogar familiar en la ciudad de La Plata, a la edad de 17 años. Estuvo detenido-desaparecido en los centros clandestinos de detención Pozo de Arana, Pozo de Quilmes y Pozo de Banfield, donde compartió cautiverio con los adolescentes secuestrados la noche del 16 de septiembre de 1976 tristemente conocida como la *Noche de los lápices*. El 28 de diciembre de 1976 Pablo Díaz fue "legalizado" quedando preso a disposición del Poder Ejecutivo Nacional (PEN) hasta noviembre de 1982. Los otros siete jóvenes continúan desaparecidos. El testimonio de Pablo Díaz resultó de suma importancia para la reconstrucción de estos hechos tanto en el Juicio a las Juntas y en los Juicios por la Verdad, como en todos aquellos emprendimientos políticos, culturales y sociales que desde la reapertura democrática hasta hoy, tienen como objetivo el no olvido de las atrocidades cometidas por el terrorismo estatal (ver "Noche de los lápices").

DIPBA: Dirección de Inteligencia de la Policía de la Provincia de Buenos Aires.

Documentos de Agitación y Propaganda: Materiales de propaganda política de las organizaciones políticas (revistas, panfletos, obleas, etc).

Doctrina Social de la Iglesia: A través de las encíclicas papales, la Iglesia imparte enseñanzas morales en el ámbito social, económico y político en el que se desarrolla la vida del hombre. De esta manera expresa sus juicios morales en materia económica y social.

Dorticós, Osvaldo: Abogado y político cubano. Tras el triunfo de la revolución liderada por Fidel Castro, fue ministro de Leyes y Presidente de la República entre 1958 y 1976. Luego fue vicepresidente del Consejo de Ministros (1976) y ministro de Justicia (1980-1983).

E

El Brujo: Apodo con que se conocía a José López Rega, asistente de Juan D. Perón durante su exilio en España y ministro de Bienestar Social durante los gobiernos de Cámpora, Perón, e Isabel Perón. Este apodo se debía a su inclinación por el esoterismo y la "magia negra". Fundador y líder de la Alianza Anticomunista Argentina (o Triple A). Abandonó el país en 1975. Fue juzgado y condenado durante el gobierno de Raúl Alfonsín. Murió en la cárcel en 1989.

El General: Denominación coloquial para referirse a Perón, una de las personalidades políticas más importantes del siglo XX. Creador y líder del Movimiento Peronista y del Partido Justicialista; presidente argentino durante tres períodos: dos consecutivos, desde 1946 hasta 1955 (cuando fue derrocado por la llamada "Revolución Libertadora") y el tercero desde el 12 de octubre de 1973 hasta su muerte, ocurrida el 1º de julio de 1974.

El Kadri, Envar "Cacho": Fundador de la Juventud Peronista y de las Fuerzas Armadas Peronistas (FAP).

Edificio Libertad: Sede del Estado Mayor General de la Armada. Está ubicado en Av. Comodoro Py 2055 de la Ciudad de Buenos Aires.

EGP. Ejército Guerrillero del Pueblo: Una de las primeras organizaciones guerrilleras argentinas, organizada por el periodista Jorge Masetti, inspirada en el foquismo del "Che" Guevara. Operó en la provincia de Salta a principios del gobierno de Arturo Illia y fue sofocada rápidamente.

Embute: En la jerga de los militantes, "escondite" donde se pueden guardar armas, materiales, volantes, prensa, etcétera.

Emmed, Julio Alberto: Oficial de la Policía de Buenos Aires. Según su propia declaración ante la Comisión Nacional sobre la Desaparición de Personas (CONADEP) participó de "traslados" de personas secuestradas en la Brigada de Investigaciones de La Plata. En dichos "traslados" los detenidos fueron asesinados y sus cuerpos fueron inhumados en tumbas NN. En su declaración se refirió también a la responsabilidad que les cupo en dichos operativos al comisario General Etchecolatz, al médico José Antonio Bergés y al capellán Christian Von Wernich. Emmed fue beneficiado con la Ley de Punto Final. Parte de la declaración de Julio A. Emmed puede leerse en *Nunca Más. Informe de la Comisión Nacional sobre la Desaparición de Personas"*, Buenos Aires, EUDEBA, 1984, pp. 259-260.

Enfrentamiento: Combate armado entre las fuerzas represivas y miembro/s de una organización político-militar. Durante el período del terrorismo estatal las fuerzas represivas solían simular "enfrentamientos" para "blanquear" a los detenidos-desaparecidos asesinados.

Engorde: Nombre con que se denominó al ingreso masivo de jóvenes militantes a Montoneros durante el gobierno de Héctor Cámpora.

Equipo Argentino de Antropología Forense (EAAF): Es una organización científica, no gubernamental y sin fines de lucro. Sus miembros trabajan como peritos y consultores de la justicia tanto en Argentina como en otros países. Desde 1984 ha trabajado en la aplicación de las ciencias forenses, particularmente la antropología forense, en la investigación de violaciones a los derechos humanos. Su labor adquiere particular importancia en la identificación de restos pertenecientes a personas detenidas-desaparecidas durante la última dictadura militar.

ERP 22: Escisión del Ejército Revolucionario del Pueblo (ERP), caracterizada por una posición de acercamiento al peronismo revolucionario. Tomó su nombre de la fecha de la Masacre de Trelew.

Escritores malditos: Aquellos escritores que no reconocen ninguna escuela literaria establecida y que fueron ignorados o criticados por el público debido a su carácter revulsivo.

Ese Infierno: Libro testimonial escrito por cinco mujeres sobrevivientes de la ESMA: Cristina Aldini, Miriam Lewin, Elisa Tokar, Liliana Gardella y Nilda Actis Goretta. Buenos Aires, Ed. Sudamericana, 2001.

ESMA: Escuela de Mecánica de la Armada. Funcionó allí uno de los mayores centros clandestinos del país. La ESMA está ubicada en las proximidades de Avenida Libertador y General Paz, en la Capital Federal. Los detenidos eran alojados y torturados en el sitio donde funcionaba entonces el Casino de Oficiales (ver "Centros Clandestinos de Detención"). Desde la reapertura democrática la ESMA se ha erigido como emblema de la represión ilegal y el terrorismo de Estado. El 24 de marzo de 2004, el presidente de la Nación, Néstor Kirchner y el jefe de Gobierno de la Ciudad de Buenos Aires, Aníbal Ibarra, firmaron un convenio por el cual se comprometen a trabajar conjuntamente para que la ESMA se convierta en un *"Espacio para la Memoria y para la promoción y defensa de los Derechos Humanos"*.

Espartaco: Líder de una rebelión de esclavos en la antigua Roma. Su nombre fue recordado por revolucionarios de los siglos XIX y XX como símbolo de la lucha contra la opresión.

Estado de sitio: Estado de excepción en el que se suspenden temporariamente las garantías constitucionales. Los alcances de esta medida están descriptos en el artículo 23 de la Constitución Nacional. El estado de sitio fue decretado por todas las dictaduras militares argentinas y por varios gobiernos constitucionales.

EUDEBA: La Editorial Universitaria de Buenos Aires fue fundada en 1958 por la Universidad de Buenos Aires (UBA) con el objetivo de difundir masivamente y a bajo precio libros de primer nivel científico y literario.

Evita: nombre coloquial para referirse a María Eva Duarte de Perón (1919-1952). Actriz de origen humilde, contrajo matrimonio con Juan D. Perón. Como primera dama, durante el primer gobierno de éste (1946-1952), se convirtió en un símbolo popular. Su papel en la legitimación del gobierno peronista fue decisivo mediante sus encendidas críticas a los opositores y sus acciones de ayuda y protección a los pobres.

Evita Montonera: Nombre de una revista editada por Montoneros desde fines de 1974.

Existencialismo: Corriente filosófica de origen alemán, popularizada mundialmente en la década de 1960 en su versión francesa, particularmente a través de la obra de Jean Paul Sartre (1905-1980). Contra las ideas esencialistas y metafísicas acerca del ser humano (que sostienen que habría una "esencia" determinando toda existencia), plantea que es la existencia concreta la que determina la vida de los individuos, y que por lo tanto éstos son capaces de tomar en sus manos la libertad de "crearse a sí mismos".

Extradición: Procedimiento por el que las autoridades de un Estado hacen entrega de una persona que se encuentra en su territorio a las de otro Estado que la reclama, para que pueda ser enjuiciada penalmente por este segundo o para que cumpla una pena ya impuesta.

Ezeiza: Ver "20 de junio de 1973".

F

Fabbri, Luis Alberto: Secuestrado el 21 de abril de 1977 en la Capital Federal. Fue visto con vida en el centro clandestino de detención conocido como "El Vesubio". Asesinado el 14 de mayo de 1977. Su caso fue seleccionado entre otros, por la justicia italiana. (ver "Juicios en el exterior"; "Suárez Mason, Guillermo" y "Riveros, Santiago").

FAL - Fuerzas Argentinas de Liberación: Fundadas en abril de 1969, se formaron a partir de grupos marxistas disidentes del Partido Comunista (PC) y del Partido Comunista Revolucionario (PCR). También recibieron antiguos militantes del MALENA. Se estructuraron como columnas guerrilleras.

Falcon: Modelo de automóviles marca Ford, empleados por los grupos de tareas en sus operativos. Durante la última dictadura militar el "Falcon verde" se convirtió en un símbolo de la represión ilegal.

Familiares: Familiares de Desaparecidos y Detenidos por Razones Políticos. Organismo de derechos humanos nacido en septiembre de 1976. Durante la dictadura militar núcleo a familiares de detenidos–desaparecidos y de presos políticos. Desde su formación asumió y denunció el carácter político de las desapariciones, y realizó una intensa actividad de solidaridad con los presos políticos y sus familias. Este organismo integra la asociación Memoria Abierta.

Familiares de desaparecidos y detenidos por razones políticas: Organismo de derechos humanos nacido en septiembre de 1976. Durante la dictadura militar nucleó a familiares de detenidos–desaparecidos y de presos políticos. Desde su formación asumió y denunció el carácter político de las desapariciones y realizó una intensa actividad de solidaridad con los presos políticos y sus familias. Este organismo integra la asociación Memoria Abierta.

Fanon, Franz (1925-1961): Escritor mundialmente famoso por su crítica del colonialismo y su teorización acerca de la violencia de los pueblos colonizados contra sus opresores. Nació en Martinica y tras estudiar psiquiatría en Francia, se trasladó al norte de África en 1953 y allí se comprometió con las luchas de liberación de Argelia y del Tercer Mundo en general.

FAP-Fuerzas Armadas Peronistas: Grupo insurreccional peronista surgido en 1967, cuyo eje fue el trabajo de base en el área barrial y fabril como sustento de sus acciones armadas. Ese año miembros de su conducción fueron detenidos en Taco Ralo (Tucumán), cuando intentaban establecer un foco guerrillero.

FAR-Fuerzas Armadas Revolucionarias: Agrupación guerrillera de origen marxista, hizo su aparición pública a comienzos de 1970. A fines de 1973 se fusionó con Montoneros.

Fast, Howard (1914-2003): Novelista norteamericano célebre por sus temáticas políticas, fue miembro del Partido Comunista de su país y perseguido por el Comité de Actividades Antinorteamericanas presidido por el senador Joseph MacCarthy en los años 50. Una de sus novelas más famosas, llevada al cine, fue "Espartaco".

FEN. Federación de Estudiantes Nacionales: Corriente universitaria peronista de intensa actividad opositora durante el gobierno del general Alejandro A. Lanusse.

Ferla, Salvador: Historiador, autor del libro "Mártires y Verdugos", en el que narra la historia del fusilamiento de militares peronistas ordenado por la "Revolución Libertadora" en 1956.

Fernández Meijide, Graciela: Madre de Pablo Fernández Meijide, detenido-desaparecido el 23 de octubre de 1976. Tras la desaparición de su hijo se integró activamente al movimiento de derechos humanos. Fue miembro de la Asamblea Permanente por los Derechos Humanos (APDH) e integró la Comisión Nacional sobre Desaparición de Personas (ver "CONADEP") quedando bajo su cargo la Secretaría de Recepción de Denuncias.

Fierros: En la jerga marginal, policial y política, nombre que se les da a las armas de fuego.

Filtro: En la jerga de la militancia, "infiltrado", generalmente de los servicios de inteligencia.

Firmenich, Mario Eduardo ("el Pepe"): Uno de los fundadores de Montoneros y miembro de su conducción Nacional. Condenado a prisión en 1985, fue beneficiado, en 1991, con el indulto presidencial otorgado por Carlos Saúl Menem

FJC - Federación Juvenil Comunista: También llamada Juventud Comunista o "FEDE". Rama juvenil del Partido Comunista (PC). Durante las décadas de 1950 y 1960 fue un referente muy importante para los jóvenes de izquierda, especialmente en espacios universitarios.

Foco o foquismo: Estrategia político-militar propugnada por algunas organizaciones revolucionarias consistente en asentar un núcleo de combatientes (foco) en una zona o territorio determinado con el fin de incentivar y convocar a las masas a la lucha contra los sectores dominantes y el "imperialismo". Esta modalidad particular de guerrilla fue exitosa durante la Revolución Cubana y luego fue propagada por el "Che" Guevara.

FORJA. Frente de Orientación Radical para la Joven Argentina: Agrupación que surgió a comienzos de la década de 1930, que reunía a jóvenes provenientes del radicalismo, de tradición nacionalista popular. Arturo Jauretche fue uno de sus fundadores. (Ver "Jauretche, Arturo".)

Formaciones especiales: Expresión acuñada por Juan D. Perón para referirse a las organizaciones armadas del movimiento peronista. Con el tiempo, esta expresión fue identificándose cada vez más con Montoneros.

Fosas de NN o fosas comunes: Tumbas, individuales o colectivas, de personas no identificadas. A partir de 1982 se localizaron en distintas localidades del país una importante cantidad de fosas de NN, pertenecientes presumiblemente a personas detenidas-desaparecidas durante la última dictadura militar. Desde 1984 el Equipo Argentino de Antropología Forense se destaca en la labor de su identificación (ver "Equipo Argentino de Antropología Forense").

F.O.T.I.A. Federación Obrera Tucumana de la Industria Azucarera: Agrupaba sindicalmente a los trabajadores del azúcar.

Framini, Andrés: Destacado dirigente peronista, fue una figura destacada de la "resistencia peronista" en el ámbito sindical; triunfó en las elecciones a gobernador de la provincia de Buenos Aires en 1962, las que fueron anuladas por el gobierno de Arturo Frondizi. Más tarde fue miembro del Partido Peronista Auténtico.

Franco, Francisco (1892-1975): Militar español. Encabezó la conspiración militar contra el gobierno republicano español en julio de 1936. Esta sublevación dio origen a la Guerra Civil Española (1936-1939). La ayuda militar que le prestaron la Alemania nazi y la Italia fascista, puede explicar la victoria que Franco consiguió en 1939. Terminada la guerra civil, Franco impuso en toda España un régimen de nuevo cuño inicialmente alineado con los fascismos de Hitler y Mussolini. Tras el fin de la Segunda Guerra Mundial su régimen sufrió cierto aislamiento diplomático, pero consiguió apoyo político debido a su anticomunismo en el contexto de la «guerra fría». Franco impuso en España una dictadura personal de carácter autoritario, unitario y centralista (contra toda autonomía regional o reconocimiento de peculiaridades culturales). Los partidos políticos y los sindicatos fueron proscriptos. Copió de los modelos fascistas la idea de una jefatura carismática unipersonal (con el apelativo de *Caudillo),* de un partido único (el *Movimiento Nacional)* y de un vago corporativismo (sindicato vertical). La represión de la oposición fue feroz (con unos 60.000 ejecutados sólo entre 1939 y 1945, continuando las ejecuciones políticas hasta 1975). En el plano económico optó por una política de autarquía que hundió a España en el estancamiento y el atraso en contraste con la recuperación que vivía el resto de Europa. Sin embargo, la necesidad de homologarse con los países occidentales y de reforzar la alianza con Estados Unidos le llevó a una progresiva liberalización económica a partir del Plan de Estabilización de 1959. Tras la muerte de Franco, ocurrida el 20 de noviembre de 1975, se inició en España un proceso de transición hacia el régimen político actual, una Monarquía Parlamentaria.

Franja Morada: Agrupación que nuclea a los jóvenes radicales (UCR-Unión Cívica Radical) en la universidad, surgida bajo el gobierno de Arturo Illia (1963-1966).

Freire, Paulo (1921-1997): Maestro y pedagogo brasileño. Su obra teórica sobre la "pedagogía del oprimido", sus campañas de alfabetización de adultos y sus concepciones revolucionarias sobre la enseñanza fueron influyentes en América Latina y en el mundo.

Frente barrial: Conjunto de organizaciones barriales legales que formaban parte de la estrategia conjunta de Montoneros. Es posible que en algunos testimonios, al referirse a la militancia en el "frente barrial" se expresen en términos de "trabajo territorial".

Frente de Lisiados Peronistas: Agrupación fundada a comienzos de la década de 1970. Logró la promulgación de una ley nacional que obligaba a las empresas a tomar un cuatro por ciento de empleados discapacitados.

Frente militar: Se denominó así a las ramas o secciones –de las organizaciones guerrilleras– encargadas de la actividad militar.

Frente universitario: Agrupaciones de la política universitaria que respondían a la estrategia de Montoneros, fundamentalmente la Juventud Universitaria Peronista (JUP).

Frigoríficos SWIFT: Una de las mayores empresas frigoríficas radicadas en el país, de origen estadounidense.

Frondizi, Arturo: Líder político de la Unión Cívica Radical Intransigente (UCRI). presidente de la Nación entre 1958 y 1962, durante su gestión impulsó una política económica denominada "desarrollismo". Fue derrocado por las FFAA el 29 de marzo de 1962. Tras el golpe militar, José María Guido, presidente del Senado, asumió la presidencia provisional de la Nación hasta las elecciones del año siguiente. Su gobierno estuvo totalmente subordinado al poder de las Fuerzas Armadas.

Fucik, Julius (1903-1943): Escritor, periodista y pensador checoslovaco. Nació en Praga en el seno de una familia obrera. Estudió filosofía en la universidad de Pilsen. En 1921 ingresó en el Partido Comunista de Checoslovaquia y por esas mismas fechas se inició como crítico literario y teatral. Fue redactor de varias publicaciones comunistas. Tras la invasión de Checoslovaquia por parte de las tropas alemanas integró el Comité Central del Partido Comunista, en la clandestinidad. En abril de 1942 fue detenido por la GESTAPO y condenado a muerte por el tribunal nazi el 25 de agosto de 1943. Fue ejecutado el 8 de septiembre. Durante su cautiverio escribió su última obra, "Reportaje al pie del patíbulo", en la que narra diversos aspectos de su experiencia en el campo de concentración nazi. "Reportaje al pie del patíbulo" fue sacado clandestinamente de la prisión hoja por hoja. Publicado por primera vez en 1945 adquirió resonancia internacional traduciéndose a numerosos idiomas.

Fuerzas conjuntas: Unión o participación de distintas fuerzas de seguridad y defensa para un mismo operativo.

Fundación Memoria Histórica y Social Argentina: Este organismo fue creado a fines de 1987. Está constituido por un grupo de familiares de detenidos-desaparecidos. Desde su fundación contó con el apoyo de personalidades del ámbito religioso, jurídico, científico y de la cultura. Su principal campo de acción lo constituye la realización de concursos sobre Derechos Humanos y terrorismo de Estado en escuelas secundarias y universidades. Esta fundación integra la asociación Memoria Abierta.

Fusilamientos de 1956: Fusilamiento de militantes peronistas ordenado por la llamada "Revolución Libertadora" en junio de 1956. Este acontecimiento fue reconstruido por el escritor y periodista Rodolfo Walsh en su obra *Operación Masacre*.

Fusión (FAR y Montoneros): Proceso de integración, en 1973, de las organizaciones guerrilleras Montoneros y Fuerzas Armadas Revolucionarias (FAR).

G

Galimberti, Rodolfo: Fundador de la Juventud Argentina por la Emancipación Nacional (JAEN), delegado de Perón para la Juventud Peronista hasta 1973. Importante líder de la organización Montoneros. Es cuestionado por muchos militantes de esa organización por sus prácticas "militaristas". Condenado a prisión en 1985, fue beneficiado, en 1991, con el indulto presidencial otorgado por Carlos S. Menem.

Galtieri, Leopoldo F. (1926-2003): Militar argentino, tercer presidente de facto del llamado "Proceso de Reorganización Nacional" (1976-1983). Entre octubre de 1976 y enero de 1979 se desempeñó como Comandante del II Cuerpo de Ejército y en consecuencia, fue Jefe de la Zona 2 con jurisdicción en las provincias de Formosa, Chaco, Santa Fé, Misiones, Corrientes y Entre Ríos. En diciembre de 1981 fue designado presidente de la Nación por la Junta Militar. En abril de 1982, ante el descontento y la presión popular, Galtieri optó por adelantar una operación militar concebida hacia fines de 1981 y proyectada para mayo o julio de 1982: la recuperación de las Islas Malvinas. Tres días después de la rendición de las tropas argentinas en las islas –ocurrida el 14 de junio de 1982– y ante la intensidad de la protesta popular, Galtieri renunció a la presidencia. El dictador que lo sucedió, Reynaldo Bignone, se vio obligado a convocar a elecciones libres para el 30 de octubre de 1983 (ver "Bignone, Reynaldo"). Galtieri fue procesado y condenado (1983-1986) por el Consejo Superior de las Fuerzas Armadas por su responsabilidad en la guerra de Malvinas; procesado y absuelto en el Juicio a las Juntas Militares (1985), (ver "Juicio a las Juntas"). Indultado en 1990 por el entonces presidente Menem, fue nuevamente procesado en 2002 por su responsabilidad en el secuestro y desaparición de un grupo de militantes montoneros a fines de 1979 y principios de 1980. Murió en 2003, mientras cumplía arresto domiciliario.

García Buela, Horacio: Estudiante y militante de la Unión de Estudiantes Secundarios (UES). Secuestrado el 7 de agosto de 1976, a los 21 años de edad, mientras cumplía con el Servicio Militar Obligatorio. Sus restos fueron identificados por el Equipo Argentino de Antropología Forense en el año 2001, entre las víctimas de la Masacre de Fátima, ocurrida el 20 de agosto de 1976 (ver "Masacre de Fátima" y "Equipo Argentino de Antropología Forense").

Garzón Real, Baltasar: Magistrado español, juez del Juzgado Central de Instrucción Nº 5, Audiencia Nacional de Madrid. Desde mediados de la década de 1990 lleva adelante una importante cantidad de juicios contra represores argentinos y chilenos por crímenes de lesa humanidad.

Gaspar Campos: Calle de la zona norte del Conurbano donde estaba ubicada la casa en la que residió Perón durante su primer retorno a la Argentina (1972). Allí se realizaron numerosas concentraciones.

Gatillo fácil: Expresión que alude a las muertes provocadas por los oficiales de la policía cuando disparan sobre ciudadanos violando las reglas y procedimientos de represión del delito fundados en la ley y en las garantías constitucionales. Según muchos especialistas el "gatillo fácil" es una de las formas que asume la "violencia institucional" es decir, un método de control social que ejerce el Estado a través de la policía, sobre los sectores populares de la sociedad.

Genocidio: El artículo II de la Convención para la Prevención y Sanción del Delito de Genocidio, adoptado por la Asamblea General de las Naciones Unidas el 9 de diciembre de 1948 establece: "Se entiende por genocidio cualquiera de los actos mencionados a continuación perpetrados con la intencionalidad de destruir, total o parcialmente, a un grupo nacional, étnico o religioso: matanza de miembros del grupo; lesión grave a la integridad física o mental de los miembros del grupo;

sometimiento intencional del grupo a condiciones de existencia que tengan que comportar su destrucción física, total o parcial; medidas destinadas a impedir los nacimientos dentro del grupo; traslado por la fuerza de niños del grupo a otro grupo". Algunos ejemplos históricos de genocidio son: la masacre perpetrada por Turquía contra el pueblo armenio en 1915, el exterminio judío en los campos de concentración nazis, las matanzas perpetradas por los Khmers Rojos en Camboya, las cometidas en la antigua Yugoslavia y aquellas ocurridas en Ruanda durante la pasada década.

Georgiadis, Angel: Militante de Descamisados y de Montoneros. Fue detenido el 16 de julio de 1975. Estuvo preso en la cárcel de Villa Devoto y en la de La Plata. El 1 de febrero de 1977 fue asesinado por las fuerzas represivas en un supuesto traslado (ver "Pabellones de la muerte").

Gerardi, Juan Carlos: Miembro de Prefectura. Durante la dictadura militar se desempeñó en la Prefectura Naval en la zona de Tigre. Tras la reapertura democrática fue procesado por privaciones ilegítimas de la libertad. Fue beneficiado con la Ley de Punto final (1986). En el año 2000 fue condenado por la justicia italiana junto a otros miembros de la Prefectura, por el secuestro y homicidio del sindicalista italiano de los astilleros ASTARSA, Martino Mastinú (ver "Juicios en el exterior").

Getino, Octavio: Cineasta argentino, del grupo Cine y Liberación, co director, junto a Pino Solanas, de "La Hora de los Hornos" y "Actualización política y doctrinaria".

Gleizer, Raimundo: Cineasta, militante del PRT-ERP y líder del grupo Cine de Base afín a esa agrupación. Fue detenido-desaparecido el 17 de mayo de 1976.

Gorila: Denominación popular de los antiperonistas. Por extensión, persona autoritaria, reaccionaria y contraria al "pueblo".

Golpe de Chile: Golpe de Estado encabezado por el general Augusto Pinochet el 11 de septiembre de 1973 contra el gobierno constitucional del socialista Salvador Allende. El golpe contó con el apoyo del gobierno de los Estados Unidos. Pinochet implantó una dictadura militar que duró hasta 1990. La actividad represiva implementada por la dictadura fue particularmente feroz y sangrienta durante los primeros meses: hacia fines de septiembre más de 7000 personas fueron detenidas sólo en la ciudad de Santiago y cientos de personas fueron fusiladas en todo el país. Entre 1973 y 1990 se calcula que más de medio millón de personas fueron exiliadas, miles fueron presas y alrededor de dos mil fueron desaparecidas.

Golpe de Onganía. (28 junio de 1966): Golpe de Estado encabezado por el general Juan Carlos Onganía contra el gobierno constitucional de Arturo Illia (1963-1966). Tras el golpe las Fuerzas armadas instauraron una dictadura –que duraría hasta 1973– caracterizada por una intensa represión y una política económica adversa a los sectores populares (ver "Krieger

Vasena, Adalbert"). Onganía asumió la presidencia el 28 de junio de 1966. En junio de 1970, la Junta de Comandantes lo remplazó por el general Roberto Marcelo Levingston quien a su vez fue reemplazado en marzo de 1971, por el general Alejandro Agustín Lanusse.

Gorriarán Merlo, Enrique Haroldo: Uno de los principales líderes del Ejército Revolucionario del Pueblo (ERP), responsable del área militar. Permaneció en el exterior durante la dictadura integrando distintas organizaciones revolucionarias. Lideró el Movimiento Todos por la Patria (MTP) que realizó el sangriento ataque a La Tablada en 1989. Capturado en México en la década del 90, permaneció preso hasta el indulto presidencial de Eduardo Duhalde (2003).

Grabaciones de Madrid: Durante su proscripción y exilio, Perón adoptó el método de enviar sus mensajes e instrucciones mediante cintas y grabaciones, que daban gran legitimidad a quien las traía y difundía.

Grinspon de Logares, Mónica: Militante de la Juventud Peronista (JP) y luego de Montoneros. Detenida-desaparecida el 18 de mayo de 1978 en la ciudad de Montevideo (Uruguay) junto a su esposo, Claudio Logares y la pequeña hija de ambos, Paula, de dos años de edad. Paula fue apropiada por un represor; recuperó su identidad el 13 de diciembre de 1984, constituyendo el primer caso de restitución de niños apropiados.

Grondona, Mariano: Abogado y periodista de gran participación en la vida política argentina desde la década de 1960, vinculado a los grupos civiles que apoyaron y fundamentaron ideológicamente los distintos golpes de Estado.

Grupo de tareas: Denominación que recibían los grupos de acción represiva ilegal durante el período de terrorismo estatal. Eran quienes tenían a su cargo la ejecución directa y material del plan represivo. La cantidad de integrantes de estos grupos variaba, según el centro clandestino de detención (C.C.D.) para el que operasen y de la/s fuerza/s represivas de la/s que dependieran. La estructura de los distintos grupos de tareas podía ser variada y en la mayoría de los casos fueron cambiando a lo largo del período. El grupo de tareas de la ESMA (denominado GT 3.3.2), por ejemplo, comenzó su actuación con una docena de oficiales y en siete meses creció notablemente en cantidad de efectivos. Al mismo tiempo dejó de depender del Servicio de Inteligencia Naval para quedar directamente supeditado al Comandante en Jefe de la Armada (Emilio Massera) a través del director de la ESMA (Rubén Chamorro). La estructura del GT 3.3.2 tenía tres sectores (con efectivos asignados a tareas específicas en cada uno de ellos): Inteligencia, Operaciones y Logística.

Grupo Cine Liberación: Grupo de cineastas conformado en 1968 con el fin de crear un cine militante que vinculase el arte, las luchas sociales y la política revolucionaria.

Grupo Octubre: Agrupación teatral fundada en 1970 por Norman Briski, cuyo objetivo era acercar el teatro a los sectores obreros y marginados y potenciar a través de él su participación artística y política.

Guagnini, Catalina: Fue militante social y del Partido Obrero. Madre de Diego y Luis Guagnini, militantes de Montoneros. Diego fue secuestrado en mayo de 1977 y Luis el 21 de diciembre del mismo año, ambos están desaparecidos. Integrante de Familiares de Desaparecidos y Detenidos por Razones Políticas, Catalina fue una figura destacada del movimiento de derechos humanos en Argentina. Falleció el 30 de julio de 2004.

Guagnini, Diego: Militante de Montoneros, detenido-desaparecido el 31 de mayo de 1977.

Guagnini, Luis: Militante de Montoneros, detenido-desaparecido el 21 de diciembre de 1977.

Guerra popular prolongada: Modalidad insurgente adoptada por algunas organizaciones guerrilleras según el modelo exitoso del Vietcong. En ella, las formaciones irregulares en combinación con las características topográficas contribuyen a una larga guerra de desgaste del adversario.

Guerra sucia: Denominación elaborada por los jefes militares para caracterizar su actuación durante los años del terrorismo de Estado. Tal como se sostiene en el "Documento Final de la Junta Militar sobre la guerra contra la subversión y el terrorismo" de abril de 1983, en el país hubo una "guerra" (entre las Fuerzas Armadas y "la subversión") en la cual se cometieron "errores y excesos que pudieron traspasar los límites de los derechos humanos fundamentales y que quedan sujetos al juicio de Dios en cada conciencia". De esta manera justificaban las violaciones sistemáticas a los derechos humanos (secuestros, torturas, asesinatos, etc.) cometidas durante el terrorismo de Estado. Para las FFAA, la "guerra" había sido "sucia" como consecuencia del tipo de enfrentamiento "no convencional" "impuesto" por el enemigo "subversivo".

Guerrero, el: Centro clandestino de detención que funcionaba en la localidad de Guerrero, en las cercanías del Ingenio Ledesma, provincia de Jujuy. Las personas secuestradas durante la noche del Apagón de Ledesma fueron llevadas allí (ver "Apagón de Ledesma" y "Centros Clandestinos de Detención").

Guerrilla: Ver "Organizaciones Armadas".

Gutiérrez, Alejandro: Estudiante, militante del Grupo Obrero Revolucionario (GOR), detenido-desaparecido el 24 de julio de 1978 en la ciudad de La Plata a la edad de 24 años. Por testimonios de personas que compartieron su cautiverio, se supo que estuvo secuestrado en el centro clandestino de detención "La Cacha", ubicado en los alrededores de la ciudad de La Plata. Al momento de su desaparición Alejandro tenía dos hijos.

Gutiérrez, Oscar: Detenido-desaparecido junto con su esposa, Isabel Acuña, en agosto de 1976. Isabel estaba embarazada de seis meses.

H

Habeas Corpus: Recurso jurídico que consiste en hacer una presentación ante un juez cuando un ciudadano es detenido. El juez debe localizar a la persona detenida (averiguar qué fuerza la detuvo y dónde se encuentra), debe establecer si la detención es legal o ilegal y si debe continuar o concluir. Durante el período del terrorismo estatal la inmensa mayoría de los hábeas corpus presentados en favor de las personas detenidas-desaparecidas eran "rechazados". Así, sus familiares no obtenían ningún tipo de respuesta por parte del Estado.

Haig, Ernesto: Comisario de la policía de la provincia de Jujuy. Estaba procesado por haber sido secuestrador y torturador del centro clandestino de detención que funcionaba en "Jefatura de Policía de Jujuy". Fue beneficiado por la Ley de Obediencia Debida.

Heidegger, Martin (1889-1976): Filósofo alemán de profunda influencia en el pensamiento del siglo XX, especialmente su obra existencialista "Ser y Tiempo", de 1927.

Herman@s de Desaparecidos por la Verdad y la Justicia: Este organismo fue fundado en el año 2002. Reúne a hermanos y hermanas de personas detenidas-desaparecidas. Sus objetivos están orientados fundamentalmente a la búsqueda de la verdad sobre el destino de cada desaparecido, el castigo a cada responsable y el resguardo de la memoria. No cuenta con sede propia.

Hernández Arregui, Juan José (1913-1974): Escritor y ensayista, figura clave de las vinculaciones entre la izquierda y el peronismo, el marxismo y el nacionalismo, reflexionó sobre las relaciones entre la intelectualidad y el pueblo y la identidad nacional, en libros como: *¿Qué es el ser nacional?*, de 1972.

Hijos por la Identidad y la Justicia contra el Olvido y el Silencio (H.I.J.O.S.): Agrupación de derechos humanos que apareció públicamente en 1996, formada por jóvenes que reivindican su condición de hijos de desaparecidos, asesinados, exiliados y presos políticos. Difundieron la práctica del "escrache" a represores como una forma de esclarecimiento social y denuncia.

Hippismo: Corriente juvenil contracultural surgida en las grandes ciudades norteamericanas durante la década de 1960, que proponía abandonar el consumismo y el utilitarismo y adoptar una vida natural y auténtica. El pacifismo, la vida en comunidad, el amor libre, la búsqueda espiritual a través de las drogas, y el rock and roll fueron algunos de sus elementos más notorios.

Hlaczik, Gertrudis: Secuestrada el 28 de noviembre de 1978, junto a su pequeña hija, Claudia Victoria Poblete, de 8 meses de edad. Gertrudis fue vista en el centro clandestino de detención "El Olimpo"; continúa desaparecida. Claudia Victoria fue apropiada por un represor. Recuperó su identidad en el año 2000.

Ho Chi Minh: Líder de la guerra de independencia librada por Indochina. Tras la derrota de las tropas francesas, Ho Chi Minh, líder comunista, proclama la República Democrática de Vietnam (Norte) que recibe el apoyo del bloque socialista. Desde entonces y hasta el retiro de las tropas norteamericanas de la región luchó conjuntamente con las fuerzas revolucionarias del Sur por la independencia de este último país, y la unificación de Vietnam bajo el signo socialista. La unificación de Vietnam tuvo lugar, finalmente, en 1975, tras la derrota norteamericana.

Hundimiento del Belgrano: "El Belgrano" era un crucero de guerra argentino. El 2 de mayo de 1982, durante la guerra de Malvinas, un submarino británico lo torpedeó provocando su hundimiento. Murieron 323 de sus tripulantes.

I

Illia, Arturo: Político radical. Presidente por la Unión Cívica Radical del Pueblo (UCRP), durante el período 1963-1966. Fue destituido por un golpe militar (la "Revolución Argentina") y reemplazado por el general Juan C. Ongania

Índice de abuelidad: Índice que permite demostrar (con un 99,99 % de certeza) la filiación de una persona a determinada familia. La búsqueda de las Abuelas de Plaza de Mayo ha contribuido de manera fundamental a la investigación científica para hallar un método de determinación filial de un niño o un joven en ausencia de sus padres. El índice de abuelidad se obtiene mediante pruebas genéticas de ADN realizadas a abuelas/os, tías/os y hermanas/os que buscan identificar a un nieto desaparecido, y a jóvenes que tienen dudas acerca de su identidad o que son considerados por la justicia como posibles bebés o niños apropiados durante la última dictadura militar. En Argentina los análisis se realizan de forma gratuita en el Hospital Durand (ver "Análisis de ADN" y "Banco Nacional de Datos Genéticos").

Indulto: Facultad presidencial que consiste en perdonar y conmutar penas. En 1989 y 1990 el presidente Carlos Menem firmó dos decretos indultando a los detenidos y procesados por violaciones a los derechos humanos durante la dictadura militar iniciada en 1976, a los participantes de los levantamientos "carapintada" de 1987 y 1988 y a militantes de las organizaciones guerrilleras cuyo procesamiento había sido ordenado por el decreto 157 firmado por Raúl Alfonsín en 1983. Los ex comandantes condenados en el Juicio a las Juntas que se encontraban cumpliendo condena quedaron en libertad. Los indultos fueron intensamente rechazados por el movimiento de derechos humanos. Desde el mundo del Derecho, las controversias giraron en torno a su inconstitucionalidad. Y esto porque el indulto no es aplicable a personas procesadas sin sentencia. No obstante, Rodolfo Barra, ministro de justicia del entonces presidente Menem, arguyó que sí era posible. El artículo 86, inciso 6 de la Constitución anterior a la reforma de 1994 (actual artículo 99, inciso 5) establecía que el presidente "puede indultar o conmutar las penas por delitos sujetos a la jurisdicción federal, previo informe del tribunal correspondiente". Barra argumentó que "las penas" eran objeto directo de "conmutar" pero no de indultar y que este verbo tenía carácter intransitivo (no necesita objeto directo). Por lo tanto, entendía que podía indultarse a procesados.

Infiltrar: Ingresar a un grupo político –entendido éste en sentido amplio– fingiendo compartir los objetivos y las ideas del grupo. Tiene como fin obtener información sobre las actividades y los miembros del grupo. De alguna manera, puede decirse que es muy similar a la tarea de espía. Durante la década del '70 los diversos servicios de inteligencia del Estado se infiltraron en muchas organizaciones políticas y aún en el incipiente movimiento de derechos humanos. Un ejemplo resonante de este último caso fue la infiltración de Alfredo Astiz, oficial de la Marina, en un grupo de familiares de personas detenidas-desaparecidas que se reunía en la Iglesia de la Santa Cruz (ver "Astiz, Alfredo" y "Villaflor de De Vincenti, Azucena").

Informe sobre la Situación de los Derechos Humanos en la Argentina: Informe publicado en 1980 por la Comisión Interamericana de Derechos Humanos (CIDH), tras su visita a la Argentina realizada en septiembre de 1979. Contrariamente a los objetivos buscados por la dictadura militar al permitir la visita y las actividades de la CIDH, el informe tuvo un tono fuertemente negativo para las autoridades al confirmar la violación masiva de derechos humanos en Argentina, legitimando así las denuncias y reclamos de los organismos locales de derechos humanos.

Ingenio azucarero: Establecimiento dedicado al cultivo y explotación de la caña de azúcar. En la Argentina, la mayoría se encuentra en el noroeste. Se caracterizaron por precarias condiciones laborales en una zona de gran desigualdad social. Fueron centro de conflictos obreros durante las décadas de 1960 y 1970

Ingenio Ledesma: Ingenio azucarero cuya sede central se encuentra en Ledesma, provincia de Jujuy. Durante la dictadura militar (1976-1983) las autoridades del Ingenio prestaron colaboración de diverso tipo (información, infraestructura, etc) para el secuestro, detención y desaparición de personas en esa localidad.

Instituto Di Tella: Centro cultural ubicado en la ciudad de Buenos Aires, de fuerte protagonismo en el mundo cultural de los años sesenta.

Inyección: Refiere a la inyección de Pentotal –droga anestésica– utilizada por los represores para adormecer a los detenidos antes de arrojarlos al mar o al Río de La Plata. En la jerga de la Marina se lo conocía con el nombre de *Pentonaval* (ver "Vuelos de la muerte").

Irazusta, hermanos: Rodolfo y Julio Irazusta fueron dos historiadores vinculados al nacionalismo y notorios exponentes de la corriente del revisionismo histórico, de amplia difusión en las décadas de 1960 y 1970 debido a su crítica a la visión liberal de la historia argentina

Isabelita o Isabel: María Estela Martínez de Perón. Segunda esposa de Juan D. Perón. Regresó con él a la Argentina en junio de 1973. Ese mismo año fue su compañera de fórmula y tras el triunfo electoral, asumió como vicepresidenta en octubre de 1973. Tras la muerte de Perón asumió la Presidencia de la Nación, hasta que el 24 de marzo de 1976 fue derrocada por el golpe militar encabezado por el general Jorge R. Videla. Desde su llegada al país en 1973, Isabel fue muy cuestionada por los sectores de izquierda peronistas y no peronistas por sus fuertes vínculos con la ultraderecha en general y con José López Rega en particular, ministro de bienestar social y fundador de la Triple A. Su gobierno se caracterizó por una fuerte represión y por el descalabro económico.

J

Jáuregui, Emilio: Militante del gremio de prensa vinculado a Vanguardia Comunista, asesinado durante una manifestación el 27 de agosto de 1969, bajo el gobierno de Juan C. Onganía.

Jauretche, Arturo: Pensador y escritor argentino, fundador de FORJA (Frente de Orientación Radical para la Joven Argentina, agrupación que surgió a comienzos de la década de 1930 y que reunía a jóvenes provenientes del radicalismo, de tradición nacionalista popular). En las décadas de 1960 y 1970 fue uno de los referentes más importantes de la izquierda nacional.

JTP, Juventud Trabajadora Peronista: Agrupación sindical vinculada a Montoneros, que se planteó como una alternativa frente al sindicalismo vinculado con la Confederación General del Trabajo (CGT). Aunque no pudo hacer pie en los sindicatos más importantes, alcanzó una gran difusión en diversas comisiones internas y establecimientos

Juicio a las juntas: Juicio oral y público a los integrantes de las tres primeras Juntas Militares que gobernaron el país entre 1976 y 1982. Lo llevó adelante la Cámara en lo Criminal y Correccional de la Capital Federal entre abril y diciembre de 1985 (ver "Consejo Supremo de las FFAA"). Los ex comandantes Jorge Videla, Emilio Massera, Orlando Agosti, Armando Lambruschini, Roberto Viola, Omar Graffigna, Leopoldo

Galtieri, Jorge Anaya y Basilio Lami Dozo fueron juzgados por delitos establecidos en el Código Penal: privación ilegítima de la libertad, aplicación de tormentos, homicidio y robo. El 9 de diciembre de 1985, el juez León Carlos Arslanián leyó el fallo de la Cámara. Resultaron condenados: a cadena perpetua Jorge Rafael Videla y Emilio Eduardo Massera; y a diecisiete años de prisión, Roberto Viola; a ocho, Roberto Lambruschini; y a cuatro, Orlando Agosti. El resto de los acusados fue absuelto. El juicio a las Juntas representó tanto para la sociedad argentina como para la comunidad internacional un acontecimiento extraordinario: aquél en que una sociedad civil juzga a través de sus legítimas instituciones a sus propios represores. Al mismo tiempo puso frente a frente a la sociedad argentina con los inimaginados alcances de una violencia perpetrada desde el Estado pero que de alguna manera involucraba al conjunto de la comunidad. La revelación y verificación de los más atroces crímenes se transformaba, en esos años, en el mayor compromiso con un futuro de convivencia dentro de las reglas de la democracia. Los ex comandantes condenados en el Juicio a las Juntas fueron indultados en 1990 por el presidente Carlos Menem.

Juicio de Nüremberg: Juicio llevado adelante en la ciudad alemana de Nüremberg tras el fin de la Segunda Guerra Mundial (1939-1945). Allí, el tribunal militar internacional, integrado por representantes de las potencias vencedoras (EEUU, URSS, Francia y Gran Bretaña) juzgaron a veintiuno de los principales responsables de la política criminal del Tercer Reich. Los jerarcas nazis fueron acusados de conspiración, crímenes contra la paz, crímenes de guerra y crímenes contra la humanidad. Tras 403 sesiones públicas el tribunal dictó sentencia: tres acusados fueron absueltos, once fueron condenados a la pena de muerte, tres a cadena perpetua y cuatro a reclusiones que iban desde los diez a los veinte años.

Juicios en el exterior: En los testimonios refiere a los procesos judiciales llevados adelante por tribunales de distintos Estados, principalmente europeos, contra represores argentinos. Algunos de estos Estados los han procesado por el secuestro, muerte y desaparición en territorio argentino de personas por cuya ciudadanía y/o nacionalidad responden. Este es el caso por ejemplo, de Suecia, Francia, Italia y Alemania. Los sistemas jurídicos de algunos de estos Estados contemplan la posibilidad de "juzgar en ausencia" (es decir, permiten desarrollar un proceso judicial aunque los acusados no estén presentes). Otro caso lo constituye la justicia española. Ésta, que no contempla la posibilidad de juzgar a personas si los crímenes por los cuales se los acusa fueron cometidos en otro país, apeló a la figura jurídica de genocidio para perseguir a represores argentinos y chilenos. El genocidio constituye un crimen que, por su naturaleza, es de jurisdicción universal. Esto significa que cualquier Estado que haya firmado los tratados y pactos internacionales contra estos crímenes debe concurrir a su juzgamiento (ver "Genocidio").

Juicios por la Verdad: Procesos judiciales que desde 1999 se llevan adelante en distintas cámaras federales del país. Se sustentan en el derecho de los familiares de personas desaparecidas a saber lo ocurrido con sus seres queridos. Adquieren particular importancia los Juicios por la Verdad llevados adelante en las Cámaras Federales de Apelación de La Plata, Buenos Aires, Bahía Blanca, Mar del Plata, Córdoba y Rosario. En estos juicios se investigan todas las circunstancias relacionadas con la desaparición de personas. No establecen responsabilidad penal: no reconocen imputados ni acusados y por tanto, no contemplan la posibilidad de condena. No obstante, los represores tienen la obligación de comparecer ante los tribunales en calidad de testigos y pueden ser procesados por falso testimonio en caso de mentir. Mediante estos juicios se restituye el derecho de los familiares a la verdad de lo ocurrido y el derecho a la información de la sociedad civil.

Juventud Guevarista: Agrupación política juvenil fundada en 1975 por el Partido Revolucionario de los Trabajadores-Ejército Revolucionario del Pueblo (PRT-ERP).

Juventud maravillosa: Expresión acuñada por Perón en los mensajes que enviaba desde su exilio en España para referirse a la Juventud Peronista, que por entonces se estaba reorganizando y adquiría un protagonismo cada vez mayor en la lucha contra la dictadura del período 1966-1973 y por el fin de la proscripción del peronismo. La expresión fue retomada por Héctor Cámpora en su discurso de asunción presidencial, el 25 de mayo de 1973.

Juventud Peronista (JP): Rama juvenil del peronismo de gran protagonismo en la década de 1970. Debe distinguirse una primera JP organizada en 1958 de aquellas agrupaciones que con la misma sigla adscribieron mayoritariamente a Montoneros, constituyendo el eje central de las grandes movilizaciones de los años 1972-1975.

Juventud Universitaria Peronista (JUP): Rama universitaria de la Juventud Peronista vinculada a Montoneros.

K

Krieger Vasena, Adalbert: Ministro de economía y trabajo designado por el general Juan Carlos Onganía en junio de 1966. Llevó adelante una política económica que si bien tendía al desarrollo y la modernización del gran capital industrial implicaba, por su lógica de acumulación, una distribución del ingreso regresiva, es decir, adversa a los sectores populares y favorable a altos niveles de concentración económica. El estallido popular del 29 de mayo de 1969 conocido como el Cordobazo obligó a su renuncia.

L

La Calera: Localidad cordobesa conocida por su copamiento por los Montoneros en 1970.

La cigarra: Tema musical de María Elena Walsh muy popular durante la década de 1980. Miles de personas, tras haber sobrevivido a la experiencia del terrorismo estatal, se han sentido identificadas con esta canción. El estribillo dice: "Cantando al sol como la cigarra/ después de un año bajo la tierra/ igual que sobreviviente/ que vuelve de la guerra".

La guerra de guerrillas: Manual escrito en 1961 por Ernesto "Che" Guevara, en el que describe minuciosamente todos los aspectos de la organización de la lucha guerrillera, tomando como modelo la exitosa experiencia de la Revolución Cubana.

La Hora de los Hornos: Film documental y político realizado en 1968 por Fernando Solanas y Octavio Getino, en el que mediante procedimientos cinematográficos innovadores se retratan las injusticias sociales del país y se apela a su transformación política. Prohibida su proyección por el gobierno militar, tuvo un impacto muy fuerte al ser difundida clandestinamente entre militantes políticos.

La Perla: Centro clandestino de detención ubicado en la provincia de Córdoba sobre la ruta nacional Nº 20, a 12 Km de su capital. Fue el centro clandestino más importante de esa provincia. Se estima que por allí pasaron más de 2.200 personas detenidas-desaparecidas. Dependía del III Cuerpo de Ejército.

La Ponderosa: Primer nombre con que las fuerzas represivas denominaron al centro clandestino de detención que funcionó desde 1975 en la intersección del camino de Cintura y Autopista Richieri, partido de La Matanza, provincia de Buenos Aires. El predio pertenecía al Servicio Penitenciario de la Provincia de Buenos Aires. Más tarde recibió el nombre de "Vesubio" (ver "Centros Clandestinos de Detención").

La razón de mi vida: Libro escrito por Eva Perón en 1951, de lectura obligatoria en las escuelas, en el que la Primera Dama explica las razones de su devoción por Perón, su propio papel en el gobierno y la organización de los obreros y las mujeres peronistas.

La Ribera: Centro clandestino de detención que funcionaba en la Prisión Militar de Encausados, en la provincia de Córdoba, a 15 km. de la capital provincial (ver "Centros Clandestinos de Detención").

Lanusse, Alejandro Agustín: General del Ejército. Último presidente de facto de la dictadura instaurada tras el golpe militar encabezado por Onganía en 1966. Lanusse gobernó entre marzo de 1971 y mayo de 1973.

Lapacó, Alejandra: Estudiante universitaria, militante de la Juventud Universitaria Peronista (JUP), detenida-desaparecida el 16 de marzo de 1977 en la ciudad de Buenos Aires, a la edad de 19 años

Las venas abiertas de América Latina: Obra de Eduardo Galeano que desarrolla la historia del continente a partir de una postura antiimperialista y de denuncia de la explotación por parte del Viejo Mundo y los Estados Unidos. Fue uno de los textos más leídos en el clima de renovación cultural y política de los sesenta y setenta.

Lastiri, Raúl: Tras la renuncia de Héctor Cámpora el 13 de julio de 1973 asumió interinamente la presidencia Raúl Lastiri, que hasta ese momento ocupaba el cargo de titular de la Cámara de Diputados. Lastiri era, también, yerno de José López Rega, ministro de bienestar social, fundador y líder de la Triple A y ocupó la presidencia hasta octubre de 1973 en que la asume por tercera vez en la historia argentina Perón, que había obtenido un triunfo abrumador en las elecciones de septiembre.

Lenin, Vladimir Ilich Ulianov (1870-1924): Máximo líder de la Revolución Soviética en 1917, permaneció en el poder hasta su muerte en 1924. Su práctica política y sus reflexiones teóricas fueron una referencia ineludible para los revolucionarios de todo el planeta, en especial su concepción de Estado como instrumento de dominación de una clase sobre otra y la idea de partido de vanguardia. (Ver "vanguardia política"). La corriente de pensamiento que dentro del marxismo adhirió a las ideas de Lenin recibió el nombre de "leninismo".

Leninismo: Ver "Lenin, Vladimir Ilich Ulianov".

Levantamiento del General Valle: Rebelión militar liderada por el general Juan José Valle, peronista, el 9 de junio de 1956. Valle fue fusilado por orden del gobierno de la "Revolución Libertadora" que presidía Pedro E. Aramburu.

Levantamientos "carapintadas": Sublevaciones militares durante las presidencias de Raúl Alfonsín y Carlos Menem. Tuvieron como objetivo cambiar la conducción del Ejército, reivindicar la acción de las Fuerzas Armadas en la llamada "lucha antisubversiva" e impedir la acción de la justicia respecto de los crímenes cometidos durante la última dictadura militar. El primer levantamiento fue en abril de 1987 durante la Semana Santa, en la guarnición militar de Campo de Mayo. Liderados por el teniente coronel Aldo Rico, sus participantes pintaron sus rostros a manera de camuflaje, de allí el apodo "carapintadas". Las consecuencias directas del levantamiento fueron el reemplazo de la jefatura del Ejército y la promulgación, poco después, de la Ley de Obediencia Debida. El segundo levantamiento tuvo lugar el 18 de enero de 1988, cuando Aldo Rico abandonó su arresto domiciliario y se acuarteló con 200 militares más en el Regimiento de Infantería de Monte Caseros, mientras otros oficiales y suboficiales de la Fuerza Aérea y civiles armados tomaban el aeroparque metropolitano. El tercer levantamiento carapintada sucedió el 1º de diciembre de 1988, cuando miembros de la "Agrupación Albatros" de la Prefectura Naval Argentina y el Ejército, liderados por el coronel

Mohamed A. Seineldín, tomaron la guarnición de Villa Martelli durante cuatro días en alianza con el Regimiento 5 de Mercedes. Se rindieron no sin antes exigir el fin de las "persecuciones" a los carapintadas, el ascenso al grado de general de Seineldín, aumentos salariales y una reivindicación de la "dignidad" del Ejército ante la sociedad. Seineldín volvió a sublevarse el 3 de diciembre de 1990, pero el levantamiento fue sofocado por orden del presidente Carlos Menem.

Levantar gente: En la jerga de la represión ilegal, secuestrar, generalmente en espacios públicos. En la jerga de la militancia levantar la casa significaba abandonar rápidamente el lugar de residencia –tras la "caída" de otro militante o persona que bajo tortura pudiera dar la dirección– sin dejar rastros, en la medida de lo posible, de materiales informativos, políticos o armas de la organización.

Levi, Primo (1919-1987): Sobreviviente del Holocausto de nacionalidad italiana. En 1937 inició la carrera universitaria de química pero dos años más tarde, ante la ocupación de las tropas alemanas del norte de Italia, debió abandonarla para unirse a la resistencia judía, en la que tuvo una destacada actuación. Al igual que muchos de sus compañeros fue detenido por el ejército nazi y enviado al campo de concentración de Auschwitz-Birkenau. A diferencia de la mayoría de los prisioneros pudo sobrevivir gracias a sus conocimientos científicos, ya que le asignaron tareas en los laboratorios. Cuando fue liberado continuó trabajando como científico hasta 1974, año en que se jubiló. Desde entonces se dedicó a la literatura. Escribió varias obras en las que narra y reflexiona sobre la experiencia en los campos de concentración nazi. Entre ellas, se destacan "Si esto es un hombre", "La tregua" y "Los hundidos y los salvados".

Ley de Autoamnistía: Se denominó así a la "Ley de Pacificación Nacional" (N° 22.924) sancionada por la dictadura militar en septiembre de 1983. El objetivo de esta ley era evitar futuras acciones judiciales (por parte del gobierno constitucional que resultara electo en octubre de ese año) contra los responsables de las violaciones a los derechos humanos ocurridas durante la dictadura. En su artículo 1° declaraba "extinguidas las acciones penales emergentes de los delitos cometidos (...) hasta el 17 de junio de 1982. Los beneficios otorgados por esta ley se extienden a todos los hechos de naturaleza penal realizados en ocasión o con motivo del desarrollo de acciones dirigidas a prevenir, conjurar o poner fin a las referidas actividades terroristas o subversivas, cualquiera hubiere sido su naturaleza (...) Los efectos de esta ley alcanzan a los autores, partícipes, instigadores, cómplices o encubridores". Finalmente, agregaba que "nadie podrá ser interrogado, investigado, citado a comparecer o requerido de manera alguna por imputaciones o sospechas de haber cometido delitos o participado en las acciones a los que se refiere el artículo 1° de esta ley o por suponer de su parte un conocimiento de ellos, de sus circunstancias, de sus autores, partícipes, instigadores, cómplices o encubridores". Tras la asunción del gobierno constitucional, el Congreso de la Nación, mediante Ley 23.040 del 22-12-83, declaró la nulidad de la ley de auto amnistía el 22 de diciembre de 1983.

Ley de fuga: Eufemismo con el que las fuerzas de seguridad pretendieron justificar el asesinato de presos políticos durante traslados argumentando que éstos habían intentado fugarse (ver "Pabellones de la muerte").

Ley de Obediencia Debida (Nº 23.521): Sancionada en junio de 1987 bajo el gobierno de Raúl Alfonsín, imponía niveles de responsabilidad entre quienes violaron los derechos humanos (los que dieron órdenes y los que las cumplieron) e impedía la posibilidad de juzgar y condenar a los cuadros de rango intermedio y bajo de las fuerzas represivas, estableciendo que su actuación durante la llamada "lucha antisubversiva" se enmarcaba en el principio de la "obediencia debida" (en tanto "cumplían órdenes" sus actos no eran punibles). Esta ley fue intensamente impugnada por el movimiento de derechos humanos. Las críticas provenientes del mundo del derecho se concentraron en que la ley presuponía, sin admitir prueba en contrario, que todos habían actuado bajo un estado de coacción en el que no pudieron optar. De esta manera, la ley impedía a los jueces establecer en qué casos concretos había sido así y en cuáles no. En noviembre de 2003 el Congreso de la Nación declaró la nulidad legislativa de la ley de Obediencia Debida.

Ley de Punto Final (Nº 23.492): Ley dictada por el gobierno de Raúl Alfonsín en diciembre de 1986. Fijaba un plazo de 60 días para iniciar causas y llamar a declarar en forma indagatoria a eventuales imputados por violaciones a los derechos humanos durante la dictadura militar. Establecía al mismo tiempo el beneficio de la prescripción de los delitos cometidos por civiles bajo órdenes militares. El "punto final" no incluía el delito de sustracción sistemática de menores. En noviembre de 2003, el Congreso de la Nación declaró la nulidad legislativa de la ley de Punto Final.

Ley marcial: Ordenamiento normativo que otorga a las fuerzas armadas el control total del territorio nacional en situaciones excepcionales o de emergencia, con el fin de asegurar el orden público. Las atribuciones militares pueden incluir: el dictado de órdenes de detención para investigar actos perturbadores; la incomunicación de los detenidos por un término prudencial; el compeler a mudarse de residencia a las personas; la suspensión de las transmisiones radiales, televisadas, impresas o escritas; la incautación, suspensión o censura de las publicaciones por el tiempo que se juzgue oportuno; el allanamiento del domicilio; la ocupación para fines militares de la propiedad raíz y la propiedad mueble de cualquier persona; la disolución de los grupos sediciosos, empleando para ello la fuerza hasta reducirlos a la obediencia; la facultad de los tribunales militares de ocuparse de los delitos contra la seguridad interior y exterior del Estado y contra el orden público; la presunción de culpabilidad de toda persona que se encuentre en los lugares donde se producen actos considerados como perturbadores del orden público; y la aplicación de la pena de muerte.

Leyes de impunidad: Expresión que refiere a las leyes de Obediencia Debida y Punto Final (ver "Ley de Punto Final" y "Ley de Obediencia Debida").

Liga Argentina por los Derechos del Hombre (LADH): Fue el primer organismo de derechos humanos de la Argentina. Fundada por iniciativa del Partido Comunista en 1937 en respuesta a las violaciones a los derechos humanos perpetradas en la década, centró su actividad principalmente en la defensa de presos políticos y sociales.

Logares, Claudio: Militante de la Juventud Peronista (JP) y luego de Montoneros. Detenido– desaparecido el 18 de mayo de 1978 en la ciudad de Montevideo (Uruguay) junto a su esposa, Mónica Grinspon de Logares y la pequeña hija de ambos, Paula, de dos años de edad. Paula fue apropiada por un represor; recuperó su identidad el 13 de diciembre de 1984, constituyendo el primer caso de restitución de niños apropiados.

Lonardi, Eduardo: General del Ejército. Asumió la presidencia tras el golpe de estado del 16 de septiembre de 1955. En noviembre del mismo año fue reemplazado por Pedro E. Aramburu.

López Rega, José: Asistente de Perón durante su exilio en España y ministro de bienestar social durante los gobiernos de Cámpora, Perón e Isabel Perón. Fundador y líder de la Alianza Anticomunista Argentina (o Triple A). Se lo conocía también con el apodo de "El Brujo" por su inclinación por el esoterismo y la "magia negra". Abandonó el país en 1975. Fue juzgado y condenado durante el gobierno de Raúl Alfonsín. Murió en la cárcel en 1989.

Lucha armada: Durante las décadas de 1960 y 1970, la expresión hacía referencia al uso de procedimientos militares por parte de los grupos revolucionarios con el objetivo de librar la lucha política que desembocaría en la toma del poder. Se consideraba que la lucha armada se desarrollaría en una etapa relativamente larga y se preveía la formación de militantes y dirigentes especializados. Si bien fueron varias las organizaciones que en la Argentina de los años sesenta decidieron asumir la lucha armada, las estrategias y las prácticas efectivamente llevadas adelante diferían entre sí e incluían desde el enfrentamiento directo con las fuerzas militares y policiales hasta el atentado personal, el establecimiento de grupos armados en zonas rurales y la propaganda por medios militares.

Lucha de masas: Concepto de lucha política en la que el protagonismo de las acciones lo tienen amplios grupos humanos concientizados y transversales a distintas clases y actores sociales, en oposición a la idea de vanguardia política, que remite a un grupo reducido que "esclarece" y "conduce" a las mayorías.

Luche y vuelve: Consigna de la campaña protagonizada por la Juventud Peronista en 1972 con el objetivo de posibilitar el regreso de Juan D. Perón a la Argentina, tras 17 años de exilio.

Luder, Ítalo Argentino: Abogado y político justicialista. Presidente del Senado desde julio de 1975, asumió la presidencia interina del país entre septiembre y octubre de ese año, durante la licencia por enfermedad de su titular, Isabel Perón (1974-1976). En las elecciones generales del 30 de octubre de 1983 fue candidato a presidente por el justicialismo. Fue derrotado por el candidato de la Unión Cívica radical, Raúl Alfonsín.

Lumumba, Patrice (1925-1961): Dirigente sindical y uno de los líderes del movimiento independentista del Congo belga conocido como Movimiento Nacional Congoleño, y primer ministro electo del nuevo estado independiente en 1960. Un movimiento secesionista en la región de Katanga, impulsado por empresarios belgas, precipitó una crisis en el gobierno del Congo que concluyó con la toma del poder por parte del presidente Mobutu. Lumumba fue encarcelado y murió asesinado en prisión.

Luz y Fuerza, Sindicato de Luz y Fuerza: Gremio de los trabajadores de la electricidad en Córdoba liderado por Agustín Tosco, uno de los emblemas del sindicalismo clasista y combativo.

M

M, la: Así se denominó en la jerga de los militantes políticos a la organización.

Madres de Plaza de Mayo: Organismo que reúne a madres de detenidos-desaparecidos durante la última dictadura militar (1976-1983). Recibió este nombre porque desde el 30 de abril de 1977, las madres de los detenidos-desaparecidos manifestaron sus reclamos convocándose semanalmente en la Plaza de Mayo, en la ciudad de Buenos Aires. La ronda de los jueves alrededor de la pirámide y los pañuelos blancos que las identifican se transformaron en un símbolo mundial de la lucha por la verdad y la justicia, inseparables de la defensa de los derechos humanos. En enero de 1986, a raíz de diferencias políticas y modalidades de liderazgo y organización, las Madres de Plaza de Mayo se dividieron en dos grupos. Uno, se denominó Madres de Plaza de Mayo - Línea Fundadora ya que a él se integraron las primeras madres fundadoras de la agrupación en 1977. El otro, liderado por Hebe de Bonafini, pasó a llamarse Asociación Madres de Plaza de Mayo. Madres de Plaza de Mayo - Línea Fundadora integra la asociación Memoria Abierta.

MALENA: Nombre con el que se conocía al Movimiento de Liberación Nacional (MLN), agrupación política surgida a comienzos de la década de 1960 en espacios universitarios. Ideológicamente conjugaba marxismo con nacionalismo popular y se mostraba menos adverso al peronismo que otros grupos de izquierda. El MALENA se disolvió hacia finales de la misma década. Muchos de sus militantes ingresaron a las Fuerzas Armadas de Liberación (FAL).

Mansión Seré: Antigua construcción, viejo casco de estancia de la familia Seré que, durante los primeros años de la última dictadura militar funcionó como centro clandestino de detención dependiente de la VII Brigada Aérea de Morón y de la Base Aérea de Palomar. Estaba ubicada en la calle Blas Parera Nº 48, en el límite entre la localidad de Castelar y la de Ituzaingó, provincia de Buenos Aires. A comienzos de 1978 fue abandonada e incendiada por las fuerzas represivas. En 1985 fue demolida y, en 2002, comenzaron a realizarse excavaciones con el objetivo de recuperar el sitio para la memoria social (ver "Centros Clandestinos de Detención").

Maoísmo: Ver "Mao Tsé Tung".

Mao Tsé Tung (1893-1976): Estadista chino, presidente del Partido Comunista Chino, fundador de la República Popular China y principal dirigente de ese país desde 1949. Hijo de campesinos, colaboró en la creación del Partido Comunista Chino. Participó en los enfrentamientos internos de la década de 1930 en ese país. Durante la Segunda Guerra Mundial, encabezó el Ejército Rojo contra los invasores japoneses tras pactar una tregua con los nacionalistas de Chiang Kai Shek. Finalizado el conflicto, estalló una guerra civil que culminó con la victoria de los comunistas en 1949. En el poder, Mao siguió el modelo soviético de modernización económica y redistribución, pero su política constituyó una alternativa a la influencia rusa, sobre todo a partir del "Gran Salto Adelante", un intento por combatir la burocratización del Estado, adecuarse a la realidad nacional y otorgar un rol protagónico al campesinado. La circulación de sus textos (algunos de ellos popularizados como el "Libro Rojo") lo transformó en un teórico de gran influencia. La corriente ideológica que dentro del marxismo adhirió a las ideas de Mao Tse Tung se denominó "maoísmo".

Maquiavelo, Nicolás (1469-1527): Político y escritor italiano. Su obra "El Príncipe", publicada en 1513, es una argumentación acerca de lo que considera formas ideales de gobierno, las características que deben tener los gobernantes y las estrategias para llevar adelante las tareas propias del arte de gobernar.

Máquina: En la jerga de los centros clandestinos de detención se denominaba con esta expresión a la picana eléctrica (ver "Picana").

Marcha de la Resistencia: Se conoce con este nombre a la marcha de 24 horas alrededor de la pirámide de Plaza de Mayo que, desde los últimos años de la dictadura militar, realizan anualmente las Madres de Plaza de Mayo el jueves más cercano al 10 de diciembre, que es el Día Internacional de los Derechos Humanos y fecha de asunción del primer gobierno constitucional tras la última dictadura militar.

Mariani, Clara Anahí: Hija de Diana Teruggi de Mariani y Daniel Mariani nacida el 12 de agosto de 1976. El 24 de noviembre de ese mismo año, fuerzas policiales y del Ejército atacaron el domicilio de la familia, en la ciudad de La Plata. En ese operativo, Clara Anahí, de tres meses de edad, fue secuestrada y su madre fue asesinada y desaparecida. El padre de Clara Anahí fue asesinado el 1º de agosto de 1977 en la ciudad de La Plata. Desde noviembre de 1976, los familiares de Clara y las Abuelas de Plazo de Mayo la están buscando.

Mariani, Daniel: Militante de Montoneros, asesinado el 1º de agosto de 1977 en la ciudad de La Plata. Su esposa Diana Teruggi de Mariani y su hija Clara Anahí, habían sido secuestradas el 24 de noviembre de 1976 y continúan desaparecidas.

Mariani, María Isabel Chorobik de ("Chicha"): Fue una de las madres y abuelas de detenidos-desaparecidos que fundaron la Asociación Abuelas de Plaza de Mayo en noviembre de 1977. Presidenta de esa asociación hasta su renuncia en 1989. Su nieta de tres meses de edad fue secuestrada junto con el cadáver de la madre, Diana Teruggi, nuera de Chicha, asesinada durante el secuestro en noviembre de 1976. El hijo de Chicha, Daniel Enrique Mariani, fue asesinado durante un operativo de secuestro en agosto de 1977. Los tres continúan desaparecidos.

Marras, Mario: Obrero de la empresa ASTARSA (Astilleros Argentinos Río de La Plata S. A.), asesinado por las fuerzas represivas el 22 de mayo de 1976.

Martínez de Hoz, José Alfredo: Ministro de Economía de la última dictadura militar. Encabezó la reestructuración económica facilitada por el terrorismo de Estado. El modelo que llevó adelante se caracterizó, fundamentalmente, por una apertura indiscriminada a la importación y una reforma financiera que favorecía la liquidez y la especulación. El costo social de este modelo fue altísimo: en 1978 el producto bruto industrial había caído un 25%, lo que derivaba en despidos y reestructuraciones; el capital financiero especulativo a corto plazo se desarrolló en desmedro del sector productivo que se endeudaba al tiempo que se encontraba desprotegido frente a la entrada de productos importados. Hacia 1979 el gobierno no podía detener el proceso inflacionario que golpeaba el poder adquisitivo de amplios sectores sociales, especialmente los de menores recursos. Al comenzar la década de 1980 el panorama era el de un Estado quebrado y endeudado, sin capacidad de construir un modelo que garantice el crecimiento económico. Mientras que en 1975 el endeudamiento con el exterior era de 7875 millones de dólares, en 1981, la deuda externa se había quintuplicado, alcanzando 35.671 millones de dólares.

Martínez de Perón, María Estela: Ver "Isabel".

Martins y Centeno: Néstor Martins era militante de izquierda y abogado defensor de presos políticos. Fue secuestrado, junto con su cliente Nildo Centeno, por fuerzas parapoliciales el 6 de enero de 1971. Ambos continúan desaparecidos.

Marxismo: Vasta corriente de pensamiento derivada de la obra de Karl Marx (1818-1883). En diversas obras, entre ellas *El Capital* (1867), Marx sentó las bases del análisis y la crítica del sistema capitalista, y luchó durante su vida por la organización de los trabajadores del mundo para acabar con él. A lo largo del siglo XX, numerosos partidos políticos, movimientos reformistas y organizaciones revolucionarias de todo el mundo se identificaron como marxistas, y las diferentes experiencias comunistas y socialistas (la Unión Soviética, China, Cuba y diversos países de Europa Oriental, África y Asia) interpretaron su pensamiento –cada una a su manera– como doctrina oficial.

Masacre de Fátima: Se conoció con este nombre a la masacre ocurrida en Fátima, localidad cercana a Pilar, provincia de Buenos Aires, el 20 de agosto de 1976. Allí las fuerzas represivas asesinaron a treinta personas detenidas-desaparecidas y dinamitaron sus cadáveres con el objetivo de impedir su identificación. En 2004 la Justicia dictó el procesamiento de varios de los responsables de la masacre, integrantes de los grupos de tareas dependientes de la Policía Federal y el I cuerpo de Ejército.

Masacre de Trelew: El 15 de agosto de 1972, bajo la presidencia de facto de Alejandro A. Lanusse, se produjo una fuga del Penal de Rawson de 25 presos políticos, todos ellos reconocidos militantes o dirigentes de las principales organizaciones guerrilleras. Como consecuencia del fracaso del plan de fuga, sólo seis lograron escapar hacia Chile, el resto fue fusilado el 22 de agosto en la base naval Almirante Zar de Trelew, por los marinos que los habían recapturado en el aeropuerto de esa localidad. La masacre fue conocida por los testimonios de tres sobrevivientes

Massera, Emilio: Almirante. Como comandante en jefe de la Armada integró la Junta Militar que derrocó a Isabel Martínez de Perón el 24 de marzo de 1976. En el juicio a las Juntas fue condenado a prisión perpetua por hallárselo responsable de los delitos de homicidio agravado por alevosía, privación ilegal de la libertad calificada por violencia y amenazas, tormentos, tormentos seguidos de muertes y robos, entre otros. En 1990 fue indultado por el presidente Carlos Menem. Desde noviembre de 1998 está detenido por sustracción, retención y ocultamiento de menores. Asimismo, fue procesado con prisión preventiva en el marco de las investigaciones de la desaparición forzada y el robo de bienes del abogado Conrado Gómez.

Mastinú, Martino: Obrero y delegado sindical de la empresa ASTARSA (Astilleros Argentinos Río de La Plata S. A.), militante de Juventud

Trabajadora Peronista (JTP) y de Montoneros. Detenido-desaparecido el 7 de julio de 1976.

Materialismo dialéctico-histórico: Corriente de la filosofía inspirada en el pensamiento marxista que aplica al estudio de la historia los conceptos propios de la dialéctica y del materialismo, según el cual las condiciones materiales de existencia determinan la conciencia del hombre.

Mayo francés: Con este nombre se conoce la serie de movimientos que, iniciados como una protesta estudiantil universitaria en Francia a comienzos de 1968, se extendieron a amplios sectores obreros, transformándose en un rechazo al sistema social que hizo tambalear al gobierno de Charles De Gaulle.

MEDH: Movimiento Ecuménico por los Derechos Humanos. Organismo surgido en febrero de 1976 como una respuesta de diversas iglesias cristianas ante las gravísimas violaciones a los derechos humanos. El MEDH cuenta con una asesoría jurídica y diversos proyectos de educación y capacitación.

Menem, Carlos Saúl: Dirigente del Partido Justicialista con una importante trayectoria política en la provincia de La Rioja, donde fue gobernador entre 1973 y 1976 (cuando tras el golpe de Estado fue destituido por la Junta Militar) y entre 1983 y 1987. Presidente de la Argentina durante dos períodos consecutivos (1989-1994 y 1994-1998), dirigió una profunda reestructuración económica y social, caracterizada por el privilegio otorgado al sector económico financiero, la reforma y la venta del patrimonio estatal. En 1989 y 1990 indultó a los dirigentes de las organizaciones guerrilleras, a los comandantes condenados en el juicio a las Juntas y otros represores procesados y a los militares "carapintada" sublevados en Semana Santa de 1987.

Mignone Emilio (1922-1998): Abogado. Padre de Mónica Mignone, detenida-desaparecida el 14 de mayo de 1976. Rector de la Universidad Nacional de Luján entre el 6 de junio de 1973 y el 24 de marzo de 1976, cuando renunció horas antes de ser dejado cesante. Tras la desaparición de su hija, Emilio Mignone se convirtió en uno de los referentes y militantes más destacados del movimiento de derechos humanos en Argentina: fue miembro de la Asamblea Permanente por los Derechos Humanos (APDH) y cofundador, en 1979, del Centro de Estudios Legales y Sociales (CELS). Escribió numerosos libros sobre educación, derechos humanos, política e Iglesia católica, entre ellos "Iglesia y Dictadura" (que fue traducido a cuatro idiomas); "Política Educacional y Organización Política Argentina" y "Derechos Humanos y Sociedad".

Mignone, Mónica: Psicopedagoga, militante de la Juventud Peronista, detenida-desaparecida el 14 de mayo de 1976, a la edad de 24 años.

Militante: Miembro de una organización política, social o sindical. Puede desplegar su militancia en universidades, barrios, fábricas, sindicatos, etc.

Misquitos: Población indígena, habitante del noreste de Nicaragua, en la zona adyacente a Honduras. Tras el triunfo de la revolución sandinista, "la contra" (la fuerzas "contrarrevolucionarias"), financiada por los norteamericanos, se abocó a la cooptación de los indios misquitos. El cineasta Werner Herzog en su película "La balada del pequeño soldado" (1984), tiene como protagonistas a los indios Misquitos y refiere a esa temática.

Molinari, Antonio: Teniente coronel del Ejército. Jefe de operaciones (secuestros) del Área 410 de la Zona 4 (partidos de Escobar, Tigre y General Pacheco de la provincia de Buenos Aires). Fue reconocido por varios sobrevivientes del centro clandestino de detención que funcionaba en la comisaría de Tigre. Fue inculpado por privaciones ilegítimas de la libertad y homicidios. Fue beneficiado con la Ley de Obediencia Debida.

Monseñor Graselli, Emilio: Capellán de la Armada y ex secretario privado del vicario castrense Adolfo Tortolo (ver "Monseñor Tortolo"). Fue denunciado por el movimiento de derechos humanos por su complicidad con la represión ilegal. Graselli ha logrado conformar un fichero (en poder de la justicia desde el año 1999) con 2500 fichas aproximadamente, que contienen diversos tipos de datos de detenidos-desaparecidos, así como de los familiares de éstos que iban a verlo a la capilla Stella Maris de Capital Federal, en busca de información sobre sus seres queridos.

Monseñor Medina, José Miguel: Obispo de Jujuy durante los años del terrorismo de Estado. Fue denunciado por presos políticos y por sobrevivientes de centros clandestinos de detención de esa provincia por su complicidad y activa participación en la represión ilegal.

Monseñor Tortolo: Presidente de la Conferencia Episcopal Argentina, vicario general de las Fuerzas Armadas y arzobispo de Paraná durante la última dictadura militar. Denunciado por el movimiento de derechos humanos como exponente de la complicidad de la Iglesia Católica de Argentina con el terrorismo estatal. Justificaba la tortura invocando textos de teólogos de la Edad Media.

Monte Chingolo: El 23 de diciembre de 1975, el ERP (Ejército Revolucionario del Pueblo) intentó tomar el Batallón de Arsenales 601 "Domingo Viejobueno", de Monte Chingolo, en el sur del conurbano. El intento terminó en una matanza, ya que el Ejército estaba alertado sobre la operación por un infiltrado.

Montoneros: Organización político-militar surgida en 1970 del catolicismo nacionalista y autodefinida como peronista. Su acta oficial de nacimiento a la vida pública fue el secuestro y posterior asesinato del general Aramburu, responsable del golpe que derrocó al presidente Perón en 1955 y de los fusilamientos a militantes peronistas en 1956 (ver "Fusilamientos de 1956"). La organización Montoneros concentró las simpatías de amplios sectores del peronismo y de la juventud erigiéndose como principal referente del peronismo de izquierda. Por su capacidad de organización y movilización y por su gravitación en el escenario político se la puede considerar como la organización armada más importante.

Mor Roig, Arturo: Político radical. Presidió la Cámara de Diputados durante el gobierno de Arturo Illia (1964-1966). Fue ministro del Interior del gobierno de Alejandro A. Lanusse (1971-1973) y diseñó la estrategia de transición para el restablecimiento de la democracia. Fue asesinado por Montoneros en 1974.

Moral y proletarización: Pequeña obra redactada por un militante del Ejército Revolucionario del Pueblo (ERP) en el Penal de Rawson en 1972, en la que desarrolla su concepción sobre la "moral revolucionaria", estableciendo los códigos de conducta ética que deben guiar la vida del militante revolucionario (la entrega, el sacrificio, la solidaridad, etc.). Aborda temas como las relaciones entre el hombre y la mujer, la crianza de los hijos, la conducta frente "al enemigo" y otros.

Moreno Ocampo, Luis: Fiscal adjunto en el Juicio a las Juntas Militares (1985), en el juicio al ex jefe de la Policía de la Provincia de Buenos Aires, coronel Ramón Camps (1986) y en el juicio de extradición del General Suárez Mason de California, USA (1987). Como Jefe de la Fiscalía de Cámara Federal de Buenos Aires estuvo a cargo de los juicios contra los militares responsables por la Guerra de Malvinas (1988), de los dos casos de rebelión militar (1988 y 1992) y de múltiples casos de corrupción pública. En la actualidad (2005) se desempeña como Fiscal General de la Corte Penal Internacional, con sede en La Haya, Holanda.

Morresi, Norberto: Militante de la Unión de Estudiantes Secundarios (UES), detenido-desaparecido el 23 de abril de 1976, a la edad de 17 años. En 1989 el Equipo Argentino de Antropología Forense identificó sus restos en una tumba NN en el cementerio de General Villegas. Los restos de Norberto fueron exhumados y restituidos a su familia.

Movimientos de liberación: Denominación genérica de distintos movimientos y procesos políticos que en Asia, África y América se caracterizaron por intentar poner fin a la situación de dominación colonial y dependencia económica

Movimiento de Sacerdotes del Tercer Mundo: Movimiento de sacerdotes que, en el marco de la teología de la liberación, impulsaban la opción por los pobres y el compromiso con los proyectos de transformación social. Esta nueva interpretación del mensaje evangélico quedó materializado en los documentos del Concilio Vaticano II y los documentos del Encuentro de Obispos de Medellín (1968).

Mugica, Carlos (1930-1974): Miembro del Movimiento de Sacerdotes por el Tercer Mundo. Carlos Mugica se convirtió en el referente más importante de este movimiento en la Argentina. El 11 de mayo de 1974 fue asesinado por la Alianza Anticomunista Argentina (AAA o Triple A).

Multipartidaria: Agrupación de cinco partidos políticos (Unión Cívica Radical, Partido Justicialista, Movimiento de Integración y Desarrollo, Democracia Cristiana y Partido Intransigente) conformada el 14 de julio de 1981. La *Multipartidaria* buscaba constituirse en una fuerza capaz de negociar con el gobierno dictatorial la transición a la democracia.

Munárriz, Alberto José: Militante del Partido Revolucionario de los Trabajadores - Ejército Revolucionario del Pueblo (PRT-ERP). Fue secuestrado en noviembre de 1974 y permanece desaparecido.

Música progresiva: Sinónimo de "rock sinfónico", es la mezcla, en la década de 1970, del rock and roll y las influencias folclóricas y clásicas de grupos como Jethro Tull, Génesis, Emerson Lake & Palmer y otros.

N

Nacionalismo: Ideología que proclama la unidad política de una población heterogénea a partir de algún criterio común (la lengua, la religión, el territorio, la historia, etc.) y esgrime su diferenciación frente a otras naciones. Para ello construye una identidad imaginaria (por ejemplo, "los argentinos", en lugar de "los cordobeces" o "los trabajadores") basándose en símbolos nacionales (banderas, escudos, himnos, relatos heroicos, etc.) y en un conjunto de mecanismos estatales de control e integración (rituales y ceremonias públicas, la escuela, el servicio militar obligatorio, el voto). A fines del siglo XIX la construcción de los Estados nacionales en Europa y la consecuente expansión de los nacionalismos significaron uno de los caminos de modernización y masificación de la política. En el período de entreguerras (décadas de 1920 y 1930) crecieron, principalmente en Europa, los movimientos nacionalistas de derecha (por ejemplo el fascismo) que perduraron y se extendieron geográfica y temporalmente. Por otra parte, tras la Segunda Guerra Mundial, crecieron fundamentalmente en el Tercer Mundo, vertientes nacionalistas que, conjugándose con tradiciones marxistas y revolucionarias, se incorporaron a la "lucha antiimperialista".

Naciones Unidas: Organización de las Naciones Unidas (ONU). Organismo internacional fundado el 26 de junio de 1945. El precursor de las Naciones Unidas fue la Sociedad de las Naciones, organización establecida en 1919 (en el contexto de la Primera Guerra Mundial) de conformidad con el Tratado de Versalles, "para promover la cooperación internacional y conseguir la paz y la seguridad". La Sociedad de las Naciones cesó su actividad al no haber conseguido evitar la Segunda Guerra Mundial. Al terminar ésta, en 1945, representantes de 50 países se reunieron en San Francisco en la Conferencia de las Naciones Unidas sobre Organización Internacional, para redactar la Carta de las Naciones Unidas. Los delegados deliberaron sobre la base de propuestas preparadas por los representantes de China, la Unión Soviética, el Reino Unido y los Estados Unidos, entre agosto y octubre de 1944. La Carta fue firmada el 26 de junio de 1945 por los representantes de los 50 países. Naciones Unidas, a través de las organizaciones específicas que de ella dependen, lleva adelante distintos programas, proyectos y actividades en diversas áreas tales como: Derechos Humanos, Asuntos Humanitarios, Derecho Internacional, Desarrollo Económico y Social, Paz y Seguridad. Durante la última dictadura militar argentina se presentaron ante la Subcomisión y la Comisión de Derechos Humanos de la ONU una importante cantidad de denuncias sobre violaciones de derechos humanos en Argentina.

Nasser, Gamal Abdel (1918-1970): Militar y político egipcio. En 1952 dio un golpe de Estado contra el rey Faruk junto a un grupo de oficiales y, en 1954, se transformó en primer ministro de Egipto. Mediante un acuerdo con Gran Bretaña se logró el final de la ocupación por parte de ese país en 1956 y Nasser se transformó en presidente, promoviendo una política de nacionalización de bancos, tierras y empresas. La nacionalización del Canal de Suez provocó un conflicto internacional de proporciones. Nasser fracasó en su intento de crear una Repúblicas Árabe Unida, y en los sucesivos conflictos bélicos con Israel. La derrota en la guerra de los Seis Días (1967) lo obligó a presentar su dimisión.

Navarro, José Sabino: Uno de los fundadores de Montoneros, de origen obrero y vinculado a la Juventud Obrera Católica. Murió en 1970, luego de la toma de La Calera.

Nehru, Jawaharlal (1889-1964): Líder nacionalista indio, fue el primer gobernante de la India (1947-1964) luego de la independencia de Inglaterra y uno de los promotores del "Movimiento de Países No Alienados", que planteaba la neutralidad del Tercer Mundo frente a los Estados Unidos y la URSS.

NN: Del latín *non nomen*, "sin nombre". Se refiere a restos humanos cuya identidad se desconoce. A partir de 1982 se localizaron en distintas localidades del país una importante cantidad de fosas comunes e individuales, pertenecientes presumiblemente a personas detenidas-desaparecidas durante la última dictadura militar.

Noche de los bastones largos: El 29 de julio de 1966, el gobierno de Juan C. Onganía suprimió la autonomía de la Universidad de Buenos Aires, subordinándola al Ministerio de Educación. Por la noche, docentes y estudiantes ocuparon las facultades, y fueron desalojados por la policía y el ejército con gran violencia, a golpes de palos o bastones. Por ello se la recuerda como "la noche de los bastones largos".

Noche de los Lápices: Nombre que los represores dieron a un operativo en el que secuestraron a un grupo de siete adolescentes de la ciudad de La Plata. Fue la noche del 16 de septiembre de 1976. Los adolescentes Claudia Falcone, María Clara Ciocchini, Claudio de Acha, Daniel Racero, Horacio

Ungaro y Francisco López Muntaner eran estudiantes secundarios y militantes de la Unión de Estudiantes Secundarios (UES). Días más tarde fue secuestrado otro estudiante secundario, Pablo Díaz, militante de la Juventud Guevarista. Los ocho jóvenes permanecieron secuestrados en los centros clandestinos de detención conocidos como Pozo de Arana, Pozo de Quilmes y Pozo de Banfield. Pablo Díaz es sobreviviente de ese episodio represivo; los otros siete jóvenes continúan detenidos-desaparecidos, al igual que otros 250 adolescentes, según el informe que la Comisión Nacional sobre la desaparición de personas (CONADEP) confeccionó en 1985 (ver "Díaz, Pablo"). La "Noche de los lápices" es considerada como uno de los episodios emblemáticos del terrorismo estatal. En el año 1984 los periodistas María Seoane y Héctor Ruiz Núñez escribieron un libro titulado "La noche de los lápices" (Editorial Sudamericana) en el que narran la historia de los jóvenes secuestrados. En 1985 se estrenó una película con el mismo nombre, dirigida por Héctor Olivera.

Nunca Más: Título del Informe presentado por la Comisión Nacional sobre la Desaparición de Personas (CONADEP) al presidente Raúl Alfonsín en septiembre de 1984, en el que se dio cuenta de las violaciones a los derechos humanos cometidas por la dictadura militar. También se tituló así un video presentado en TV a mediados de 1984 por la CONADEP en el cual familiares de detenidos-desaparecidos y sobrevivientes de centros clandestinos de detención, narraban sus experiencias. Finalmente, para el movimiento de derechos humanos y para la amplia mayoría del espectro político y social, la expresión "Nunca Más" se ha convertido en consigna emblemática de repudio y condena a los crímenes perpetrados desde el Estado durante la última dictadura militar (1976-1983).

O

Oblea: Autoadhesivos con propaganda política.

OEA: Organización de Estados Americanos. Organismo internacional que reúne a países del hemisferio occidental para fortalecer la cooperación mutua y defender los intereses comunes de los Estados-miembros. Es el principal foro de la región para el diálogo multilateral y la acción concertada. Uno de los principales objetivos que se plantea este organismo es la protección de los derechos humanos (ver "CIDH").

Oligarquía: Minoría privilegiada que detenta el poder político y económico. En la Argentina se la identificó primero con las clases terratenientes y más tarde con las más pudientes en general.

Olimpo, el: Centro clandestino de detención que funcionaba en la intersección de las calles Ramón L. Falcón y Olivera, barrio de Floresta, ciudad de Buenos Aires (ver "Centros Clandestinos de Detención"). En octubre de 2004 el presidente de la Nación, Néstor Kirchner, y el jefe de Gobierno de la Ciudad Autónoma de Buenos Aires, Aníbal Ibarra, acordaron que el predio donde funcionó "El Olimpo", será un sitio de recuperación de la memoria de los crímenes perpetrados por el terrorismo del Estado y de promoción de los derechos humanos y los valores democráticos.

OLP-Organización para la Liberación de Palestina: Movimiento independentista árabe que busca el reconocimiento del Estado palestino y la devolución de territorios por parte de Israel.

Onganía, Juan Carlos: General del Ejército. Encabezó el golpe militar conocido como "Revolución Argentina" que derrocó al presidente Arturo Illia (1963-1966). Asumió la presidencia el 28 de junio de 1966 e implementó políticas que produjeron gran malestar social. En este período comenzó a gestarse la guerrilla. En junio de 1970, la Junta de Comandantes lo reemplazó por el general Roberto Marcelo Levingston quien a su vez fue reemplazado, en marzo de 1971, por el general Alejandro Agustín Lanusse (ver "Cordobazo" y "Krieger Vasena, Adalbert").

Ongaro, Raimundo: Ver "CGT de los Argentinos".

ONU, Organización de Naciones Unidas: Ver "Naciones Unidas".

Operación Cóndor: Acción armada realizada en 1966 por un grupo de militantes nacionalistas peronistas, que secuestró un avión de línea, aterrizó en Puerto Stanley, capital de las Malvinas, e izó la bandera argentina como gesto de soberanía en las islas.

Operativo: Acciones armadas para lograr un objetivo militar. Las fuerzas represivas denominaban así a sus procedimientos destinados a matar personas o secuestrarlas y desaparecerlas.

Orga: Abreviación de organización para referirse a la estructura de Montoneros.

Organigrama: Esquema que reflejaba la estructura organizativa de las organizaciones políticas. Generalmente, era confeccionado por los represores a partir de los distintos fragmentos de información que iban arrebatando bajo tortura a los militantes secuestrados.

Organización de base: Se refiere al conjunto de las agrupaciones barriales, gremiales o estudiantiles, legales, que formaban parte de la estrategia conjunta de las organizaciones políticas.

Organizaciones armadas: Con este nombre se designa genéricamente a los grupos políticos que durante las décadas de 1960 y 1970 incluyeron la "lucha armada" como parte de su estrategia para la toma del poder y la trasformación social. También llamadas organizaciones político-militares u organizaciones guerrilleras.

Osatinsky, Marcos: Uno de los fundadores de las Fuerzas Armadas Revolucionarias (FAR) y uno de los seis dirigentes políticos que logró fugarse del Penal de Rawson. Posteriormente líder de Montoneros, fue desaparecido durante la dictadura militar.

OSEA: Oficina de Solidaridad para Exiliados Argentinos. Organización social conformada por varios organismos de derechos humanos durante la transición democrática. Tenía como objetivo y tarea primordial facilitar el retorno de los exilados al país y colaborar con ellos en la solución de todos aquellos problemas que se les podían presentar (reinserción laboral y social, convalidación de estudios realizados en el exterior, actualización o regularización de documentación, procesos judiciales pendientes, etc.).

Osinde, Jorge: Militar argentino. Como capitán, fue uno de los creadores de Coordinación Federal en 1945. Con el grado de coronel, fue uno de los organizadores de la matanza de Ezeiza, el 20 de junio de 1973 y, junto a José López Rega, de la Triple A.

OTAN: Organización del Tratado del Atlántico Norte o Alianza Atlántica. Su origen se remonta al 4 de abril de 1949, fecha en que se firmó el Tratado del Atlántico Norte en la ciudad de Washington. Lo suscribieron doce países (Estados Unidos, Canadá, Reino Unido, Francia, Italia, Noruega, Dinamarca, Islandia, Bélgica, Países Bajos, Luxemburgo y Portugal). En 1952 Turquía y Grecia accedieron al Pacto, la República Federal de Alemania en 1955 y finalmente España en 1982. El artículo 5 es la clave del Tratado. Este artículo determina que, en caso de una agresión contra un Estado miembro, los otros miembros deben tomar las medidas necesarias "incluyendo el empleo de la fuerza armada para restablecer y asegurar la seguridad en la región del Atlántico Norte". En 1950, tras el inicio de Guerra de Corea, se creó una estructura militar permanente, la Organización del Tratado del Atlántico Norte (OTAN). Aunque no son exactamente lo mismo, Alianza Atlántica y OTAN se utilizan como términos sinónimos. En 1999, tres antiguos miembros del Pacto de Varsovia, Polonia, la República Checa y Hungría se adhirieron a la Alianza. Varios antiguos miembros de ese Pacto han solicitado el ingreso.

P

Pabellones de la muerte: Pabellones 1 y 2 de la cárcel de La Plata que, desde los primeros días de enero de 1977 concentraron a los militantes presos de Montoneros y del PRT-ERP que las fuerzas represivas consideraban más importantes. De esos pabellones fueron sacados con vida varios presos políticos en supuestos traslados y luego fueron asesinados por las fuerzas represivas simulando un "intento de fuga". Este método de asesinar presos políticos legales también fue implementado en otras cárceles del país como por ejemplo: Sierra Chica (Córdoba) o Resistencia (Chaco).

Pacto de San José de Costa Rica/Convención Americana sobre Derechos Humanos: Pacto celebrado en la ciudad de San José de Costa Rica el 22 de noviembre de 1969. Basándose en la Declaración Americana de los

Derechos y Deberes del Hombre y en la Declaración Universal de los Derechos Humanos, los Estados signatarios de este Pacto han asumido el compromiso de respetar un conjunto muy variado de derechos y libertades individuales, de garantizar su pleno ejercicio sin discriminación alguna y de adoptar disposiciones de derecho interno con el fin de hacerlos efectivos. Estos derechos fueron agrupados en: a) derechos civiles y políticos y b) derechos económicos, sociales y culturales. El Pacto establece además que, "en caso de guerra, de peligro público o de otra emergencia que amenace la independencia o seguridad del Estado Parte, este podrá adoptar disposiciones que (...) suspendan las obligaciones contraídas en virtud de esta Convención, siempre que tales disposiciones no sean incompatibles con las demás obligaciones que les impone el derecho internacional y no entrañen discriminación alguna fundada en motivos de raza, color, sexo, idioma, religión u origen social". Al mismo tiempo se reconoció la competencia de la Comisión Interamericana de Derechos Humanos y de la Corte Interamericana de Derechos Humanos en asuntos relacionados con el cumplimiento de los compromisos contraídos por los Estados Partes. La Convención Americana sobre Derechos Humanos, conocida como Pacto de San José de Costa Rica, entró en vigor el 18 de julio de 1978. El Estado argentino lo ratificó en 1984.

Pacto Internacional de Derechos Civiles y Políticos: Convenio aprobado en la Asamblea General de la Organización de las Naciones Unidas (ONU) el 16 de diciembre de 1966. En él, los Estados miembros convinieron en definir y respetar un conjunto variado de derechos, libertades y garantías tanto de pueblos como de personas sin discriminación de ninguna índole. El Pacto establece también el compromiso de cada Estado miembro de adoptar las disposiciones legislativas (o de cualquier otro tipo) que sean necesarias para hacer efectivos esos derechos. Algunos de los derechos, libertades y garantías establecidos en el pacto son: "todos los pueblos tienen el derecho de libre determinación"; "nadie podrá ser privado de la vida arbitrariamente"; "nadie será sometido a torturas ni a penas o tratos crueles, inhumanos o degradantes"; "nadie estará sometido a esclavitud"; "nadie estará sometido a servidumbre"; "nadie podrá ser sometido a detención o prisión arbitrarias"; "toda persona detenida o presa será llevada sin demora ante un juez u otro funcionario autorizado por la ley"; "toda persona tiene derecho a la libertad de pensamiento, de conciencia y de religión"; "toda persona tiene derecho a la libertad de expresión; este derecho comprende la libertad de buscar, recibir y difundir informaciones e ideas de toda índole". El Pacto estableció a su vez, la conformación del Comité de Derechos Humanos. Todo individuo que alegue una violación de cualquiera de sus derechos enumerados en el Pacto y que haya agotado todos los recursos internos disponibles podrá someter a la consideración del Comité una comunicación escrita. El Pacto entró en vigor el 23 de marzo de 1976. El Estado argentino ratificó el Pacto el 15 de mayo de 1986.

Parapolicial y paramilitar: Puede referirse tanto a grupos como a actividades de la represión ilegal, organizados y conducidos desde el poder estatal. Para ejemplos ver "AAA" y "Grupos de tareas".

Partido Comunista Revolucionario (PCR): La escisión más importante del Partido Comunista. Tuvo lugar en 1968. Dentro de las corrientes marxistas adscribió al maoísmo y mantuvo buenas relaciones con el peronismo.

Partido Intransigente (PI): Partido fundado en 1972 bajo el liderazgo de Oscar Alende a partir de la división de la Unión Cívica Radical Intransigente (el otro sector se constituyó como Movimiento de Integración y Desarrollo). La Unión Cívica Radical Intransigente era a su vez un partido surgido de una ruptura anterior, en 1957, de la antigua Unión Cívica Radical. En las elecciones libres del 30 de octubre de 1983 el Partido Intransigente obtuvo el tercer lugar detrás del radicalismo y el peronismo, representando a una parte del electorado de izquierda y centroizquierda.

Partido Justicialista (PJ): Partido creado por el Gral. Juan Domingo Perón durante su primera presidencia, a partir de la estructura del Partido Laborista con el que había ganado las elecciones de febrero de 1946. La denominación "Justicialista" deriva de uno de los pilares ideológicos de su fundación, la "Justicia Social", que se explica por el peso decisivo que tuvo el sindicalismo en su origen. Durante las dos primeras presidencias de Perón (1946-1955) el Partido Laborista, luego Partido Peronista, luego –fugazmente– Partido Único de la Revolución Nacional y finalmente Partido Justicialista, fue concebido como una estructura que formaba parte de algo más vasto: el Movimiento Peronista. En su origen, la ideología del Partido y del Movimiento se basaba en las nociones de justicia social, armonía de clases y nacionalismo económico. Luego dio lugar a interpretaciones sumamente distintas, desde posiciones de izquierda revolucionaria hasta integristas y fascistas, pasando por socialdemócratas y corporativistas. El Partido Justicialista fue un actor protagónico de la política argentina y continúa siéndolo en el presente (2005).

Partido Socialista Argentino de Vanguardia: Fundado en 1961 a partir de un desprendimiento del Partido Socialista Argentino dirigido por Alfredo Palacios. Uno de los temas controversiales que provocó la escisión fue la postura de fuerte oposición y rechazo que mantenía el Partido Socialista frente al movimiento peronista

Pase a la clandestinidad: En septiembre de 1974, los Montoneros, que con la asunción de Héctor Cámpora habían abandonado formalmente la lucha clandestina y la práctica armada, clandestinizaron a sus cuadros intermedios para retomar la lucha armada, como respuesta al creciente enfrentamiento con la derecha peronista

Pastilla: Cápsula de cianuro –o eventualmente de otra sustancia letal– que algunos militantes de Montoneros llevaban consigo para evitar el secuestro con vida y por ende la tortura y una posible delación.

Patota: Se conoce con este nombre a los grupos de tareas encargados del secuestro y desaparición de personas durante la última dictadura militar.

Patria Peronista: Dentro del peronismo, es la fórmula que se acuñó para oponer a la "patria socialista". Reivindicaba su lealtad a Perón y al modelo de sus dos primeros gobiernos, para marcar su distancia de "ideologías foráneas" como el socialismo.

Patria Socialista: Esta fórmula sintetizaba las aspiraciones de la "tendencia revolucionaria" del peronismo, en tanto unía los ideales nacionalistas de ese movimiento con la voluntad de implantar el socialismo en la Argentina.

Pedro y Pablo: Grupo de rock formado en 1969, uno de los más populares del rock nacional a partir de temas como "Catalina Bahía" y "Marcha de la Bronca". Fueron censurados en numerosas ocasiones y se separaron en 1972, aunque esporádicamente volvieron a reunirse.

Pelotones: Forma organizativa de las milicias montoneras a partir de 1975.

PEN: Poder Ejecutivo Nacional.

PEN, a disposición del: Situación en la cual, una persona sin procesamiento judicial o que haya sido sobreseída o declarada inocente por la justicia civil puede quedar legalmente detenida por disposición del Poder Ejecutivo Nacional (PEN) hasta que éste disponga lo contrario. Durante la última dictadura militar la mayoría de los presos políticos estuvieron detenidos en esta situación.

Pentotal: Droga anestésica utilizada por los represores para adormecer a los detenidos antes de arrojarlos al mar o al Río de La Plata. En la jerga de la Marina se lo conocía con el nombre de *Pentonaval* (ver "Vuelos de la muerte" y "Traslados").

Pérez Esquivel, Adolfo: Militante católico, obtuvo el Premio Nobel de la Paz en 1980 por su actuación en la defensa de los derechos humanos en la Argentina. En 1974 fundó el SERPAJ (Servicio Paz y Justicia), una agrupación dedicada a "trabajar por alcanzar el respeto de los principios básicos de los derechos humanos a través de una política de no violencia". Durante la última dictadura militar fue detenido-desaparecido y luego legalizado. Permaneció prisionero durante catorce meses. Actualmente (2005) preside el SERPAJ, la Comisión Provincial por la Memoria, la Liga Internacional por los Derechos Humanos y la Liberación de los Pueblos (Milán, Italia) y es miembro del Tribunal Popular Permanente.

Periférico: Militante de bajo nivel de compromiso, "periférico" a los miembros de las organizaciones de mayor "responsabilidad".

Perón echándonos de la Plaza: Refiere al 1º de mayo de 1974, fecha de la ruptura política entre Montoneros y Perón, en el marco del acto oficial por el Día del Trabajador en la Plaza de Mayo. Fue en su discurso de ese día que Perón, ante las consignadas cantadas por Montoneros y la Juventud Peronista, se refirió a ellos como "estúpidos" e "imberbes".

Perón, Juan Domingo: Una de las personalidades políticas más importantes del siglo XX, creador y líder del Movimiento Peronista y del Partido Justicialista. Presidente argentino durante tres períodos: dos consecutivos, desde 1946 hasta 1955 (cuando fue derrocado por la llamada "Revolución Libertadora") y el tercero desde el 12 de octubre de 1973 hasta su muerte, ocurrida el 1º de julio de 1974.

Peronismo: Movimiento político nacido en torno de la figura de Juan D. Perón en 1945; desde entonces es la principal fuerza electoral del país. En 1945 Perón selló una alianza con las organizaciones obreras para las elecciones de febrero de 1946, que pusieron fin al gobierno militar –del que formaba parte– instaurado en 1943. Perón triunfaría en esos y en todos los comicios en que pudo presentarse como candidato (1952 y 1973). Murió en 1974, pero el "peronismo" continúa hasta nuestros días. El movimiento peronista aglutinó a lo largo de su historia a diferentes sectores sociales, corrientes políticas y tradiciones ideológicas. Es por ello que resulta muy complejo definir de manera unívoca su naturaleza.

Peronismo Auténtico: Agrupación política del peronismo de izquierda afín a Montoneros, organizada en 1975 con el objetivo de competir electoralmente con el peronismo oficial.

Picana: Instrumento de tortura mediante el cual se aplica corriente eléctrica a los prisioneros. En la jerga de los centros clandestinos de detención recibía, también, el nombre de "máquina".

Pinochet, Augusto: Dictador de la República de Chile entre 1973 y 1990. El 11 de septiembre de 1973 encabezó un golpe de Estado que derrocó al gobierno constitucional del socialista Salvador Allende, quien lo había colocado al mando de las Fuerzas Armadas por considerarlo "constitucionalista". Durante su mandato de 17 años las fuerzas armadas y de seguridad chilenas practicaron toda clase de violaciones a los derechos humanos y se revirtieron las conquistas sociales alcanzadas por los sectores populares de Chile a lo largo del siglo XX. En 1980 dictó una nueva Constitución que otorgaba una amnistía a los perpetradores del terrorismo de Estado, garantizaba su continuidad como Comandante Supremo de las Fuerzas Armadas hasta 1998 –independientemente del resultado de un plebiscito que se convocaría en 1988, en el que la ciudadanía decidiría sobre su continuidad como presidente de la Nación– y le garantizaba el cargo de senador vitalicio una vez que abandonase la Presidencia. Su derrota en el plebiscito de 1988 condujo a la convocatoria de elecciones y a la asunción de un nuevo gobierno democrático en 1990. Pinochet continuó al mando de las Fuerzas Armadas y luego conservó su cargo de senador vitalicio hasta que en octubre de 1998 fue detenido en Inglaterra por una orden internacional de captura emitida por el juez español Baltasar Garzón, quien buscaba llevarlo a juicio por crímenes de lesa humanidad. El gobierno chileno logró extraditarlo a Chile una vez que la Justicia inglesa lo declaró "demente" y por lo tanto incapaz de ser sometido a proceso judicial. Una vez en Chile se demostró que la demencia era simulada y la justicia chilena comenzó a dar pasos hacia su juzgamiento. En diciembre de 2004, una comisión de investigaciones del gobierno concluyó que bajo su mandato más de 35.000 chilenos sufrieron tormentos físicos, cifra que se suma a la de miles de exiliados, asesinados, encarcelados y desaparecidos. Actualmente está también procesado por enriquecimiento ilícito.

Pinza: Dispositivo de control en la vía pública, a cargo de las fuerzas de seguridad, destinado a cortar el tránsito para proceder a la verificación de documentos y registro de vehículos.

Pirles, Rufino "Palometa": Militante peronista. Se encontraba preso en el penal de La Plata cuando, el 5 de enero de 1977 fue asesinado por las fuerzas represivas en un supuesto traslado (ver "Pabellones de la muerte").

Plan CONINTES: Con el objetivo de reprimir la ola de movilización sindical del año 1959 el gobierno de Arturo Frondizi (1958-1962) puso en vigencia el Plan de Conmoción Interna del Estado (CONINTES). Éste permitía declarar zonas militarizadas a los principales distritos industriales y autorizaba allanamientos y detenciones. Al mismo tiempo una gran cantidad de gremios y sindicatos fueron intervenidos.

Planificación Socialista: Organización de la economía en los países comunistas, basada no en el mercado sino en la planificación estatal centralizada de las inversiones, la producción, y la distribución de bienes.

Plata Dulce: Expresión que aludía a la aparente prosperidad económica durante los primeros tiempos de la gestión del ministro de Economía José A. Martínez de Hoz. El modelo económico que éste implementó, caracterizado por la apertura indiscriminada a la importación y la preeminencia del sector financiero por sobre el productivo, implicó, entre otras cosas, un alto grado de liquidez y una gran sobrevaluación del peso (moneda nacional). Esto último posibilitó y estimuló los viajes al exterior, especialmente de las clases medias. Como el peso estaba sobrevaluado, su poder de compra era muy alto, y la imagen de argentinos comprando todo tipo de productos en el exterior, preferentemente electrodomésticos, se convirtió en una postal de época. Otra expresión que alude al mismo fenómeno es la de "deme dos", paráfrasis del turista argentino tras averiguar el precio de un artículo o producto cualquiera en el exterior.

Poblete, José Liborio: MIlitante del Frente de Lisiados Peronistas, detenido-desaparecido el 28 de noviembre de 1978, el mismo día que su esposa Gertrudis Hlaczik y la pequeña hija de ambos, Claudia Victoria Poblete, de ocho meses de edad. José y Gertrudis fueron vistos en el centro clandestino de detención "El Olimpo". Claudia fue apropiada por un represor y recuperó su identidad en el año 2000.

Por algo será: Expresión nacida durante la dictadura militar. Se utilizaba para aludir, sin explicitarlas, a las razones por las cuales una persona era desaparecida justificando implícitamente la desaparición. Otra fórmula similar era "en algo andaría", refiriendo a una supuesta culpabilidad de la persona desaparecida.

Presos comunes: Personas que se encuentran detenidas legalmente a raíz de delitos comunes (no políticos).

Primavera alfonsinista: Expresión que alude a los primeros años de gobierno de Raúl Alfonsín, entre el clima electoral de 1983 y el año 1987 aproximadamente, cuando las leyes de impunidad y la crisis económica desilusionaron a parte de la población respecto de las promesas y esperanzas suscitadas hacia el final de la dictadura militar. Durante la llamada "primavera alfonsinista" la libertad de expresión, la esperanza en el sistema democrático, los avances de la justicia en torno de las violaciones a los derechos humanos y el fin del terror produjeron un clima cultural caracterizado por el optimismo, la liberación de tabúes, el retorno de la actividad política y de formas de sociabilidad abiertas y espontáneas.

Primavera camporista: Expresión que alude al optimismo despertado por el final de la dictadura militar (1966-1973) y la breve presidencia del peronista Héctor Cámpora en 1973. Esa experiencia se caracterizó por la intensa y masiva participación popular, especialmente juvenil, en el proyecto político encabezado por Cámpora, en las medidas económicas favorables a los sectores asalariados y de bajos ingresos de la sociedad y en la expectativa por el regreso de Perón al país, exiliado desde su derrocamiento en 1955.

Primavera cultural: Expresión que alude al despertar o renacer de los impulsos de expresión política y artística de una sociedad, luego de un período autoritario o totalitario en el que las libertades básicas estaban cercenadas.

Primer retorno de Perón: Regreso de Perón a la Argentina el 17 de noviembre de 1972. Es uno de los hitos en la memoria de esos años debido a la gran movilización popular que generó a pesar de la represión por parte del gobierno militar.

Proceso: Refiere al Proceso de Reorganización Nacional, nombre con el que se autodenominó el régimen dictatorial instaurado en el país tras el golpe de Estado del 24 de marzo de 1976.

Proletarización: Práctica de varias organizaciones políticas de la izquierda revolucionaria durante la década de 1970. Consistía en asumir el modo de vida de la clase "proletaria". En términos prácticos consistía en que los militantes provenientes de las clases medias, ingresaran a trabajar en la industria (fábricas, ingenios azucareros, etc.) y, en menor medida, se mudaran a los barrios pobres. La llamada "proletarización" tenía como objetivo una convivencia más estrecha entre los sectores populares y los militantes revolucionarios que provenían de otras clases sociales. Esta convivencia permitiría o favorecería que los primeros asumieran la ideología y la práctica revolucionaria, al tiempo que los militantes se familiarizaran con las condiciones de vida de los trabajadores y adquirieran sus saberes, códigos culturales, valores éticos, etc.

Protocolos adicionales: Ver "Convenciones de Ginebra".

Propaganda armada: Acción armada que busca difundir los objetivos de una organización y concitar la adhesión de la población

Proscripción del peronismo: Luego del golpe de septiembre de 1955, el gobierno militar proscribió al peronismo y prohibió el uso de sus emblemas partidarios, así como la simple mención de los nombres de Perón y Evita. Este estado de cosas se prolongó hasta 1972.

Proyecto de recuperación: También puede aparecer en los testimonios como "Proyecto de recuperación de Massera". Fue un proyecto llevado adelante fundamentalmente por la Marina –y en algunos casos por el Ejército– desde comienzos de 1977. Consistía en aprovechar las capacidades, los conocimientos y la formación política y cultural de algunos militantes de Montoneros para los objetivos políticos de Massera orientados a construir y consolidar su liderazgo dentro de las Fuerzas Armadas, proyectándose así como referente y líder en la política nacional. Se trataba de "convencer" a los militantes detenidos, de lo "errado" de sus acciones y sus posicionamientos políticos e "integrarlos", mediante tareas específicas que les eran impuestas, al proyecto masserista. Aquellas personas secuestradas en la ESMA que entraban en el "proceso de recuperación" iban mejorando gradualmente sus condiciones de reclusión en la medida en que demostraban una modificación de las conductas militantes (según el parámetro y el concepto de los represores) y un aporte en términos de trabajo o producción intelectual. La incorporación a este proceso no obedecía a criterios objetivos. Representaba mayor probabilidad –de ningún modo una garantía– de supervivencia. Un porcentaje muy bajo de las personas que se encontraban detenidas-desaparecidas fueron escogidas por los marinos para "ingresar al plan de recuperación".

PRT-ERP: El Ejército Revolucionario del Pueblo (ERP) surgió en 1970 como brazo armado del Partido Revolucionario de los Trabajadores (PRT), partido trotskista fundado en 1965, que propiciaba la lucha armada para la toma del poder. Liderado por Mario Roberto Santucho, el PRT-ERP impulsó un foco guerrillero en Tucumán, que fue eliminado por el Ejército. En diciembre de 1975, su capacidad operativa se vio fuertemente disminuida tras el fracaso del asalto al cuartel de Monte Chingolo. A partir de julio de 1976 sus principales referentes fueron muertos, desaparecidos, encarcelados o partieron al exilio.

Puente 12: Ver "Banco, el".

Pujadas, Mariano: Militante de Montoneros, uno de los fusilados en la masacre de Trelew, tras la fuga del Penal de Rawson, en 1972.

Puritanismo: Doctrina religiosa surgida en Inglaterra en el siglo XVI, que se propuso purificar el cristianismo de sus adherencias católicas. Sus principales características son la austeridad y el apego estricto a los preceptos religiosos.

Q

¿Qué hacer?: Libro escrito en 1902 por Vladimir Ilich Ulianov (Lenin, quien en 1917 sería líder de la Revolución Soviética en Rusia) acerca de las posibilidades revolucionarias en su país. Fue leído por militantes revolucionarios de todo el mundo durante todo el siglo XX, pues contiene reflexiones sobre el papel de los intelectuales, los sindicatos, las "masas" y la organización de un partido revolucionario.

Quebrar/quebrado: La expresión puede tener diversos sentidos según el contexto en la que se la emplee. Generalmente se la utiliza para referirse a una situación en la que se pone de manifiesto una gran debilidad o angustia emocional. Durante los años del terrorismo de Estado el término "quebrado" se utilizó, en un sentido extremo, para designar a aquellos militantes que tras haber sufrido el secuestro y la tortura abandonaban de alguna manera su actitud militante y comenzaban a colaborar con los represores. En un sentido menos extremo se lo empleó, también, fuera de los centros clandestinos de detención para referirse a aquellas personas que por diversos motivos (miedo, frustración, angustia, o diferencias políticas) abandonaban la militancia o la perspectiva ideológica sostenida hasta el momento.

Quieto, Roberto: Fundador de las Fuerzas Armadas Revolucionarias (FAR) y posteriormente dirigente integrante de la Conducción Nacional de Montoneros. Detenido y desaparecido el 28 de diciembre de 1975.

R

Raboy Alicia: Periodista y militante de Montoneros. Fue secuestrada en un operativo en Mendoza el 17 de junio de 1976 y continúa desaparecida. Su pareja y padre de su hija, Francisco Urondo, murió en ese operativo.

Radicalismo: Movimiento surgido a finales del siglo XIX, de presencia constante en la política hasta el presente. Policlasista y laica, la Unión Cívica Radical gobernó el país en varios períodos, mediante diferentes facciones (radicales Personalistas o Yrigoyenistas, Antipersonalistas, Intransigentes, del Pueblo) y diversas alianzas (con los conservadores en los años 30, con la centroizquierda en 1999). Fue víctima de varios golpes militares (en 1930, 1962 y 1966) al tiempo que apoyó el de 1955. Junto con el peronismo constituyen los dos movimientos populares más importantes de la historia argentina.

Ramos, Jorge Abelardo: Pensador y escritor argentino. De tradición marxista se erigió como uno de los referentes más importantes de la izquierda nacional.

Ramus, Gustavo: Uno de los fundadores de Montoneros, muerto en un enfrentamiento con la policía en William Morris, en septiembre de 1970.

Rappaport, Horacio: Militante peronista. Se encontraba preso en el penal de La Plata cuando el 1 de febrero de 1977 fue asesinado por las fuerzas represivas en un supuesto traslado (ver "Pabellones de la muerte").

Rastrillos: Dispositivo de control de las fuerzas de seguridad consistente en la requisa exhaustiva de un territorio o zona determinada. Tiene como objetivo la localización –y posterior detención y/o encautamiento– de personas o materiales determinados.

Reconciliación: Expresión debatida en sociedades que construyen un sistema político e institucional democrático luego de haber atravesado graves conflictos internos (dictaduras, guerras civiles, terrorismo de Estado, enfrentamientos étnicos y/o religiosos o violencia política en general). "Reconciliar" significa, según la Real Academia Española, "acordar los ánimos desunidos". El término "reconciliación" es utilizado a menudo en Argentina por quienes consideran que para "cicatrizar las heridas" y para alcanzar una "definitiva pacificación" es necesario poner fin a la búsqueda de la verdad y de la justicia. Esta postura se sostiene sobre tres presupuestos. En primer lugar, que la búsqueda de verdad y de justicia es contraproducente porque vuelve a agitar los enfrentamientos del pasado; en segundo, que la reconciliación supone fundamentalmente el acercamiento entre antiguos contendientes –lo cual alimentaría la "teoría de los dos demonios"–; y por último, presupone la existencia de una unidad esencial originaria previa a los antagonismos ("los argentinos"), unidad hacia la cual conduciría la reconciliación así entendida, en lugar de concebir a la democracia como un sistema que se caracteriza por la coexistencia de los sectores política e ideológicamente diversos que forman parte de la sociedad. Las llamadas "políticas de reconciliación" no fueron aplicadas ni entendidas de la misma manera en los diferentes países en que se las intentó poner en práctica. En cada caso, se debatieron con diversa fortuna cuestiones como el establecimiento de la verdad de lo sucedido en el pasado, la aplicación de la justicia, la reparación a las víctimas y la "cicatrización de las heridas".

Regreso de Perón: Ver "17 de noviembre de 1972" y "20 de junio de 1973".

Reportaje al pie del Patíbulo: Ver "Fucik, Julius".

Resistencia checoslovaca: Durante la Segunda Guerra Mundial se organizó en los territorios ocupados por el ejército nazi un movimiento de "resistencia". El mismo estuvo protagonizado fundamentalmente por activistas de distintas corrientes político-ideológicas que, en conjunto y en términos generales, pueden ser caracterizadas como "antifascistas".

Resistencia peronista: Con este nombre se conoce a la resistencia barrial, sindical y de la juventud (1955-1973) que se organizó tras el derrocamiento del gobierno de Perón en 1955. Su objetivo fundamental fue lograr el regreso del líder. Llevó a cabo una política de enfrentamiento y resistencia a la proscripción del peronismo.

Resolución 1503: Resolución de la Oficina del Alto Comisionado de Naciones Unidas para los Derechos Humanos que establece el tratamiento confidencial –es decir, no público– de las denuncias y documentación relativa a la situación de los derechos humanos en un país determinado. En 1980, abogados y activistas defensores de los derechos humanos lograron suspender parcialmente el tratamiento secreto del caso argentino y tras la reapertura constitucional, el Estado argentino logró acceder a la documentación completa –examinada y reunida por el Comité de Derechos Humanos de la ONU– sobre las violaciones a los derechos humanos en nuestro país durante los años del terrorismo estatal.

Responsable: En la jerga de las organizaciones políticas, responsable era el militante que tenía a cargo un grupo de miembros de su organización de pertenencia, y/o una tarea específica.

Revisionismo Histórico: Corriente historiográfica surgida durante la década de 1930. Se constituyó en oposición a la historiografía liberal. Se caracterizó por un fuerte nacionalismo y la reivindicación histórica de los caudillos federales. Hacia la década de 1960, el revisionismo recibe el aporte de varios pensadores marxistas que comenzaban a acercarse, a su vez, al nacionalismo y al peronismo (por ejemplo: Juan José Hernández Arregui, Jorge Abelardo Ramos y Rodolfo Puiggrós). La versión de la historia ofrecida por el revisionismo histórico alcanzó gran popularidad en los años '70.

Revolución Cubana: Proceso revolucionario que en enero de 1959 depuso a la dictadura de Fulgencio Batista, que gobernaba ese país. Bajo el liderazgo de Fidel Castro, Ernesto Guevara y Camilo Cienfuegos, entre otros, fue el primer caso exitoso en América Latina de toma del poder mediante las armas. Por eso se constituyó como modelo para los movimientos revolucionarios de distintas partes del mundo. A comienzos de la década de 1960, Fidel Castro anunció el "carácter socialista" de la revolución. En el contexto de la Guerra Fría, la implementación de un régimen socialista en Cuba generó un profundo debate en la izquierda y la transformó en el principal antagonista continental de los Estados Unidos

Revolución de octubre o revolución bolchevique: Revolución que tuvo lugar en Rusia en 1917. Tras la toma del Palacio de Invierno (residencia de los zares) los bolcheviques –partido mayoritario, de identidad marxista y liderado por Lenin– se abocaron, en nombre de obreros y campesinos, a la organización del primer Estado socialista de la historia (la Unión de Repúblicas Socialistas Soviéticas). La Revolución bolchevique se erigió como emblema y ejemplo de los movimientos revolucionarios del mundo.

Rico, Aldo: Coronel responsable de los primeros levantamientos "carapintada" contra el orden constitucional, con el objetivo de impedir que las Fuerzas Armadas fueran juzgadas por su accionar represivo durante la dictadura. Los alzamientos ocurrieron en la Semana Santa de 1987 en Campo de Mayo y en 1988 en Monte Caseros. Durante la década de 1990 se volcó a la política fundando su propio partido, el Movimiento por la Dignidad y la Independencia (MODIN), de ideología nacionalista de derecha, que lo llevó a ganar la intendencia de San Miguel (Provincia de Buenos Aires). Su vida política estuvo signada por la prédica en favor de la "mano dura contra la delincuencia", su vinculación con sectores autoritarios de las fuerzas armadas y de seguridad, su alianza con el partido justicialista y numerosas denuncias de corrupción. Fue diputado nacional y a fines de 1999 ocupó por algunos meses el cargo de ministro de seguridad de la provincia de Buenos Aires, durante la gestión del Gobernador Carlos Ruckauf.

Ríos Ereñú, Héctor: Jefe del Estado Mayor General del Ejército entre el 5 de marzo de 1985 hasta el 23 de abril de 1987, cuando la rebelión del entonces teniente coronel Aldo Rico lo forzó a renunciar. En 1975 y 1976 había participado como jefe de regimiento en operaciones militares en Salta y Tucumán en el marco del Operativo Independencia.

Rivero, Ernesto: Subjefe del Grupo de Tareas del centro clandestino de detención que funcionaba en Campo de Mayo (El Campito o Los Tordos). Fue beneficiado por la Ley de Punto Final.

Riveros, Santiago Omar: General del Ejército. Entre febrero de 1975 y febrero de 1979 se desempeñó como comandante de los Institutos Militares, con sede en Campo de Mayo. Era responsable de la Zona 4 de la represión clandestina en la que funcionaron diez centros clandestinos de detención. No fue beneficiado por la ley de Punto Final ni por la ley de Obediencia Debida. En 1989 fue indultado por el entonces presidente Menem. En diciembre del año 2000 la justicia italiana lo condenó a cadena perpetua –y un año y seis meses sin ver la luz del sol– por su responsabilidad en el secuestro y desaparición en Argentina de Martino Mastinú y en el asesinato de Mario Marras, ambos de ciudadanía italiana.

Robin Hood: Personaje del folklore medieval inglés que, al frente de una banda de arqueros, robaba a los ricos para darles a los pobres y frenaba los abusos de los señores feudales en defensa de los campesinos.

Robo de bebés: Ver "Sustracción Sistemática de Menores".

Rodrigazo: Shock económico provocado por el paquete de medidas liberales aplicadas por Celestino Rodrigo, ministro de economía de Isabel Perón en 1975. El Rodrigazo provocó una oleada de alzamientos populares en todo el país que forzaron la renuncia del ministro.

Rojas, Isaac: Almirante argentino, uno de los conductores del golpe militar que derrocó al gobierno de Perón en 1955.

Rosa, José María (1906-1991): Historiador argentino, vinculado al revisionismo histórico, autor de, "Historia Argentina", de gran circulación popular.

Rosariazo: Movilizaciones estudiantiles y obreras que se produjeron en la ciudad de Rosario entre el 18 y el 21 de mayo de 1969 y fueron fuertemente reprimidas, con muertos y heridos. Hubo un "segundo rosariazo" en septiembre de ese mismo año, con un mayor protagonismo sindical.

Rozitchner, León: Filósofo argentino, autor de una vasta reflexión sobre las conexiones entre la filosofía, la política, los ideales revolucionarios, la moral y la religión. Una de sus obras más influyentes fue "Moral burguesa y revolución", publicada en 1963.

Rucci, José Ignacio: Dirigente de la Unión Obrera Metalúrgica y Secretario General de la CGT. Fue uno de los sindicalistas más reconocidos por Perón y exponente de los llamados "peronistas leales". Los Montoneros lo mataron el 25 de septiembre de 1973.

Ruiz Guiñazú, Magdalena: Periodista argentina. Integró ad honorem la Comisión Nacional sobre Desaparición de Personas (ver "CONADEP").

S

Sábato, Ernesto: Escritor argentino. Fue presidente de la Comisión Nacional sobre Desaparición de Personas (ver "CONADEP").

Saint-Jean, Ibérico: General del Ejército. Gobernador de la provincia de Buenos Aires durante los primeros años de la dictadura militar. Autor de una célebre frase que sintetiza la política del terrorismo estatal: *"Primero mataremos a todos los subversivos, luego mataremos a sus colaboradores, después a sus simpatizantes, enseguida a aquellos que permanecen indiferentes y finalmente a los tímidos".*

Sandro: Cantante argentino de gran popularidad desde la década de 1960.

Sanidad, asalto al cuartel de: Operación militar del Ejército Revolucionario del Pueblo (ERP) en septiembre de 1973, en período democrático, que culminó con un militar muerto y numerosos guerrilleros detenidos.

Sanguinetti, Antoine: Graduado en 1939 en la Escuela Naval Francesa ocupó distintos cargos en las Fuerzas Armadas de su país. Entre 1972 y 1976 fue director de la Marina de Francia. En 1976 se integró a la Liga Francesa de Derechos Humanos. En enero de 1978, representando a la Federación

Internacional de Derechos Humanos, visitó la Argentina con el objetivo de reunir información sobre la desaparición de dos religiosas francesas en nuestro país. Aunque en esa oportunidad se entrevistó con varios jefes de las Fuerzas Armadas no logró obtener información alguna. En 1985, convocado por la fiscalía, declaró en el Juicio a las Juntas Militares.

Santucho, Mario Roberto: Máximo dirigente del Partido Revolucionario de los Trabajadores y del Ejercito Revolucionario del Pueblo (PRT-ERP). Murió el 19 de julio de 1976 en un enfrentamiento con el ejército, en Villa Martelli. Su cuerpo y los de otros militantes muertos en el enfrentamiento fueron trasladados a Campo de Mayo y ocultados.

Sartre, Jean Paul (1905-1980): Escritor y pensador francés. Es uno de los pilares del existencialismo y defensor de la necesidad del compromiso de los intelectuales con su época, mediante el que la libertad pasa de ser un concepto a materializarse en la acción.

Sasiaiñ, Juan Bautista: Jefe del Área 311 del Primer Cuerpo de Ejército entre febrero y diciembre de 1976, y, por tanto, responsable de varios centros clandestinos de detención de la provincia de Córdoba, entre ellos La Perla y La Ribera. Fue procesado por los delitos cometidos durante el ejercicio de su cargo pero la Corte Suprema de Justicia lo desprocesó en mayo de 1988, en aplicación de la Ley de Obediencia Debida. Fue indultado por el presidente Carlos Menem en octubre de 1989. Detenido desde 1999 por el delito de práctica sistemática de apropiación de menores. También fue procesado con prisión preventiva en el marco de la investigación de los crímenes cometidos en la jurisdicción del Primer Cuerpo del Ejército y la investigación del Plan Cóndor.

Scala, Irene: Militante gremial, detenida desaparecida el 24 de noviembre de 1976, junto a su marido, en la ciudad de La Plata.

Scheller, Raúl Enrique: Teniente de navío de la Marina. Se desempeñaba como oficial de inteligencia del Grupo de Tareas 3.3/2 de la ESMA. Fue identificado por varios sobrevivientes del centro clandestino de detención que allí funcionaba. Sus alias eran "Mariano" y "Pingüino". Fue beneficiado con la Ley de Obediencia Debida. Declarada la nulidad de estas leyes fue procesado con prisión preventiva en el marco de la investigación de los crímenes cometidos en el ámbito de la Escuela de Mecánica de la Armada (ESMA).

Schöenfeld, Manfred: Periodista argentino, de tradición liberal y defensor de los derechos humanos. Escribió, entre otros, en el diario *La Prensa*. A comienzos de 1980 comenzó a publicar artículos sobre las desapariciones forzadas en la Argentina.

Scilingo, Adolfo Francisco: Oficial de la Marina. Ingresó a la Escuela de Mecánica de la Armada (ESMA) en diciembre de 1976. Adquirió notoriedad pública cuando, en 1995, confesó su participación en los denominados "vuelos de la muerte" (ver "Vuelos de la Muerte"). El juez

Baltasar Garzón obtuvo su extradición para que fuera juzgado en España por cargos de genocidio y terrorismo, en lo que es el primer juicio presencial contra un represor en el exterior. En marzo de 2005, la fiscalía pidió más de 9000 años de condena (ver "Juicios en el exterior" y "Garzón Real, Baltasar").

Seineldín, Mohamed Alí: Militar sublevado en 1988 y 1990 (ver "Levantamientos carapintadas"), fue condenado a prisión perpetua luego del segundo levantamiento e indultado en el 2003 por el presidente Eduardo Duhalde. Nacionalista católico integrista, Seineldín fue edecán de Carlos Suárez Mason durante la dictadura y combatiente en las Islas Malvinas. Ha sido acusado de participar en un secuestro ilegal en 1978 y ha sido señalado por diversos investigadores como partícipe de la masacre de Ezeiza (20 de junio de 1973), nexo entre el Ejército y la Triple A antes del golpe militar de 1976 y –recientemente– patrocinador de actividades neonazis en el país.

Semán, Elías: Dirigente de Vanguardia Comunista. El 16 de agosto de 1978 fue secuestrado y continúa desaparecido. Días después de su desaparición fue visto con vida en el centro clandestino de detención conocido como "Vesubio".

Semana Santa: Ver "Levantamientos carapintadas".

SERPAJ: Servicio Paz y Justicia. Organismo de derechos humanos fundado en 1974. De inspiración cristiano-ecuménica, promueve los valores de la solidaridad y la no-violencia. En 1980 su presidente, Adolfo Pérez Esquivel, ganó el premio Nobel de la Paz. Este organismos integra la asociación Memoria Abierta.

Show del horror: Durante los últimos meses de la dictadura militar y los primeros tiempos del gobierno electo en 1983 se publicó una gran cantidad de información en los medios de comunicación sobre las atrocidades cometidas en los centros clandestinos de detención (relatos de sobrevivientes que narraban las vejaciones y torturas sufridas, testimonios de algunos represores que "confesaban" los propios crímenes cometidos), fotografías y notas sobre las exhumaciones de las fosas de NN. El trato abusivo, comercial y sensacionalista de estos relatos y fotografías por parte de un importante sector de la prensa fue bautizado con la expresión "el show del horror".

Socialdemocracia: Tradición política de origen socialista que propone la reforma democrática de las instituciones del capitalismo en lugar de su supresión mediante la vía revolucionaria. Luego de la Segunda Guerra Mundial, la socialdemocracia europea fue el artífice del Estado de Bienestar y buscó proponer un modelo político diferente al comunismo soviético y al liberalismo norteamericano. En la práctica, propugna un capitalismo con regulaciones sociales y estatales. En Argentina, al finalizar la última dictadura militar, algunos de los antiguos militantes revolucionarios de los años setenta utilizaron esta denominación para referirse críticamente a un estilo de hacer política y a un programa que les parecían reformistas, moderados e insuficientes. Desde esa perspectiva, el paradigma de la socialdemocracia era el alfonsinismo, al mismo tiempo en que muchos alfonsinistas se identificaron a sí mismos como "socialdemócratas". Estas caracterizaciones estaban a tono con las circunstancias internacionales: muchos partidos socialistas europeos estaban abandonando los viejos programas que aludían a la "lucha de clases" y algunos, al llegar al gobierno, tomaban medidas polémicas, como el caso de la incorporación de España, gobernada por el Partido Socialista, a la OTAN. Las cercanías entre dirigentes e intelectuales del alfonsinismo y del socialismo español pudo haber contribuido a la extensión de aquel calificativo.

Socialismo real: Término que se utiliza en las ciencias sociales para hacer referencia a las experiencias históricas de organización social socialista que tuvieron lugar en Europa del este durante gran parte del siglo XX. Al conjunto de estos tipos de socialismos –que en algunos casos se asemejaban al modelo soviético y en otros se diferenciaban de él fundamentalmente en la forma de planificar la producción y la comercialización de bienes– se lo llama "real" o "realmente existente" en contraposición al "socialismo ideal" y al socialismo como ideología.

Solanas, Fernando "Pino": Cineasta argentino, miembro del Grupo Cine Liberación y realizador, junto con Octavio Getino, de "La Hora de los hornos". Otras realizaciones: "Los hijos de Fierro", "El exilio de Gardel", "Sur", "El viaje", "La nube".

Somos derechos y humanos: En septiembre de 1979, para la misma fecha en que se jugaba el Mundial Juvenil de Fútbol, la Comisión Interamericana de Derechos Humanos (CIDH) visitó la Argentina con el fin de observar e investigar sobre la situación de los derechos humanos. En respuesta a lo que la Junta Militar entendía como campaña antiargentina, el gobierno acuñó el slogan "Los argentinos somos derechos y humanos" y por todo el país se repartieron carteles, calcomanías, volantes, etc. con esa inscripción. Era ésta una cínica alusión a la visita de la CIDH (ver "Comisión Interamericana de Derechos Humanos" e "Informe sobre la Situación de los Derechos Humanos en la Argentina").

Spivacow, Boris (1916-1994): Uno de los editores más importantes de la historia argentina, fue el director fundador de EUDEBA (ver) entre 1958 y 1966 y luego del Centro Editor de América Latina

Strassera, Julio César: Abogado de profesión, trabajó en el Poder Judicial desde 1965. Durante la última dictadura militar se desempeñó como juez de sentencia en el fuero ordinario. En 1983, con la reapertura constitucional, fue nombrado fiscal de la Cámara en lo Criminal y Correccional de la Capital Federal. Estuvo a cargo de la fiscalía en el juicio a las juntas militares (1985). Al finalizar el juicio a las juntas fue designado, por el gobierno de Raúl Alfonsín, embajador para Derechos Humanos en Ginebra. El gobierno de Carlos Menem lo confirmó en ese cargo pero Strassera renunció tras los Indultos (ver "Juicio a las Juntas" e "Indulto").

Suárez Mason, Carlos Guillermo: Fue comandante del Primer Cuerpo de Ejército entre 1976 y 1979. Fue visto en los centros clandestinos de detención "El Vesubio", "el Banco", el que funcionaba en el Regimiento I de Patricios (Buenos Aires), en el penal de Villa Las Rosas (Salta) y en la Unidad 9 de La Plata. Fue procesado por los crímenes cometidos durante el ejercicio de su cargo. En marzo de 1987 la Cámara Federal de la capital dictó su prisión preventiva. La carátula de la causa tipificó: "Autor responsable de homicidios agravados por alevosía reiterados, privación ilegal de la libertad agravada por amenazas y violaciones reiteradas, tormentos reiterados, tormentos seguidos de muerte, robos reiterados, sustracciones de menores, reducción a servidumbre, etc.", entre otros. Desde diciembre de 1999 detenido también por apropiación sistemática de niños nacidos durante el cautiverio de sus madres o apropiados al secuestrar a sus padres (ver "Sustracción sistemática de menores"). En diciembre de 2000 la justicia italiana lo condenó a reclusión perpetua y cinco años sin ver la luz del sol por su responsabilidad en la desaparición y asesinato de ocho ciudadanos italianos. Actualmente (2005) también está procesado con prisión preventiva en el marco de las investigaciones de los crímenes cometidos en la jurisdicción del Primer Cuerpo del Ejército, del Plan Cóndor y de la responsabilidad del Batallón de Inteligencia 601 en el secuestro y la desaparición forzada de varios militantes de la agrupación Montoneros en 1978 y 1980.

Submarino: En la jerga de los centros clandestinos de detención se llamaba así al método de tortura que consiste en provocar la asfixia de la víctima. El "submarino" podía ser "seco" o "mojado". En el primer caso se asfixiaba al prisionero mediante la colocación de una bolsa de nylon en la cabeza; en el segundo caso, se lo sumergía en un barril o recipiente de agua.

Subversivo-subversión: Etimológicamente subvertir significa alterar o trastornar un orden determinado. Las fuerzas represivas argentinas han utilizado el término "subversión" para identificar genéricamente a "un enemigo" que desde su perspectiva atentaba "contra el orden occidental y cristiano". En términos prácticos aplicaron la expresión "subversivo" para designar indiscriminadamente a un amplio conjunto de actores políticos y sociales: militantes políticos de organizaciones armadas y no armadas, militantes gremiales, estudiantiles y sociales, opositores, "cuestionadores" y aún "sospechosos". Toda persona considerada "subversiva" se convertía así, en blanco real o potencial de la represión ilegal. El Estado terrorista justificaba de este modo su accionar represivo. Para un ejemplo emblemático de la relación entre la llamada "lucha antisubversiva" y el terrorismo estatal. (Ver "Saint Jean, Ibérico".)

Sukarno, Ahmed (1901-1970): Líder nacionalista y estadista indonesio. En 1945, poco antes de la derrota de Japón en la Segunda Guerra Mundial, proclamó la independencia de Indonesia. Holanda intentó recuperar la colonia (que le había sido arrebatada por los japoneses), pero tras cuatro años de lucha, en 1949, Indonesia alcanzó plena independencia. El gobierno de Sukarno se caracterizó por un exacerbado nacionalismo y una postura antiimperialista.

Sustracción sistemática de menores: También denominada apropiación de menores o robo de bebés. Durante el período del terrorismo de Estado en Argentina se implementó en forma sistemática y planificada la apropiación de los hijos de los detenidos-desaparecidos. En algunos casos, los niños apropiados habían sido secuestrados junto a sus padres. En otros, se trataba de niños nacidos en los centros clandestinos de detención. En lugar de devolver los niños a sus legítimas familias, los secuestradores les daban un nuevo nombre y los entregaban a nuevas familias. Este proceso se conoce hoy como "sustitución de identidad". En la mayoría de los casos los represores se quedaban con los niños o los entregaban a personas de su propio entorno. En otros pocos casos los chicos fueron ingresados a distintas instituciones y adoptados de buena fe por familias que desconocían su origen y filiación. Se estima que alrededor de 500 niños fueron secuestrados junto con sus padres o nacidos en los centros clandestinos y apropiados ilegalmente. Hasta agosto de 2004, las Abuelas de Plazo de Mayo han logrado la restitución de la identidad de 80 de aquellos niños, hoy jóvenes (ver "Abuelas de Plaza de Mayo"; "Análisis de ADN", "Banco Nacional de Datos Genéticos" e "Índice de abuelidad"). Al mismo tiempo han sido procesados por "sustracción sistemática de menores" varios represores, entre ellos Jorge R. Videla y Emilio E. Massera.

T

Tabicado/tabicar: Medida de seguridad tendiente a dificultar la identificación de domicilios u otros datos de los militantes.

Taco Ralo: Paraje de la provincia de Tucumán donde, en octubre de 1967, fue capturado un grupo guerrillero de las Fuerzas Armadas Peronistas (FAP).

Tacuara: Movimiento Nacionalista Revolucionario Tacuara. Agrupación que surgió a comienzos de la década de 1960. De tradición nacionalista, se definió como peronista y revolucionaria

Tarlovsky de Roisinblit, Rosa: Madre de Patricia Julia Roisinblit, militante de Montoneros, detenida-desaparecida el 6 de octubre de 1978 junto a su marido José Manuel Pérez Rojo. Al momento de su secuestro Patricia estaba embarazada de 8 meses. Por testimonios de sobrevivientes de la

Escuela de Mecánica de la Armada (ESMA) se supo que Patricia dio a luz allí un varón. En abril de 2000, las Abuelas de Plaza de Mayo localizaron al nieto de Rosa y en junio de ese mismo año le fue restituida su identidad. Rosa es la Vicepresidenta de Abuelas de Plazo Mayo.

Teatro por la Identidad: Nació el 5 de junio de 2000 como una respuesta a la dolorosa realidad de 500 chicos que durante la última dictadura militar fueron secuestrados junto a sus padres o nacieron en cautiverio y continúan desaparecidos (ver "Sustracción sistemática de menores"). Teatro por la Identidad congrega a más de 500 teatristas que hicieron propia la lucha de las Abuelas de Plaza de Mayo. Desde su hábitat natural, el escenario, se construye a sí mismo como un puente necesario que une a las voces del teatro con el público y con cada chico que duda. Desde su surgimiento casi 70 jóvenes se presentaron espontáneamente para preguntar por su identidad.

Tendencia: Tendencia Revolucionaria del Peronismo. Nombre que recibió el conjunto de agrupaciones de superficie y referentes políticos que respondían a la política de Montoneros o eran sus principales aliados.

Teoría de la dependencia: Ver "Capitalismo dependiente".

Tercer Mundo: Conjunto de países definidos por oposición a las dos potencias hegemónicas (Estados Unidos y la URSS) luego de la Segunda Guerra Mundial. No incluye a los países desarrollados de Europa y Asia, y comprende fundamentalmente a países de América Latina, África y Asia.

Tercera posición: Concepto acuñado por Perón, para definir un posicionamiento de la Argentina equidistante del capitalismo y del comunismo.

Terrorismo: Forma de acción política violenta que busca intimidar a los ciudadanos mediante la demostración de la ineficacia del Estado para evitar sus acciones. Apela al asesinato y a hechos de resonancia pública, tales como atentados con explosivos.

Terrorismo de Estado: "El ejercicio criminal del poder supremo del Estado, sin estar sometido a control alguno, mediante un sistema organizado y alentado desde sus estructuras para el logro de sus fines es lo que se ha dado en llamar terrorismo de Estado. Esta clase de terrorismo no es de manera alguna equiparable al terrorismo ejercido por personas o grupos (...) la razón es muy sencilla: si soy agredido en mis derechos, libertades o propiedad por otro individuo o por un grupo, siempre me asiste el recurso de acudir a las fuerzas públicas de que dispone mi Estado para mi defensa. Por el contrario, si la agresión parte de las mismas fuerzas públicas, entonces mi estado de indefensión es absoluto, puesto que no existen instancias superiores para mi resguardo dentro del Estado. De ahí que el grado de criminalidad que importa este terrorismo sea mucho mayor que el que pudiera ejercer grupo alguno" (Caiati, M. y Frontalini, D, *El mito de la guerra sucia*, CELS, 1984). "En un estado de derecho, los ciudadanos delegan en el Estado el monopolio de la fuerza pública para que garantice la vigencia de sus derechos individuales. Cuando las fuerzas y las armas que la ciudadanía delegó en el Estado (...) se vuelven en contra de los ciudadanos, se habla de Estado terrorista. Cuando desde el Estado, en forma sistemática y planificada (...) se atenta contra la vida y la integridad de las personas, se estimula el clima de miedo, de inseguridad e incertidumbre, se limita el Poder Judicial, se limita el Congreso (...) se oculta información a la población y se confunde deliberadamente a la opinión pública, el Estado se ha vuelto terrorista". (*"Recuerdo, reflexión y aprendizaje. Apuntes y Actividades para trabajar sobre el Día de la Memoria"*, Dirección General de Derechos Humanos, Gobierno de la Ciudad de Buenos Aires, 2001). La estrategia represiva del terrorismo de Estado en Argentina estuvo orientada hacia el disciplinamiento de la sociedad e implicó el desarrollo de una estrategia clandestina de represión cuya característica más emblemática fue la desaparición masiva y sistemática de personas.

Teruggi de Mariani, Diana: Asesinada y desaparecida el 24 de noviembre de 1976 en un operativo realizado en su domicilio en la ciudad de la Plata. En ese operativo su hija, Clara Anahí Mariani Teruggi, de tres meses de edad fue secuestrada y aún continúa desaparecida.

Testimonios de París y Ginebra: Testimonios que durante la dictadura militar los sobrevivientes de centros clandestinos de detención de Argentina brindaban en Europa a los organismos internacionales de derechos humanos, a la prensa, a diversas instituciones gubernamentales, religiosas, etc., con el fin de dar a conocer y denunciar las violaciones a los derechos humanos que el Estado dictatorial argentino estaba cometiendo.

Timerman, Jacobo: Periodista argentino, fundador del diario *La Opinión*. Fue secuestrado el 15 de abril de 1977 y permaneció detenido-desaparecido en los centros clandestinos de detención "Puesto Vasco" y COT I Martínez. Al mes de su secuestro fue "legalizado", se le asignó un arresto domiciliario y posteriormente, haciendo valer su "derecho de opción" salió del país, tras lo cual el gobierno de facto lo privó de la ciudadanía argentina. Timerman realizó numerosas denuncias contra la dictadura militar y publicó *Preso sin nombre, celda sin número*, donde relató las condiciones de su cautiverio. Fue un testigo clave en el Juicio a las Juntas Militares.

Torres, Camilo (1929-1966): Sacerdote y sociólogo colombiano. Sus posturas políticas antiimperialistas y clasistas le generaron problemas con el gobierno y las autoridades eclesiásticas. Vinculado a la guerrilla del Ejército de Liberación Nacional, murió en un enfrentamiento en 1966. Su figura fue un modelo para numerosos militantes cristianos.

Torrijos, Omar: Militar nacionalista panameño. Asumió la presidencia de su país, tras un golpe militar, en 1968. Partidario de la vía armada hacia el socialismo, estableció buenas relaciones con el gobierno cubano. En

1973 consiguió una resolución favorable de las Naciones Unidas para la recuperación de la zona del Canal y más tarde firmó dos tratados (1977 y 1978) con Estados Unidos para su devolución en 1999. En 1978 abandonó la presidencia.

Tosco, Agustín: Dirigente sindical cordobés, del gremio de Luz y Fuerza, que se alineó en la izquierda clasista. Fue uno de los líderes del Cordobazo. Enfermo de meningitis, murió en noviembre de 1975 en la clandestinidad, perseguido por la Triple A.

Trabajo territorial: Ver "Frente barrial".

Traslados: Eufemismo utilizado por los represores en los centros clandestinos para designar y disfrazar los operativos en los que retiraban a los prisioneros del lugar para asesinarlos, comunicándoles que los "trasladaban" a la cárcel o lugares similares. En las mismas planillas confeccionadas por los represores se encontraba la letra "T" al lado de los nombres de personas que habían sido secuestradas y aún continúan desaparecidas (en otros casos, se encontraba la letra "L" al lado del nombre de personas que fueron liberadas). En el caso de los presos políticos, la palabra "traslado" adquiere otro significado aunque tiene puntos en común. Durante el período del terrorismo de Estado, los presos políticos eran frecuentemente llevados (trasladados) de una cárcel a otra. Los traslados de presos se caracterizaron por su alto nivel de violencia, malos tratos y condiciones inhumanas. Durante estos traslados muchos presos políticos fueron asesinados (ver "Inyección" y "Vuelos de la muerte").

Tróccoli, Antonio: Político radical. Primer ministro del interior del gobierno de Raúl Alfonsín. Se le atribuye a él la primera utilización pública de la expresión "dos demonios" (ver "Teoría de los dos demonios").

Trotskismo: Corriente político-ideológica de la tradición marxista surgida tras la Revolución Soviética de 1917, a partir del pensamiento de León Trotsky. Esta corriente se caracterizó por su teoría de la "revolución permanente", por su oposición a las formas de burocratización propias del Estado y del Partido Comunista de la Unión Soviética y por su enfrentamiento con el *stalinismo*. En la Argentina existieron varios agrupaciones trotskistas que impulsaron distintas líneas políticas. Es posible afirmar que la mayoría de estas agrupaciones privilegiaron fundamentalmente el trabajo legal y sindical entre los trabajadores industriales, aunque esta tradición ideológica se encuentra en los orígenes del PRT-ERP, la principal organización guerrillera no peronista.

Tubo: En los centros clandestinos de detención "El Olimpo" y "El Banco" y el "Club Atlético", se denominaba así a cada una de las celdas ocupadas por los detenidos desaparecidos.

Tucumanazo: Alzamiento popular que tuvo lugar en la provincia de Tucumán en junio de 1970. Al igual que el "Cordobazo" y el "Rosariazo", la rebelión en Tucumán tenía su origen en la oposición de amplios sectores sociales al gobierno militar de entonces (1966-1973), y en los reclamos económicos y políticos de trabajadores y estudiantes.

Turco Julián: Alias con el que se conocía al represor Julio Simón. Miembro de la Policía Federal, integrante de los grupos de tareas de los centros clandestinos de detención "Club Atlético", "El Banco" y "El Olimpo". Fue beneficiado con la Ley de Obediencia Debida. En el 2001 fue procesado con prisión preventiva por la apropiación de Claudia Victoria Poblete y el secuestro y desaparición de sus padres, José Liborio Poblete y Gertrudis Marta Hlaczik –ocurrida el 28 de noviembre de 1978– y por la de varios militantes de la agrupación Montoneros en 1978 y 1980.

U

Under: Abreviación de underground que significa "subterránea". Una cultura o una práctica under es alternativa, distinta de la cultura oficial y masiva y por debajo de ella. Reconoce códigos propios, ya sean éstos éticos, estéticos, sociales, etc.. Recorre o se constituye a partir de circuitos ocultos o semiocultos. Su forma de propagación no se sustenta en la publicidad comercial si no en el "boca a boca" y en los lazos personales.

Unidad Básica: Local del Partido Justicialista que agrupa a militantes de una jurisdicción.

Unión de Estudiantes Secundarios (UES): Agrupación de estudiantes secundarios, creada a comienzos de la década de 1950 durante el gobierno de Perón. Vinculada a Montoneros en la década de 1970, tuvo un gran protagonismo en la movilización política estudiantil.

UOM. Unión Obrera Metalúrgica: Uno de los sindicatos más estratégicos industrialmente y más poderosos políticamente.

Urondo, Francisco: Escritor y periodista argentino. Militante de Montoneros. Murió en un operativo en Mendoza el 17 de junio de 1976.

URSS: Unión de Repúblicas Socialistas Soviéticas. Fue el primer país socialista de la historia. De ahí que el Partido Comunista de la Unión Soviética (PCUS) y el Estado soviético se hayan constituido como modelos ejemplares para los comunistas del mundo.

Uturunco: Grupo guerrillero fundado en 1959, en Tucumán

V

Vaca Narvaja, Fernando: Líder de Montoneros. Uno de los seis dirigentes políticos que logró fugarse del Penal de Rawson en agosto de 1972. Durante la última dictadura militar fue miembro de la Conducción Nacional de esa organización.

Vallese, Felipe: Militante de la Juventud Peronista y trabajador metalúrgico secuestrado en la puerta de su casa y desaparecido en agosto de 1962.

Vandor, Augusto Timoteo: Dirigente del sindicato metalúrgico durante el gobierno de Arturo Illia (1963-1966). Principal figura de referencia de la llamada burocracia sindical, propulsor del "peronismo sin Perón". Fue asesinado en junio de 1969.

Vanguardia: Genéricamente se define a la avanzada de un grupo o un movimiento político, ideológico, artístico, etc., generalmente propulsor de prácticas o principios renovadores, novedosos. En la teoría político revolucionaria "vanguardia política" alude al grupo de militantes que conduce un proceso de transformaciones en una sociedad, y que abre el camino a grupos sociales más amplios y menos concientizados.

Vanguardia Comunista (VC): Partido de orientación maoísta fundado a comienzos de la década de 1960 luego de un desprendimiento del Partido Socialista Argentino de Vanguardia.

Vara de Anguita, Matilde: Madre de Eduardo Anguita, militante del PRT-ERP, preso político entre septiembre de 1973 y mediados de 1984. A raíz de la detención de su hijo, Matilde comenzó a participar de una comisión de solidaridad con presos políticos. El 24 de julio de 1978 fue secuestrada y continúa desaparecida.

Velasco Alvarado, Juan: Militar y político peruano, presidente de su país entre 1968 y 1975. En 1968 encabezó el golpe de Estado que destituyó al presidente Fernando Belaúnde Terry (1963-1968) y presidió la Junta Militar Revolucionaria. Durante su mandato, se promulgaron leyes de reforma agraria y educativa, se nacionalizaron los recursos económicos básicos del país, se logró el control directo del Estado sobre las telecomunicaciones intentando frenar la influencia económica de Estados Unidos. Desde 1972, su gobierno hizo frente a una oleada de huelgas y movimientos estudiantiles propiciados tanto por la derecha como por la izquierda. En 1975 fue depuesto por un golpe de Estado. Falleció en 1977 en Lima.

Vesubio, el: Centro clandestino de detención que funcionó desde 1975 en la intersección del camino de Cintura y Autopista Richieri, partido de La Matanza, provincia de Buenos Aires. El predio pertenecía al Servicio Penitenciario de la Provincia de Buenos Aires. Su primer nombre fue "La Ponderosa" (ver "Centros Clandestinos de Detención").

Vía pacífica al socialismo: A diferencia de las corrientes revolucionarias que planteaban la necesidad de la lucha armada como medio para la toma del poder, otras corrientes de izquierda sostenían la posibilidad de llegar al poder mediante elecciones. Para estas últimas, el caso de Salvador Allende en Chile constituía un ejemplo alentador, Por eso también se la denominó "vía chilena al socialismo".

Viborazo: En marzo de 1971, el presidente de facto Marcelo Levingston, designó como interventor en Córdoba a José Camilo Uriburu, cuyos dichos provocaron un alzamiento popular que recibió el nombre de "viborazo". El interventor había afirmado: "pido a Dios cortar la cabeza de una venenosa serpiente (la sociedad cordobesa movilizada) de un solo tajo".

Vicaría de la Solidaridad: Fue fundada el 1 de enero de 1976 por el Arzobispado de Santiago de Chile para continuar y ampliar la tarea del Comité de Cooperación para la Paz en Chile que prestaba asistencia legal y social a las víctimas de violaciones de derechos humanos tras la instalación de la dictadura militar de Augusto Pinochet en septiembre de 1973. La Vicaría de la Solidaridad operó durante todo el régimen militar constituyéndose en la principal institución defensora de derechos humanos de Chile. Concluyó sus actividades el 31 de diciembre de 1992. Durante su actuación ha recibido numerosos premios internacionales por su labor. En el año 2003 la UNESCO declaró Patrimonio de la Humanidad a los archivos recopilados por la Vicaría de la Solidaridad sobre casos de violaciones de derechos humanos durante el régimen militar de Augusto Pinochet. Estos archivos contienen información del período septiembre 1973-marzo 1990.

Videla, Jorge Rafael: General del Ejército. Como comandante en Jefe del Ejército encabezó el golpe de Estado del 24 de marzo de 1976. Fue presidente de facto entre 1976 y 1981. Como uno de los máximos responsables del diseño e implementación del plan de represión ilegal fue juzgado y condenado en el Juicio a las Juntas militares (1985). Le cupo la pena de reclusión perpetua e inhabilitación perpetua como autor responsable de los delitos de homicidio reiterado agravado por alevosía, privación ilegal de la libertad agravada por amenazas y violencia, reiterado en trescientas seis oportunidades; tormentos, reiterado en noventa y tres oportunidades; tormentos seguidos de muerte, reiterado en cuatro oportunidades y robo, reiterado en veintiséis oportunidades. Esa sentencia fue confirmada por la Corte Suprema un año después. En 1990 fue indultado por el entonces presidente Menem. Imputado por la justicia italiana en Italia por delitos cometidos en la Argentina contra ciudadanos italianos. En 1997 el juez de la Audiencia Nacional de España, Baltasar Garzón, lo procesó por delitos de terrorismo y genocidio y lo incluyó en la lista de represores contra los que dispuso orden internacional de detención. En 1998 fue procesado y detenido por el secuestro y la apropiación de niños durante la dictadura (ver "Sustracción Sistemática de Menores"). Actualmente (2005), en virtud de su edad, cumple prisión domiciliaria.

Vietnam: País del sudeste asiático, antigua colonia francesa. Se independizó luego de una larga guerra (1946-1954). Tras derrotar las tropas francesas, el país había quedado dividido en Norte (independiente) y Sur (sucesión de dictadores alineados con Francia primero y EE.UU. después). A partir de 1957, apoyadas por el Estado vietnamita del Norte, las fuerzas guerrilleras del sur –llamadas Vietcong– comenzaron una nueva lucha por la liberación del sur y la unificación con el norte. El éxito de las acciones del Vietcong fue la razón de la intervención masiva de los EE.UU. en la región a partir de 1963. La guerra de Vietnam duró más de diez años y culminó con la derrota del eje Sur-EE.UU., el retiro de las tropas norteamericanas y la unificación de Vietnam.

Villaflor de De Vincenti, Azucena: Una de las fundadoras de Madres de Plaza de Mayo, detenida-desaparecida el 8 de diciembre de 1977. Fue delatada por Alfredo Astiz, alias Gustavo Niño, infiltrado en el grupo de familiares de personas desaparecidas que se reunía en la iglesia de la Santa Cruz. Azucena y su hijo, Néstor De Vincenti, secuestrado el 30 de noviembre de 1976, continúan desaparecidos.

Vilte, Damián: Subcomisario de la Policía de Jujuy. Torturador del centro clandestino de detención que funcionaba en la Jefatura de Policía de Jujuy. Fue beneficiado con la Ley de Punto Final.

Viñas, David: Escritor, crítico literario y profesor universitario argentino nacido en 1927. Se distingue como narrador realista y político. Participó de la revista "Contorno", importante publicación cultural durante el gobierno de Arturo Frondizi (1958-1962). Entre sus obras más reconocidas se encuentran: "Cayó sobre su rostro", "Los años despiadados"; "Un dios cotidiano"; "Los dueños de la tierra"; "Dar la cara"; "Cuerpo a cuerpo". Publicó varios libros de ensayos, entre los que se destacan "Literatura argentina y realidad política: de Sarmiento a Cortázar"; "Grotesco, inmigración y fracaso" e "Indios, ejército y frontera". Según el escritor y crítico literario Ricardo Piglia, "uno de los ejes de la obra de Viñas es la indagación sobre las formas de la violencia oligárquica… sobre todo la dominación oligárquica, la persistencia de esa dominación y sus múltiples manifestaciones en distintos planos de la historia nacional". Durante los años del terrorismo de Estado en Argentina se exilió en México. Su hijos, María Adelaida y Lorenzo Ismael, fueron detenidos-desaparecidos el 29 de agosto de 1976 y el 26 de junio de 1982, respectivamente. Desde 1984 David Viñas reside en Buenos Aires, donde es titular de la Cátedra de Literatura argentina de la Facultad de Filosofía y Letras de la Universidad de Buenos Aires. En 1991 le concedieron y rechazó la Beca Guggenheim; sobre este acto diría más tarde: "Un homenaje a mis hijos".

Visita de la OEA: Ver "OEA" y "CIDH".

Von Schmeling, Hermann: Militante de Montoneros, detenido-desaparecido el 15 de noviembre de 1976.

Von Wernich, Christian: Sacerdote católico. Fue ordenado cura el 31 de marzo de 1974 por el entonces obispo de la localidad 9 de Julio, provincia de Buenos Aires, Alejo Guilligan. Más tarde, por sugerencia del arzobispo de La Plata, Antonio José Plaza, comenzó a desempeñarse como capellán de la Policía de la Provincia de Buenos Aires. Fue colaborador activo de las fuerzas represivas en La Plata. A partir de los testimonios ofrecidos por personas que fueron secuestradas y luego liberadas y por los de familiares de detenidos-desaparecidos se sabe que visitaba con frecuencia distintos centros clandestinos dependientes de la Policía de la Provincia de Buenos Aires como por ejemplo, "La Casita", la Brigada de Investigaciones de La Plata; la Comisaría 5ª de La Plata; "Puesto Vasco", "Pozo de Quilmes", entre otros. El policía fallecido Julio Alberto Emmed declaró ante la CONADEP en 1984, que Von Wernich había participado a fines de 1977, del asesinato de un grupo de prisioneros durante un traslado (ver "Emmed, Julio Alberto"). Está procesado con prisión preventiva por su participación en 33 secuestros y 19 homicidios.

Voto en blanco: En el sistema electoral, significa participar en una elección sin votar a ninguno de los candidatos. Fue una de las herramientas políticas y simbólicas del peronismo en el período en que estuvo proscripto

Vuelos de la muerte: Mecanismo de las fuerzas represivas para hacer desaparecer los cuerpos de los detenidos. Consistía en arrojar desde un avión o helicóptero de las FFAA al mar o al Río de La Plata a los detenidos-desaparecidos, aún con vida y adormecidos con una inyección de Pentotal (ver "Pentotal" y "Tralados").

W

Walsh, María Elena: Escritora, intérprete y cantautora argentina nacida en 1930. Publicó su primer poema a los 15 años en la revista "El Hogar". Siendo estudiante de la Escuela Nacional de Bellas Artes publicó en 1947 su primer libro, *Otoño imperdonable*, premiado y alabado por la crítica y por importantes escritores hispanoamericanos. En los años '50 publicó *Baladas con Ángel* y se autoexilió en París donde se desempeñó como intérprete de música folklórica. Por esa época comenzó a escribir versos para niños. En 1962 estrenó en el Teatro San Martín *Canciones para mirar*. Al año siguiente estrenó *Doña Disparate y Bambuco*, representada muchas temporadas en Argentina, América y Europa. En los años '60 publicó, entre otros, los libros *El reino del revés*, *Cuentos de Gulubú*, *Hecho a mano* y *Juguemos en el mundo*. De regreso a la Argentina, a comienzos de la década de 1970, escribió guiones para televisión y varios libros, entre ellos, *Canciones para mirar*. En 1985 fue nombrada Ciudadana Ilustre de la Ciudad de Buenos Aires y en 1990, Doctor Honoris Causa de la Universidad Nacional de Córdoba y Personalidad Ilustre de la Provincia de Buenos Aires.

Walsh, Rodolfo: Periodista, escritor y militante del Peronismo de Base y de Montoneros. Con anterioridad formó parte de la CGT de los Argentinos y dirigió su periódico. Autor de *Operación masacre*, *¿Quién mató a*

Rosendo? y la *Carta a la Junta Militar*, entre otros textos. En 1976 creó ANCLA (Agencia Clandestina de Noticias) y "Cadena Informativa", instrumentos de prensa clandestina en los que denunciaba la represión ilegal. Fue secuestrado y desaparecido por la dictadura militar el 25 de marzo de 1977.

William Morris: Localidad de la provincia de Buenos Aires donde en 1970 murieron, en un enfrentamiento con la policía, Juan Manuel Abal Medina y Gustavo Ramus, miembros fundadores de Montoneros.

ÍNDICE

Prólogo 5

Terrorismo de Estado en Argentina 7

'60 y '70. El comienzo de todo 7
Jóvenes, dictaduras y democracias débiles 9
El Cordobazo 12
Breve cronología de gobiernos argentinos: 1930 a 1983 13
La revolución cultural 17
Rebeliones juveniles 19
Graffitis del Mayo Francés (1968) 19
La militancia política y social 21
La noche de los bastones largos 22
La relación con el peronismo 24
La lucha armada como camino para lograr el cambio social 25
La cultura de la militancia 26
Cambios en la izquierda 27
La teología de la liberación y los Sacerdotes para el Tercer Mundo 29
Consignas de la militancia 29
El peronismo, de la proscripción al poder 30
Las luchas internas del peronismo 33
La guerrilla durante el tercer gobierno peronista 35
La Triple A 37
Pacto Social 37
La figura de Perón 39
El avance de las fuerzas represivas 40
Movilización, represión y crisis económica 41
Epílogo 43

24 de marzo de 1976: el golpe y el terrorismo de Estado 45

El terrorismo de Estado 45
Violencia y la represión ilegal 46
El legado de la última dictadura militar 49
El Estado y el monopolio de la violencia 49
Expectativas ante el avance militar 51
Una "guerra civil larvada" 52
El Operativo Independencia 53
Los apoyos sociales al golpe de Estado 56
La Doctrina de la Seguridad Nacional 57

El 24 de marzo de 1976 59

Golpe de Estado 59
Deuda externa 63
Selección de documentos 64
   Comunicado Nº 1 64
   Comunicado Nº 3 64
   Comunicado Nº 19 64
   Propósito y objetivos del Proceso de Reorganización Nacional 64
   Discurso de asunción del mando de Jorge Rafael Videla,
   30 de marzo de 1976 65
   Documento secreto del Departamento de Estado de EE.UU.,
   5 de abril de 1976 66
   Declaraciones del ministro de Economía José Martínez de
   Hoz, enero de 1977 66
La especulación financiera 67
Las políticas de privatización 68
El sistema represivo ilegal 69
Los centros clandestinos de detención 72
Selección de documentos 75
   Rodolfo Walsh, "Carta Abierta a la Junta Militar",
   24 de marzo de 1977 75
Terror y resistencia 79
La "Noche de los lápices" 80
El Movimiento de Derechos Humanos 81
Autoritarismo en la sociedad 83
Pasado, presente y futuro de una historia viva 86
Situación judicial de militares responsables de violaciones
a los derechos humanos 88
¿Hubo un "genocidio" en Argentina? 89

1983: Transición democratica	95
Guerra de Malvinas y reapertura constitucional	99
La derrota de Malvinas y el regreso de las urnas	102
La pasión de los argentinos	104
La "recuperación" de la democracia	105
"Con la democracia se come, se cura, se educa"	105
Los presos políticos heredados de la dictadura	107
Las primeras acciones del gobierno democrático en materia de derechos humanos	107
Sindicalismo y oposición	108
La sociedad argentina frente al reconocimiento del horror	109
a. *Teoría de la "guerra sucia"*	111
b. *Teoría de los "dos demonios"*	112
c. *Los derechos humanos como perspectiva*	112
El escenario actual de la memoria	114

Nunca Más 117

El Informe de la Comisión Nacional sobre la Desaparición de Personas y el juicio a las juntas militares	117
El Informe de la Comisión Nacional sobre la Desaparición de Personas (CONADEP)	117
El juicio a las juntas militares	121
La sentencia: condenas y absoluciones	123
El legado ético y político del juicio	124
Acusación del fiscal Julio Strassera (extracto)	125
Del juicio a las juntas a las leyes de impunidad	130
El ocaso de Alfonsin y el ascenso de Menem	133
Tras el ataque a La Tablada	136
En busca de la Verdad y Justicia. (1990-2004)	136
La restitución de la identidad de jóvenes apropiados	137
El juzgamiento a represores por el delito de "Sustracción sistemática de menores" y "Robo de bebés"	137
Las acciones reparatorias del Estado	139
La labor del Equipo Argentino de Antropología Forense	141
La lucha contra la impunidad: la anulación de las leyes de Punto Final y Obediencia Debida	142
Un museo de la memoria y por los derechos humanos	146

Organismos de derechos humanos 149

Abecedario de la memoria 155